ピンク・フロイド
VS
キング・クリムゾン

プログレ究極対決
ロックの未来を変えた2大バンドの両極

大鷹俊一　高見 展　茂木信介
著

DU BOOKS

詩人は、あらゆる感覚の、長期にわたる、広大無辺でしかも理に即した錯乱により、見者となる。あらゆる形の愛、苦悶、狂気——彼は自らを探求し、己の中にあらゆる毒を汲み尽し、その精髄のみをとるのである。

アルチュール・ランボー『見者の手紙』より

はじめに　21世紀に復権する「プログレDNA」の美学と方法論

ピンク・フロイドとキング・クリムゾン。まさしく、プログレッシブ・ロックを代表する2大バンドである。彼らをめぐる物語でまず強く惹かれるのは、どちらもその初期において強烈極まるトラウマというか、長いバンド史をずっと呪縛しつづける「運命的な刻印」が焼きつけられたことだ。

ピンク・フロイドは、シド・バレットという異能の天才がトラウマとなった。他の追随を許さぬサイケデリック・ポップを書き、その美形ゆえにバンドの顔ともなり、初期の輝ける成功を導きながら、しだいにＬＳＤの魔力に溺れ、手がつけられない錯乱奇行の人となりバンドを去っていったバレット。凄まじいプラスとマイナスをもたらせた挙句、忽然と消えてしまった存在にどう向き合い、どう乗り超えるべきか？　それが、ロジャー・ウォーターズをはじめとするバンド全員の呪縛となり、その苦悩と葛藤の大きなうねりから、『狂気（The Dark Side of the Moon)』（１９７３年）をはじめとする歴史的マスターピースが産み落とされていった。

かたやキング・クリムゾンのトラウマは人間ではなく、『クリムゾン・キングの宮殿 (In the Court of the Crimson King)』（１９６９年）というプログレッシブ・ロックのありようを決定づけた作品そのものだった。ロバート・フリップをはじめとする5人の卓越したアーティストが産み落とした金字塔であり、単なるテクニック云々を遥かに超えて、20代前半の若者集団が、老獪なまでに醒めた視線で「人類数十億人の苦悩と錯乱」を描ききるという、神業にも等しい領域へ一気に昇り詰めてしまったのだ。その余りの完璧さによって、黄金のラインアップはわずか一作で瓦解してしまい、その廃墟の中から不屈の天才フリップが完全覚醒し、ロック史上でも類例のない「キング・クリムゾンというアイコンの輪廻転生」が始まっていく。

2つのバンドを語るうえでは、このようなトラウマから端を発した数十年の物語を読み解いていくだけでも面白い。そして、その先に本書の意図が浮き彫りになってくる。

2020年代に入って、ロック・ミュージックはふたたび息を吹き返してきた。いわゆるZ世代の新鋭アーティストが百花繚乱を極めると共に、90年代以降にシーンを席巻したカリスマたちまでが続々と復権を果たしている。現在のシーンを牽引する彼らは、過去のロックの固定観念や呪縛からすっきりストレスフリーになって、軽やかなフットワークと眼差しで、時には遊び心たっぷりにロックを鳴らす。そして、世界の矛盾や醜悪さを抉り出す批評性を見せつけながら、同時に快楽性に満ちたエンターテインメントを成立させるという、ロック不変のアイデンティティをアップデートしている。

けれども一方で、ロックが向き合うべき現代世界のさまざまなカオスは、日に日に手のつけようがないほどエスカレートしつつあり、生半可なインパクトでは切り裂けないものに化けつつある。立ち向かうべき相手も、不気味なほど手ごわくなっているのだ。だからこそロックは、表現の絶対強度をビルドアップさせて、その生命力をもっともっとタフなものに鍛え上げるべきだ。

そのためにこそ、ピンク・フロイドとキング・クリムゾンの本質を徹底的に再発見することを提唱したい。もちろんこの2大バンドは今でも広く認知され、ロック史全体の中でも屈指のクラシックとしてリスペクトされてはいる。だが歯痒いことに、一般的認識としては「プログレを作った70年代レジェンド」くらいのものにとどまっていて、その本質的な凄さ――ロック表現を「人類全体の愚かしさを描ききる巨視的スケール」まで高めた――が、ほとんどないがしろにされているのが現実だ。

2大バンドはけっして「古典」ではなく、今こそ、そのコンセプトや方法論をくまなく参照すべき「生きたオリジネーター」なのだ。

言うまでもなく、ザ・ビートルズやボブ・ディラン、レッド・ツェッペリン、デヴィッド・ボウイ、プリンスなども果敢な冒険精神を見せつけてきたのだが、フロイドとクリムゾンほど、極限まで「ロック表現における絶対的な自由」を突き詰めて表現のポテンシャルを拡張し尽くした存在はいない。どんな既成概念にも縛られず、あらゆる音楽／音響領域を渉猟した2大バンドのアグレッシブな美学と方法論は、この真にジャンルレスで全ての価値観が相対化した２０２０年代——あらゆるロック&ポップ・ミュージックを超並列的に享受できる時代——にこそ、もともとの本領を発揮していくに違いない。

本書では、ピンク・フロイドとキング・クリムゾンの本質的な凄さについて認識を新たにしていただくために、これまで英米のロック・ジャーナリズムにおいても語られてこなかった「2大バンドのあらゆる両極性」にフォーカスし、深く掘り下げた比較分析を通じて、それぞれのとほうもない魅力が浮き彫りになるよう試みた。その「両極性」から、ロック表現そのものの巨大なポテンシャルが焙り出されてくるのだ。

さらに、その表現の表層はみごとに対照的でありながら、最後に浮かび上がってくるのは、どちらにも共通する「永遠不滅のレガシィ」である。それは「プログレDNA」とも言えるもので、ここ半世紀以上にわたって、驚くほど多彩なアーティストたちの中に深く静かに脈々と受け継がれてきたものだ。そのため最終的には、こうした2大バンドの無限大ともいえる「プログレDNA」のバリューが浮き彫りになるよう考察を展開している。

幸いにも、ストリーミング配信が全世界に普及し、リスナーはあらゆる時代、そしてあらゆるジャンルの音楽にたやすくアクセスできるようになった。こうした享受環境の大変革によって、新作音源よりも旧作音源（＝リリース後18ヶ月以上を経過した「カタログ」扱いの音源）のほうが急速にセールスを伸ばし、今や音楽マーケット全体の70～80％を占めるようになっている。つまり、ロック&ポップ・ミュージックのレガシィ音源がリスニング体験の主役になったわけだ。
ロック・ミュージックの長い歩みの両極がこの2大バンドにあり、それはロックにおける美学やコンセプト、方法論などあらゆるエッセンスのプロトタイプ（原型）を内包している。その「プログレDNA」はまさしく永久不滅であり、現在のロックをより深く楽しむうえでも有効な視点を与えてくれる。「プログレDNA」の大いなる復権の時代が、今や到来しつつあるのだ。

かつて、プログレッシブ・ロックに夢中になった記憶をお持ちの方々も、最近はなんとなく、それを「過去の想い出」にしておられたかもしれない。しかし、本書をご通読いただければ、そうした「プログレ体験」が今、ますます光り輝くものとして蘇るに違いない。思わず、本書を片手にプログレを熱量高く語り合いたくなったり、プログレに秘められた今日的バリューを誰かに伝えたくなったりするのではないだろうか。そんな、音楽を楽しむ高揚感を再体験していただけたら幸いである。

茂木信介

※本書では、しばしば2大バンドの音楽空間を「サウンドスケープ」と記述しているが、特に断りがない限り、ロバート・フリップによるアンビエント・インストゥルメンタル作品群の呼称である「サウンドスケープ」と直接の関係はない。その点をご了承のうえ、お読みいただきたい。

フロイド・ピンクVSクリムゾン・キング

目次

第1章

誰も語らなかった
「2大バンドの両極性」

プログレッシブ・ロックを論じた書物は世界中に山ほどあるが、その頂点に立つピンク・フロイドとキング・クリムゾンがあらゆる面で両極端に振り切れていることは、まったく見過ごされてきた。この「両極」の振れ幅の中にロックの全てがあると言ってもよい。

プログレッシブ・ロック――日本では「プログレ」、英米欧では「プログ」と呼ばれるジャンル

２０２０年代の今日、「プログレ」は、若い世代にはもう絶滅危惧種的なコンテンツと思われていたり、ごく一部のコアなファンの間で細々と受け継がれているような印象かもしれないが、それはまったく違う。

「プログレ」のＤＮＡは、現在のロックをアップデートするＺ世代アーティストたちをはじめ、インディ／オルタナティブ、エクスペリメンタル、エレクトロ、ＥＤＭ、ネオフォーク、ハード・ロック／ヘヴィ・メタル、さらにはメジャーなポップ・ミュージックやヒップホップ、Ｒ＆Ｂ、ジャズにまで深く静かに浸透している。

「プログレＤＮＡ」は、いま列挙した全てのジャンルにおいてイマジネーションや表現衝動をバーストさせるうえでの大きな因子となっている。逆に言えば「プログレ」は、もはや一つの形骸化されたジャンルにとどまる必要がない。「プログレＤＮＡ」は、１９７０年代から全てのポップ・ミュージック領域に遍く撒き散らされ、数十年後の今も眩いばかりの実りを産み出しつづけているのだ。

2大バンドを理解すれば「プログレ」の全てがわかる！

それでは、そもそもプログレッシブ・ロックとは何であるのだろう？　例えば、その5大バンドとしてピンク・フロイド、キング・クリムゾン、イエス、ジェネシス、エマーソン・レイク＆パーマーが列挙されて、その構成力や演奏力、思想性などの特質がつぶさに語られたり、ＵＫプログレ、カンタベリー・ロック、トラッド・フォーク系、チェンバー・ロック、シンフォニック・ロック、クラウトロック（ジャーマン・プログレ）、イタリアン・プログレ、ひいては北欧・東欧・北米・南米・オセアニア、そして日本などなど――エリアごとの呼称で括られた多くのサブジャンルが論じられてきたりもした。フランク・ザッパやキャプテン・ビーフハート、レジデンツなどのＵＳアヴァンギャルド系アーティストはどう位置付けるのか、後の「ニューエイジ系」につながるマイク・オールドフィールドやヴァンゲリスたちをどう扱うのか、という議論もしばしば繰り返されてきたし、さ

らには、それらを全て包み込むような存在としてブライアン・イーノはどう考察すべきか、という突っ込みも出てきたりする。

しかし、1960年代末のプログレ勃興から既に半世紀以上を経た今日、ますます明らかになっているのは、ピンク・フロイドとキング・クリムゾンという2大バンドの強烈極まりない影響力である。それはプログレ界の中では突出したものであり、ザ・ビートルズやザ・ローリング・ストーンズ、レッド・ツェッペリン、デヴィッド・ボウイ、プリンスなどと同じく永遠不滅のクラシックなものになりつつある。

確かにプログレという領域には群雄がひしめいている。イエスはフロイドやクリムゾンとは全く異なる独創的な表現領域を切り拓いたし、ほかにもソフト・マシーンやカン、ヘンリー・カウ、ヴァン・ダー・グラフ・ジェネレーター、ジェスロ・タル、ピーター・ガブリエル、後続世代のレディオヘッドやトゥール、マーズ・ヴォルタ（ここに列挙した人たちは、あくまで個人的嗜好によるものである）など、個々にその「プログレ本質」を掘り下げて論じればすぐに一冊上梓できてしまう比類なきアーティストは枚挙にいとまがない。それぞれの存在価値には、まさしく揺るぎないものがある。

けれども本書で伝えたいのは、プログレッシブ・ロックが本質的に見せつけてきた凄さの正体であって、これをわかりやすく解き明かすためには、プログレ史上最大の影響力と存在感を誇るピンク・フロイドとキング・クリムゾンを対比して語るのが、何にも増して最良だということだ。

そもそもプログレッシブ・ロックの絶対的な魅力とは、人類全体の生態を俯瞰的に捉え、その醜さや愚かしさを巨視的なスケールで抉り出せるところにある。これは、ロックやポップの他のカテゴリーでは得がたい特性だ。（ひとりひとりの日常的なエモーションの機微にフォーカスしてその個人的な思いの強さから普遍性を紡ぎ出す一般的なロック／ポップの方法論とは明らかに一線を画す）。

とはいえそれは、単に世界の矛盾を暴いて声高に責任を糾弾するような稚拙なものではなく、世界のあるがままのリアルと冷徹なまでに向き合い、その本質的な重さを自ら背負うことで受け手に限りない共感とカタルシスをもたらす高度なアート表現である。それでいて、けっして気取り澄ました「お芸術」ではなく、エンターテインメントとして多くの人々に享受されるアピール力も兼ね備えている。つまり、「批評性と快楽性の両立」というロック表現のアイデンティティを、極限までスケールアップした音楽がプログレッシブ・ロックと言えるだろう。だからこそプログレ・アーティストたちは、従来のロック／ポップの固定観念を大きく突き破って、貪欲なまでに新しい表現フォーマットを探求しつづけたのである。

しかしこれは、往々にして空疎な観念論やこけおどし的な表現に堕してしまうリスクを孕むため、真にこの領域まで到達したアーティストはけっして多くない。その中でフロイドとクリムゾンは、こうした高いハードルを軽々とクリアする突出した力を見せつけてきた。この2大バンドが成し遂げた「音楽の冒険」――革新的な発想とアプローチで表現のドメインを急速拡張させて《どこにもなかった音楽》を創り出す冒険――は、このような意味でロックの歴史に聳え立っているからこそ、今この2020年代にロック・ミュージックの新たな可能性を検証するうえで、きわめて大きな意味を持っているのだ。

幾つかの頭出し：影響力の形／パフォーマンス特性／歴代メンバー数

そして何より興味深いのは、この2大バンドが、その核心エレメントにおいて極めて対照的で両極端のスタンスにあることだ。このことは、半世紀以上のロック史を通じて英米においてもほとんど語られてこなかったと思う。その詳細については各章で論じさせていただくが、ここでは、本書の主旨を読者諸氏に納得していただくために、駆け足かつダイジェスティブに、「両極」のありようについて頭出しをしておきたい。

まず一目瞭然なのが、両バンドの影響力のありよう、そのコントラストだ。

ピンク・フロイドは、あの『狂気』が全世界セールス5000万枚以上、『ザ・ウォール（The Wall）』（79年）が3000万枚以上、『炎～あなたがここにいてほしい（Wish You Were Here）』（75年）が2200万枚など恐るべき数字が並び、全作品の累計セールスは2億5000万枚以上と言われる。つまり彼らは、歴代のポップ・スターやロック・レジェンドと肩を並べて、全世界の天文学的な数のリスナーにリーチしているのだ。

これはフロイドの音楽特性を如実に物語るもので、タイトルやコンセプトは難解そうなのに、聴いてみれば意外に耳触りが良くて、いつのまにかヘヴィロテしているのだが、そのくせ知らず知らずのうちに脳細胞の一部が泡立つような刺激を植えつけられていくのである。巨大なセールス実績は、彼らの表現本質と密接不可分なのだ。

対してキング・クリムゾンは、セールス力という点ではフロイドに遠く及ばない。しかし、超絶レベルの傑作群やライブの凄さによって後続世代の感性を激しく揺さぶっている。例えば、〈21世紀のスキッツォイド・マン（21st Century Schizoid Man）〉の破壊衝動が後のパンクやオルタナに与えた衝撃力、〈太陽と戦慄パートII（Larks' Tongues in Aspic, Part Two）〉や〈レッド（Red）〉のギター・リフが後のヘヴィ・メタルに与えたインパクトは広く知られるし、あのグランジの荒ぶる神カート・コバーンは『レッド』を「最も影響を受けたレコードの一枚」と語っている。

そして近年では〈～スキッツォイド・マン〉がカニエ・ウェストにサンプリングされたように、ヒップホップのカリスマにまでリスペクトされている。今どきのレトリックで言えば、後世の音楽界に多くの「強力なインフルエンサー」を生み出したのが、キング・クリムゾンという存在なのである。

バンドのパフォーマンス特性も対照的だ。
フロイドは、個々の演奏スキルはそこそこであり、主要メディアの歴代ベスト・ギタリストやベスト・ドラマーなどのランキング・リストにはあまり顔を出さない。超絶的なテクニシャンがひしめくプログレ界での「演奏偏差値」は、けっして高くないのだが、かといって彼らのパフォーマンスが魅力的でないとは間違っても言えない。特に『原子心母（Atom Heart Mother）』（70年）から『おせっかい（Meddle）』（71年）の時代にかけて独特のバンド・グルーヴを探求し、70年代中期にはメンバー4人のアンサンブルが独特のケミストリーを起こすに至った。それは、なんとなく普通のロック的な響きなのに、いつの間にか彼らの屈折した世界観に搦めとられてしまう中毒性の高い「フロイド・マジック」にあふれている。

かたやクリムゾンは、50年以上のバンド史を通じて常に演奏スキルの高いメンバーが集結している。ロバート・フリップ（G）やビル・ブルーフォード（Dr）は歴代ベスト・プレイヤー・リストの常連だし、イアン・マクドナルド（Sax／Fl／Key）、グレッグ・レイク（B／Vo）、マイケル・ジャイルズ（Dr）、メル・コリンズ（Sax／Fl）、ジョン・ウェットン（B／Vo）エイドリアン・ブリュー（G／Vo）など、多くのアーティストからリスペクトされるテクニシャンが名を連ねる。個々の演奏力も高いのだが、彼らが渾然一体となって生み出すアンサンブルは恐るべきテンションで緩急自在に展開され、時代の変遷と共に様変わりはしてきたものの、その破壊力や衝撃力はロック全体の歴史を通じても一貫して突出したものだ。

また2大バンドの対照性をめぐるシンプルに面白いトピックとしては、歴代メンバー数のコントラストがある（どちらも、ごく初期のバンドに短期間出入りした人を除く）。
フロイドは、初期フロントマンのシド・バレットを加えても、ロジャー・ウォーターズ、ニック・メイスン、リチャード（リック）・ライト、デヴィッド・ギルモアの5人だけだ。85年にウォーターズが脱退したが、15年のバンド終結宣言に至るまで正規メンバーを補強することはなかった。

ところがクリムゾンは、プログレ・ファンならよくご存じのように短期間でメンバーが激しく入れ替わることが多く、その数は総勢22人に及ぶ（22年現在）。さらに歴代作品で重要な役割を果たしたゲスト・アーティストが12人もいる。単なるメンバー・チェンジではなく、フリップが唱えるコンセプトを実現するために、本質的なレベルでバンドのフォーメーションを再構築したことも多い。

他にもさまざまな興味深い「両極トピック」があり、その詳細は特に第4章で8つの視点から対比考察しているので、そちらをじっくりお読みいただきたい。

これほどの「両極性」が生まれた背景と必然性

ところで、同じプログレッシブ・ロックの範疇に括られながら、２大バンドのこれほど大きな「両極性」はなぜ生まれたのだろうか？　もちろん誰かがプロデュースしてこうなったわけでもなく、決定的な根拠をストレートに挙げることはできないが、想像を逞しくすると幾つかの切り口で考察することができる。

ピンク・フロイドは、創設メンバーのロジャー・ウォーターズ、ニック・メイスン、リチャード・ライトの３人が揃って建築専門学校の出身、その後に加入したシド・バレットとデヴィッド・ギルモアは同じ美術系大学に通っていた。つまり最初は趣味的に音楽を始め、次第にプロになっていった人たちばかりで、音楽に対して醒めた距離感を持っていたと言える。これは、美術系専門学校生だったブライアン・イーノが「非音楽家（Non-Musician）」を標榜して多面性を持つクリエイターになっていったのと共通する面がある。

そうした出自もあって、１９６０年代後半のサイケデリック・ムーブメントでは、ライト・ショーも含めた総合アートとしてのサイケデリアに魅せられ、バンド全員がこのトレンドへのめりこんでいった（ドラッグに関してはバレットのみだったが）。総合アート的な視点が強まった結果、彼らが「音楽」の世界からはみ出してさまざまな「音響」のマテリアルまで貪欲に探求していったのも頷ける。

また、フロイドの表現モチーフの原点はシド・バレットという人間存在そのものであり、これにウォーターズ自身の幼少期のトラウマなどが折り重なっていくわけだが、そのような「対話するペルソナ」が存在することで、サウンド面でも詩的表現面でも、そのペルソナに語りかけるシンプルでダイレクトなアプローチを重視するようになったのではないか。

もう一つの背景としては、初期にシド・バレットというカリスマがいたため、フロイドは早くに良好な条件で大手レーベルのＥＭＩとの契約にこぎつけることができたが、その反面、シングル盤も含め「ヒットさせること」が大きなミッションとならざるを得なかった。そんな「売ること」に対するプレッシャーを抱えていたのも事実であり、それに無防備で振り回されていたわけではないにせよ、「市場性の高いものを作らなくては」という潜在的な強迫観念も、メンタリティの一部に巣食っていたのではないだろうか。

キング・クリムゾンはどうかといえば、『宮殿』時の黄金ラインアップ5人全員が、10代後半から音楽（または詩作）のプロフェッショナルだった。ロバート・フリップはクラシック・ギターを専門的に学んだ後、地元ジャズ・バンドの専属ギタリストとなったし、グレッグ・レイクはフリップと同じギター・スクールに通った仲で、のちにローカルなロック・バンドのギタリスト兼ボーカリストとして頭角を現した。イアン・マクドナルドは15歳でイギリス陸軍音楽隊に入って5年間も集中的に腕を磨いた。マイケル・ジャイルズも10代からジャズ・ドラムを究め、弟のピーターと共に多くのバンドを渡り歩いた。そして詩作専門のピート・シンフィールドは幼いころから大の読書家で、次第に言語表現に熱中し16歳でグラマー・スクールを卒業していた。まさしく、純粋に音楽と詩作に打ち込んだメンバーが結集していたのだ。

そうしたキャリアゆえか当時のサイケデリアには冷淡で、自らの音楽スキルを磨き世界観を広げることに集中する傾向があったようだ（唯一シンフィールドは、旅行代理店やコンピュータ会社に勤務したり、地中海エリアを放浪するなど自由人的なキャリアを重ねたが、サイケデリアとは縁が薄かった）。

そして彼らの表現モチーフを決定づけたのが、シンフィールドが命名した「キング・クリムゾン」というバンド名であり、彼のロマン主義的ネオゴシックな詩的世界観だった。ジャズ、クラシック、ロックンロール、現代音楽、フリーフォーム・インプロビゼーションなどを探求していた４人のテクニシャンが、シンフィールドの描く世界観と激しくスパークし合って、「深紅の王」というアイコンにふさわしい熾烈でマニエリスティックな（人によっては難解で重厚すぎる）表現領域へ踏み込んでいき、『宮殿』という恐るべき傑作を創造したのだ。

そしてこの領域は、のちにクリムゾンというアイコンの全てを背負うことになったフリップにとって、常に乗り超えるべきものとして認識され、「真の影響力とは売上数字とは別のものであって、10年単位の歳月がアーティストや作品の真価を決める」という信念のもと、ひたすら音楽のクオリティとインパクトが磨き込まれていく。それは、「作品セールスは二の次」という悪しきアート至上主義ではなく、クリムゾンを認知した受け手ひとりひとりに、一般的水準の百倍もしくは一千倍の感銘をもたらすのだという覚悟に貫かれたものだ。

このように、バンドの成り立ちの出発点においてさまざまな差異が積み重なったことで、２大バンドの「両極性」が生成されたのではないだろうか。

そのうえどちらも、自らの世界観と表現特性を妥協なくビルドアップさせる道を突き進んだため、歳月を経るにつれてますます両極に振り切れていったと思われる。そしてこれこそが、あらゆる音楽表現を探求したプログレッシブ・ロックの特性というか、このジャンルならではの許容度なのかもしれない。

永遠不滅の5つのレガシィ：2大バンドの中に「ロックの全て」がある

肝心なのは、ピンク・フロイドとキング・クリムゾンが、これほど多くのエレメントにおいて両極をなすことの意味である。ここを、どのように読み解けば良いのだろうか？

極論を言ってしまえば、この2大バンドを聴き尽くせば、その「スリリングな振れ幅」を体感して感性が磨き上げられ、プログレと言われる多種多様なアーティストたちも全て、必ず面白く聴き込むことができる。

そして、さらに重要なのは、この2大バンドが、「プログレ」という限られた枠を超えて、ロックそのものの表現領域を大きく拡張した真実を、深い感動と共に堪能することができる、ということだ。

以上のことは第7章でじっくり掘り下げているので、ここでは、フロイドとクリムゾンが共に遺してくれた「永遠不滅のレガシィ」を頭出し的に列挙しておきたい。

①現代文明が産み落とした狂気や苦悩を抉り出す洞察力、そして批評力
②変幻自在にして緻密な構成力、そして壮大なストーリーテリングの力
③ポップ・ミュージックの束縛を解き放った、貪欲な音楽アイデア
④絶対的なサウンドスケープを生み出す、とてつもない表現衝動と妄執
⑤周囲の評価や批判に右往左往しない強靭なメンタリティ

フロイドとクリムゾンは、全く異なる両極端のアウトプットで――つまり、まったく異なる道を通って――これらの「究極奥義＝永遠不滅のレガシィ」に到達したところが、なんとも痛快にして未曾有なのである。だからこそ彼らは、ロックそのもの、ポップ・ミュージックそのものに対して、今日でも深く静かに大きな影響力を発揮している。2大バンドの世界を再発見し、堪能することによって、２０２０年代のロック／ポップ・ミュージックをさらに楽しむヒントさえも得られるに違いないのだ。

第2章

シド・バレットの幻影と闘いつづけた ピンク・フロイド

プログレの圧倒的覇者でありながら、ピンク・フロイドという存在は何かにつけて異端だ。その不可思議さを解き明かすには、シド・バレットの数奇な物語にまで遡って彼らの本質を焙り出さなくてはならない。謎を解くキーワードは「究極の青春バンド」である。

長い迷走の末に「ピンク・フロイド」が生まれる

数あるプログレッシブ・ロックのなかでも、キング・クリムゾン、イエスなどと並んで、このジャンルを代表するバンドとして挙げられるピンク・フロイド。

しかし、ピンク・フロイドはほかのプログレッシブ・ロックのバンドと比べると、どこか異質な印象も少なからずある。その最もわかりやすいところは、たとえば、ほかのバンドと比べてメンバーの圧倒的な演奏スキルに依拠するところが少ないことだ。もちろん、メンバーは全員が、いわゆるプログレを体現するミュージシャンとして認知されている。しかし、プログレの最も特徴的な性格である、超絶的なテクニックに裏打ちされたバンド・アンサンブルにおけるスリルなどというものは、ピンク・フロイドの場合においてはかなり無縁な印象がある。それはなぜかというと、彼らは徹底して楽曲自体とサウンドをトータルに聴かせるバンドで、それが何よりも革新的であるところが、プログレッシブ・ロックとして括られてきたからだ。

さらにライブ・パフォーマンスも考えると、曲とサウンドにビジュアルも加わり、ピンク・フロイドはこの3要素を徹底して追求してきたバンドだと言ってもいい。そして、これは初期のシド・バレット時代から一貫して変わっていないことだ。

ただ、シドがバンドを脱退してからは、バンドとしてのアイデンティティを一から作り直さなければならなくなったため、シド期とその後では、バンドが180度変わったように思えるし、実際、まるで違ったバンドへと彼らは成長していった。しかし、徹底して楽曲そのものと、その曲のイマジネーションに即したサウンドを追求するという意味ではずっと一貫したアプローチを続けてきたバンドなのだ。ライト・ショーなどのエフェクトにどこまでもこだわったライブでのパフォーマンスもまた、シド期から追求し続けてきたことだった。

あるいは、コンセプト・アルバムをいくつも生み出してきたという側面もまた、ピンク・フロイドのプログレ的特徴と言えるだろう。ただ、『狂気』や『炎〜あなたがここにいてほしい』では、それはあくまでもアルバムを構成する楽曲をまとめるためのテーマであったのに対して、『ザ・ウォール』や『ファイナル・カット（The Final Cut）』（83年）では、コンセプト・ストーリー・アルバムと言えるまでにトータル・コンセプトが追求された。それは、後者のいずれの作品においても、ロジャー・ウォーターズが全面的にバンドを指揮する体制が出来上がったことと無縁ではなかった。その後、ロジャーが脱退すると、バンドの作品からはトータル・コンセプト的な要素もまた後退し、残ったメンバーは『狂気』以前の作風に近いアプローチを模索するようになっていった。

バンドの母体となったのは、ロジャーとニック・メイスンで、ふたりはロンドンのリージェント・ストリート専門学校の建築科の学生だった。１９６３年に同じ学校のキース・ノーブルとクライヴ・メットカーフ、そしてキースの妹シーラとバンドを結成し、その後、やはりロジャーたちと同じ学校のリチャード・ライトが加入することになり、「シグマ６」と名乗って活動を始めることになる。

バンドは、当初から度重なるメンバーの入れ替えとバンド名の改名を経たが、その過程でボブ・クローズをギターに迎えるとロジャーはギターからベースへと転向し、バンド名も「ティー・セット」に落ち着くことになった。そして、ボブ・クローズの紹介でボーカルを務めていたクリス・デニスが本業である空軍勤務の転勤のため脱退すると、その後任として65年に新しく加入したのが、ロジャーの地元ケンブリッジの高校の後輩で、ロンドンのキャンバーウェル芸術大学に通っていたシド・バレットだった。

シグマ6として活動を始めた当初は、ザ・サーチャーズなどビート・ロックのカバーや、学校の友人が書いたオリジナル曲を披露していたが、ティー・セットにシドが加わった頃には、アメリカのR&Bのカバーがレパートリーとなっていた。この頃の活動についてはボックス・セット『The Early Years 1965 – 1967: Cambridge St/ation』の65年の音源から窺い知ることができる。R&B色を打ち出したビート・ロックとなっているが、すでにシドのオリジナル曲も収録されているところが興味深いし、シドのどこか荒々しい歌詞とボーカルも印象的だ。

その一方で、バンドは数少ない持ち歌を重複させないためにも、ライブでは即興演奏やソロで楽曲を長く展開するという手法に積極的に乗り出していった。特にこの手法は、バンドが65年にロンドンのケンジントンにあったカウントダウン・クラブにレギュラーとして出演するようになり、1時間半の出番を一晩に3本こなさなければならなくなると、なおいっそう試みられるようになっていく。

シドの加入後しばらくして、ライブで一緒に共演するバンドの名前が同じティー・セットだと発覚する。再びバンド名を変える必要に迫られ、シドが心酔するアメリカのブルース・ミュージシャンのピンク・アンダーソンとフロイド・カウンシルの両アーティストの名前にちなんで、バンドは新しく「ピンク・フロイド・サウンド」と命名された。その後、「ピンク・フロイド・ブルース・バンド」などの改名を経て、最終的に「ピンク・フロイド」に落ち着くことになった。

やがてギターのボブ・クローズが学業に専念したいと脱退したため、リード・ボーカルとギターはシド、ベースはロジャー、キーボードはリチャード、ドラムはニックというメンバー構成が定着することになった。

サイケデリック・バンドとして破格の契約へ

おりしもシーンはLSDなどの幻覚剤に触発されたサイケデリアのムーブメントが勃興しつつあり、バンドが試みていた長いソロや即興的な演奏は、このサイケデリアと見事に波長を合わせることになった。またシドは、このサイケデリアとLSDという潮流にしっかりと洗礼されたが、LSDについてはほかのメンバーは深入りしていなかったと言われ、シドだけがLSDを常習するようになったとされている。いずれにしても、バンドが根城にしていたケンジントンや、隣接するラドブルック、ノッティングヒルの一帯がこうしたサイケデリック・バンドを輩出する「アンダーグラウンド」と呼ばれるシーンの震源地にもなっていたため、ピンク・フロイドは一躍、そのシーンの旗手として注目を集めるようになった。

66年に入ってバンドの出演がザ・マーキー・クラブなど名うての店にも広がると、バンドはロンドン・スクール・オブ・エコノミクスの学生だったピーター・ジェンナーの目に留まることになる。ピーターは友人のアンドリュー・キングと、その後、70年代初頭までにイギリスの音楽業界の一大勢力となる事務所、ブラックヒル・エンタープライズを設立すると、ピンク・フロイドのマネジメントを申し出る。さらに、アンドリューが相続した遺産を注ぎ込んで購入した楽器と機材をバンドに提供する一方で、ふたりの人脈を駆使して、チャリティ・フェスティバルやライブなど、隆盛しつつあった「アンダーグラウンド・シーン」にバンドを積極的に売り込んでいった。また、ライブもそれまでは類を見ない、リキッド・ライトなどの照明やスライド・イメージを駆使した演出も導入し、即興や長いソロで話題を集めていたバンドのパフォーマンスはさらに噂を呼ぶようになる。この時期、ピンク・フロイドはザ・ラウンドハウスやＵＦＯクラブなどといった、当時話題の店でパフォーマンスを披露するようにもなり、ソフト・マシーンと並んで「今最も注目すべきバンド」と見なされるようになっていた。

この頃にはライブのレパートリーも次第にシドのオリジナル曲が増えつつあり、レーベル各社から契約の打診も受けるようになっていた。そこにＵＦＯクラブ・オーナーのジョー・ボイドらの出資を得て、バンドは67年１月にロンドンのチェルシーにあるサウンド・テクニクス・スタジオでレコーディングを試みることになるが、その成果のひとつがシドの書いた〈アーノルド・レーン（Arnold Layne)〉だ。楽曲はビート・ロックを見事なサイケ・ポップへ発展させた楽曲で、タイトなアレンジとパフォーマンスを貫く非の打ちどころのないトラックとなっていて、もともとライブでは10分から15分近くかけて演奏していた。しかし、レーベル契約とシングル・リリースを見据えていたため、バンドはこの簡潔で完璧なバージョンをものにしてみせたという。

なお、歌詞はアーノルド・レーンという性転換者についてのもので、女性用の服や下着の洗濯物を盗んでは捕まってしまう顚末を歌ったものになっている。後にロジャーは、自分の実家も、同郷のシドの実家も、近所に女子大があったため女子学生を下宿させていて、洗濯物には常に若い女子のものが混ざっていたことを明かしている。アーノルド・レーンというキャラクターも、そんなシドの日常の光景の記憶から生まれた物語なのかもしれないと振り返っている。

このレコーディングの後、バンドはEMIと契約し、同時にレコーディングした〈キャンディー・アンド・ア・カラント・バン（Candy and a Currant Bun）〉をB面にカップリングし、〈アーノルド・レーン〉は67年3月にピンク・フロイドの初のシングルとしてEMI傘下の英コロムビアからリリースされた。歌詞に女装癖のキャラクターが登場するため、一部のラジオでは放送禁止扱いとなってしまったが、ニックの著作（『Inside Out: A Personal History of Pink Floyd』）によれば、チャートで最高20位まで上昇するセールスを誇ったという。

5月にバンドはサウンド・テクニクスに戻り、シングル次回作をレコーディングし、〈シー・エミリー・プレイ（See Emily Play）〉を仕上げてみせた。こちらは〈アーノルド・レーン〉と比べてより攻撃的にサイケデリック・サウンドを前面に打ち出したアレンジになっていたが、楽曲的にはポップ・ソングとして隙のない、簡潔なものに出来上がっていて、シングルとしてはこの上なく完成度の高いものとなった。B面には〈黒と緑のかかし（Scarecrow）〉を収録し、6月にリリースされるとシングル・チャート6位につけるなど、大好評だった。しかし、7月に入ってシングルのプロモーションも兼ねてのテレビ出演では、シドがまったくやる気を見せないなど、彼の挙動不審が目立ち始めるようになる。この時点でシドは、長い即興演奏やソロ演奏などが魅力となっていたバンドのライブと、このシングルでのパフォーマンスがあまりにもかけ離れていることに不満を漏らすようになっていて、そのことへの抵抗感が原因になっているようにも考えられていた。

その一方で、シドがロンドンの芸術大学へ転籍する前に在籍していた地元のケンブリッジシャー芸術工科大学（当時）での友人で、一緒にライブ活動なども行っていたデヴィッド（デイヴ）・ギルモアは、この曲のレコーディング中にスタジオに遊びに来ていた。そのとき、人懐っこかったシドがまるで正反対な人間に豹変してしまっていて、さらに自分のことさえ思い出せない姿に強い衝撃を受けたと、デイヴは語っている。

サウンド・テクニクス・スタジオでは、さらにまた別なプロジェクト用のレコーディングも行われていて、それは『愛と幻想の一夜（Tonite Let's All Make Love in London）』というドキュメンタリー映画用の音源の収録だった。これは1960年代のロンドンのポップ・カルチャーの活況を追う作品だったが、そのなかでも最先端のロンドンの音を代表するバンドとしてピンク・フロイドに白羽の矢が立ったのだ。作品の監督ピーター・ホワイトヘッドの要請で、レコーディングは〈アーノルド・レーン〉を録った数日後にサウンド・テクニクスで行われた。その結果、映画に使われたのが〈星空のドライブ（Interstellar Overdrive）〉の初期バージョンと、その後〈神秘（A Saucerful of Secrets）〉の一部となる〈ニックス・ブギー（Nick's Boogie）〉だ。

特に〈星空のドライブ〉はすでにライブでは持ち楽曲になっていた、全編インストゥルメンタルによる即興演奏も聴かせる大作で、この時点のサイケデリック・ロックではほかに例を見ない試みといってもいい革命的な作品だった。この時期、ライブ・オーディエンスを惹きつけていたフロイドの魅力もこういう先進的なところで、先のシングル2枚以上にバンドの魅力を体現する曲となっている。楽曲のおおもとは、マネージャーのピーターの鼻歌をシドがギターでなぞってみたことから生まれたものだったという。

『夜明けの口笛吹き』誕生、そしてバレットの錯乱

こうした作業と併行して、67年2月から進められていたのがアルバムの制作だった。〈アーノルド・レーン〉などのプロジェクトは、バンドが1月からサウンド・テクニクス・スタジオで制作してきた音源をもとにしていた

が、アルバムについてはＥＭＩとの契約に則ってＥＭＩスタジオ（のちのアビイ・ロード・スタジオ）で制作することになった。プロデューサーは〈シー・エミリー・プレイ〉も手掛け、それまでザ・ビートルズの『ラバー・ソウル（Rubber Soul）』などでレコーディング・エンジニアも務めたＥＭＩ所属のノーマン・スミスで、彼はピンク・フロイドとのレコード契約を強く会社に推した人物でもあった。

レコーディングの大半は2月から5月にかけて行われ、ニックは特に問題もなく作業は進んだと振り返っている。シドは8曲を提供し、インストゥルメンタルの2曲はバンド全員で書き、さらにロジャーが〈神経衰弱（Take Up Thy Stethoscope and Walk）〉を提供した。作業中には、隣のスタジオで『サージェント・ペパーズ・ロンリー・ハーツ・クラブ・バンド（Sgt. Pepper's Lonely Hearts Club Band）』を制作中だったビートルズの〈ラヴリー・リタ（Lovely Rita）〉のレコーディングを見学する機会も得たという。その一方で、レコーディングの間もずっとシドのＬＳＤ常習癖は続き、先述したように別途制作されていた〈シー・エミリー・プレイ〉をリリースする6月になると、問題行動が目につくようになり始めていた。

アルバムはコンパクトな構成のサイケデリック・ポップの楽曲群と、インストゥルメンタルによる楽曲群という両極端の要素で構成されている。サイケ・ポップな楽曲はどれも粒が立っていて、不思議な心象を生み出していくシドの歌詞ともあいまって、67年というサイケデリア全盛の時代の空気を見事に伝える内容になっている。

しかし、このアルバムにそれ以上の迫力をもたらしているのは、インストゥルメンタル曲の数々だ。たとえば、冒頭を飾る〈天の支配（Astronomy Domine）〉などは歌詞を備えた楽曲になっているが、楽曲としてはほかのインストゥルメンタル曲と性格を同じくするものになっていて、奔放な展開とアレンジがどこまでも刺激的で、強烈な印象を残すものになっている。

この年、イギリスではクリームの『カラフル・クリーム（Disraeli Gears）』やザ・ジミ・ヘンドリックス・エクスペリエンスの『アー・ユー・エクスペリエンスト？（Are You Experienced)』が制作され、発表されているが、いずれのアルバムも圧倒的な演奏力でもって67年のロンドンを虜にしたサイケデリアを捉えてみせていた。これに対して、ピンク・フロイドの特にインストゥルメンタル曲は、どこまでも大胆で果敢な実験性でもってこのサイケデリアを生み出しているのが特徴で、それが最大の魅力となっている。そうした意味でも、アルバムのオープナーとなった〈天の支配〉は、この作品の性格を決定づけているといってもいいくらいに強烈な印象を残している。また、こうした実験的なパフォーマンスをライブで存分に打ち出すスタイルが、このバンド最大の魅力になっていたことをよく窺わせるものなのだ。

インストゥルメンタル曲で特に傑出しているのは文句なしに〈星空のドライブ〉だ。シドの荒々しいギターのリフレインを起点にして、バンドの演奏がさまざまなフェーズと展開を潜りながら、10分近くものパフォーマンスを聴かせる大作だ。しかも、冗長なソロやインタープレイを垂れ流しているわけではなく、イマジネーション溢れる実験的なアプローチを次から次へと繰り出していて、それがある種の緊張感とドライブ感を生み出しながらパフォーマンスを牽引する勢いとなっているところが圧巻だ。当時のライブ・オーディエンスがピンク・フロイドに心酔していたのは、まさにこの曲のようなパフォーマンスについてだと言ってもいい。

そんなライブの気分を引きずっていたせいか、先にバンドがこの曲をサウンド・テクニクス・スタジオで、ドキュメンタリー映画『愛と幻想の一夜』のサウンドトラック用にレコーディングした時には、この曲の長さは16分を超えるものになっていた。しかし、プロデューサーのノーマン・スミスやマネージャーのピーター・ジェンナーの説得もあって、9分台にまで圧縮したのがアルバム・バージョンとなった。とはいえ当時は、一曲の収録時間が9分を超えるというのは常識破りもいいところだった。なぜ、これが許されたのかといえば、ピンク・フロイドはアンダーグラウンド・シーンの旗手として注目され、そこが大きく評価され契約に至ったというかなり特殊なケースとして扱われていたからで、契約金の前金や印税率などは若干低く押さえられていたが、その代わりにバンドはレコーディングについては限りなく自由な裁量を認められていたからだった。

そのほかのインストゥルメンタル曲〈パウ・R・トック・H（Pow R. Toc H.）〉などは、〈星空のドライブ〉と並んで、ライブでのバンドの魅力を伝えるトラックとして試みられたもので、これもかなり実験的な内容となっている。タイトルにはいろんな符牒が込められているとされてきたが、ロジャーは、実際にはたいした意味はないと明かしている。また、ロジャーが唯一提供した楽曲〈神経衰弱〉も、ロジャーの歌のパートを除けば、基本的にこのアルバムのインストゥルメンタル楽曲群とほぼ同じ性格のパフォーマンスになっている。

アルバムのレコーディングは5月に終わり、バンドはまず6月に、先に制作していた〈シー・エミリー・プレイ〉をリリースした。そして、ファースト・アルバム『夜明けの口笛吹き（The Piper at the Gates of Dawn）』は、ついに8月にリリースされた。タイトルはケネス・グレアムの児童文学作品『たのしい川べ（The Winds in the Willows）』中の「あかつきのパン笛（The Piper at the Gates of Dawn）」という章タイトルをそのまま使ったもので、シドの案によるものだった。ちなみに発売ぎりぎりとなる7月までは、「映像（Projection）」という仮題で進んでいた。本作はリリースされるやイギリスではチャート6位につけ、評価も、このバンドの本当のサイケデリックな魅力がよく伝わってくるとしてかなり高かった。ビートルズのポール・マッカートニーなどは、当時から高く評価していたことでよく知られている。さらに近年になってからは、サイケデリック期のロックを代表する傑作のひとつとして必ず挙げられるようになっている。

ただ、バンドはアルバム・リリース前からライブ出演を続けてきたが、ＬＳＤの常用を続けていたシドの挙動が、この頃から常軌を逸するようになっていた。ある時などは楽屋で心神喪失状態になっていて、ロジャーとアシスタント・マネージャーのふたりでシドを立たせて、そのまま抱えるようにしてステージまで連れて行かねばならなくなったという。シドはその後、ギターを肩からストラップで下げたまま、両手も垂らしたままで、ただそこに佇んで固まってしまい、実際の演奏はシド抜きのメンバーで凌いでいかなければならなくなった。

あるいは、シドは演奏に参加したかと思ったら、その後はただステージをうろうろ徘徊するなど奇行が常態化するようになり、バンドは予定されていたナショナル・ジャズ・アンド・ブルース・フェスティバル（イギリスのロック・フェスティバルを代表するひとつ、レディング&リーズ・フェスティバルの前身）への出演を辞退することになった。シドは精神的な過労から療養が必要になったとマネジメントは発表し、実際に彼はロジャーと精神科医と共にスペインへ療養に向かった。こうした状況ではあったが、シドはおそらく回復するはずだというマネジメントとメンバーらの希望的観測のもと、秋にはヨーロッパとアメリカのツアーが組まれた。が結局、シドの精神状態が回復することはなかった。

そして、アメリカではシドの状態はさらに悪化し、言動も日増しに正常ではなくなっていった。即興的なインストゥルメンタル演奏がほとんどの〈星空のドライブ〉などでは、シドがギターの糸巻きを緩めてチューニングを狂わせている姿が目撃されているが、初めのうちは、彼が元気だった頃からやっていたギター・エフェクトの一種だろうとも見なされていた。ところが、アメリカのライブでは弦が完全にネックから外れてしまうまで糸巻きを緩めて続けていたというから、明らかにシドの異常さはエスカレートしていた。また、アメリカではテレビ出演もいくつかあって、当時のテレビ局では音源に合わせた口パク・パフォーマンスが普通に行われていたが、シドはリハーサルでは要求された口パクをきちんとこなしていたという。しかし本番になると、無言でただその場にずっと突っ立ったまま放送を終えてしまった。またインタビューでは、シドが取りつく島もないほど乱暴な受け答えを繰り返したという。こうした行状を目撃して、マネージャーとして同行していたアンドリュー・キングはツアーを早急に切り上げさせ、バンドをイギリスへ送り返すことになった。

「第2ギタリスト」ギルモアの加入

このアメリカ滞在の直前にバンドがレコーディングしていたのがサード・シングル〈アップルズ・アンド・オレンジズ（Apples and Oranges）〉だ。シドの書いた曲で、これもまたサイケ・ポップとしてよくできているが、その一方でアレンジがエキセントリックに進化しているのがとても刺激的だ。テーマはトラック運転手の若者が恋心を抱く女の子を見かけた時の心象の数々で、「彼女」をめぐる鮮烈なイメージが次から次へと投げかけられていく展開が見事で、ピンク・フロイドにおけるシドの最後の名曲だと言ってもいい。

B面の〈絵の具箱（Paintbox）〉はリチャード・ライトが書いた曲で、リード・ボーカルも彼自身。サイケ・ポップとバロック・ポップを融合させたような新鮮な調べで、特にコード進行とメロディの捻りが軽快でどこまでも心地よい曲となっている。リリースは67年11月で、チャート・インはしなかった。

さらに、『夜明けの口笛吹き』完成後からこの時期にかけバンドは新しいレコーディングも続けていて、その中にはシドの新曲も含まれていた。そのひとつが〈ジャグバンド・ブルース（Jugband Blues）〉で、これは次のアルバムに収録されることになる。そのほかにも〈ヴェジタブル・マン（Vegetable Man）〉、〈スクリーム・ザイ・ラスト・スクリーム（Scream Thy Last Scream）〉などシドの楽曲のレコーディングも行っている。マネージャーのピーター・ジェンナーはこれらの楽曲を推していたが、レーベルやバンドから却下され、シングルとしては〈アップルズ〜〉に落ち着いた。なお、〈ヴェジタブル〜〉や〈スクリーム〜〉の音源は『The Early Years 1965-1967: Cambridge St/ation』などのボックス・セットで確認できる。

後者の2曲については、シドがサイケ・ポップからほぼ脱却し、ほとんどガレージ・ロックか、ポスト・パンクのプロトタイプともいえるサウンドをすでに鳴らしていたところが強烈な印象として残る。それでなくても〈ヴェジタブル〜〉の歌詞は、「世界に淘汰されざるを得ない自分」という存在を歌い上げるもので、まさにシドの最後のメッセージとなっているところが鬼気迫るものだ。

アメリカから帰国後の67年11月、バンドはジミ・ヘンドリックス・エクスペリエンスの英国ツアーの前座を務めることになるが、シドが捕まらず、ザ・ナイスのデヴィッド・オリストに代役を何度か依頼することになる。これを機にバンドは本格的に第2ギタリストの加入を思案し、シドの旧友でロジャーとも同郷のデイヴ・ギルモアに頼み込むことになった。デイヴにはニックから打診し、彼もこれを了承。ライブでシドが奇行に捉われたりした時に、デイヴが演奏をカバーするという役割を担うことになり、新メンバーとして1968年1月に発表された。しかし、ライブでのシドの奇行に辟易していたバンドは、やがてライブ前にシドを迎えに行くことさえやめてしまった。当時、シドと同居していたリチャードは、ライブ前に煙草を買ってくるとシドに伝えて部屋を出た後、ほかのメンバーと合流してライブを行い、何時間もたってから帰宅すると、なんとシドは出かけた時とまったく同じ姿勢のまま固まっていて、「煙草買って来た?」と訊かれたという逸話もある。

ライブに参加できなくなったシドは作曲に専念することになったが、この試みもまた不毛に終わった。シドが用意した〈ハヴ・ユー・ゴット・イット・イエット（Have You Got It Yet?）〉という曲のリハーサルの際、最初はシンプルな構造の曲のように思えていたのに何度やってもうまくいかず、よくよく観察してみると、演奏しながらシドが微妙にピッチをずらし続けていることがわかったからだ。その間、シドは「Have You Got It Yet?（おまえはまだ持っているのかい?）」と歌い続けていたという。シドの真意に気づいたロジャーはそのままスタジオを退室してしまい、シドは、その後二度とピンク・フロイドの新曲リハーサルに参加することはなかった。

68年3月に入ってバンドは、マネジメントと協議した末にシドに脱退を求めることになり、シド自身もこれに同意した。ただ、マネージャーのピーター・ジェンナーとアンドリュー・キングは、そもそも自分たちが才能を見出したのはシドだったとして、脱退後はシドのマネジメントを継続し、フロイドとの契約は打ち切ることに決めた。バンドのメンバーはそれまでピーターとアンドリューと共にブラックヒル・エンタープライズのビジネス・パートナーにもなっていて、この頃にはハイド・パークでの一連のフリー・コンサートを主宰するほどの影響力を誇っていたが、この時にメンバーとブラックヒルとの関係も解消された。

またバンドのライブ出演などの管理を手掛けていたブライアン・モリソンは、ピンク・フロイド関連の業務をビートルズなどが所属するNEMSエンタープライゼズに譲り、モリソンのアシスタントとしてピンク・フロイドを担当していたスティーヴ・オルークが新しくバンドのマネージャーを務めることになった。こうして、68年4月にシドの脱退が正式に発表された。

バレット脱退の危機を乗り超えた『神秘』

ロジャー、リチャード、ニック、そしてデイヴという体制になったピンク・フロイドは、前年の5月から続けてきた2ndアルバム制作の仕上げに取りかかった。しかしながら、シドの脱退という事態がバンドにとって致命的なことは変わらなかった。なぜかといえば、ピンク・フロイドはシドが加入してからは実質的に彼が牽引し、彼がほとんどの楽曲を書いてきたからだ。

とはいえ、67年の夏頃からシドの奇行頻発という事態をバンドとして否応なしに乗り越えざるを得なくなり、ライブ活動などもシド以外のメンバーの力で乗り切ってきたという自負もあったはずだ。それにこのバンドの最大の魅力が、ライブにおける超大で即興的でサウンド実験的なパフォーマンスにあり、それこそがファンベースであり続けたことも、ロジャーやリチャード、ニックの確信をさらに強くしたはずだ。確かにサイケデリック期におけるポップ・ソングの作り手としてシドは天才的な力量を誇っていた。しかし、ライブでのサウンドという魅力が受け入れられている限り、自分たちの活動に勝機はあると見込んでいたのだろう。

だが、バンドにはすぐ「シングル・ヒット」という重荷がのしかかってくる。その要請に応じてなんとか形にしたのが〈イット・ウッド・ビー・ソー・ナイス（It Would Be So Nice）〉とB面曲の〈夢に消えるジュリア（Julia Dream）〉だった。いずれも68年2月に制作した音源だが、すでにシドはまったくレコーディングに関わっていない。〈イット・ウッド～〉はリチャードの楽曲で、〈アップルズ～〉B面曲のリチャードの〈絵の具箱〉同様、どこまでもバランスの取れたサイケなポップ・ソングとして仕上がっていて、ロジャーの書いた〈夢に消える～〉もまた同じだった。しかし、マーケットではもはやコンパクトなサイケ・ポップは消費し尽くされた感もあり、あれだけサイケデリアにまみれていたビートルズやザ・ローリング・ストーンズもこの年の3月から5月にかけてロックンロール回帰を思わせる〈レディ・マドンナ（Lady Madonna）〉と〈ジャンピン・ジャック・フラッシュ（Jumpin' Jack Flash）〉を大ヒットさせるなど、時代は明らかに変わっていた。そのため〈イット・ウッド～〉は4月にリリースされたものの、またしてもチャート・インは果たせなかった。

その一方で、セカンド・アルバムとなる『神秘（A Saucerful of Secrets）』についてバンドは、サイケなポップ・ソング志向ではなく、より即興的で実験的なサウンドを打ち出す意思を固めていた。特に67年8月からレコーディングに取りかかっていたロジャーの曲〈太陽讃歌（Set the Controls for the Heart of the Sun）〉などは、ライブで披露しても好評だったことが大きな自信となっていたはずだ。

その歌詞は中国唐代の詩のいくつかを借用したもので、この辺は『夜明けの口笛吹き』の〈第24章（Chapter 24）〉で『易経』を引用してみせたシドの才気の影響が窺われる。しかし、演奏はサイケデリアを払拭した即興性と実験性が特徴的で、どこかザ・ドアーズを思わせるサウンドが新鮮だ。この曲の制作初期の段階ではシドもギターを務めていたので、デイヴを含む5人のメンバー全員が関わった唯一の音源となっている。

同様に歌を伴いながらバンドの実験性を追求したのが、ロジャーが書いた本作のオープナー〈光をもとめて（Let There Be More Light）〉だ。歌詞は未確認飛行物体やＬＳＤ、さらに中世騎士物語的なモチーフなどが無作為に錯綜した内容だが、冒頭の強烈なギター・リフこそがこの曲の最も強烈なメッセージで、バンドの新体制を強く宣言するものとなっている。中盤のフリー・フォーム的な歌と演奏を経て、さらに象徴的なのが終盤で披露されるデイヴ・ギルモアのギター・ソロだ。バンドにとってこれは結成以来初のギター・ソロで、明らかにバンドのモードが変わったことを突きつけるものだった。

また、ロジャーの書いた〈コーポラル・クレッグ（Corporal Clegg)〉は、ブルース・ロックとノヴェルティ・ソングを掛け合わせて圧縮したような楽曲となっているが、その後のロジャーにとって大きな創作モチーフのひとつとなった「戦争」を初めて取り上げた楽曲としても注目される。

リチャードの書いた〈追想（Remember a Day)〉は、これまでのサイケ的なアレンジは消えながらも、甘さは残したところが魅力で、子供時代へのノスタルジアを綴りながら、どこかシドの歌詞的世界や感性へのオマージュと思えるところが切なくもある。リチャードが提供したもう一曲〈シーソー（See–Saw)〉は、バート・バカラック的な響きにザ・ビーチ・ボーイズを思わせるドリーミーな展開を合わせた曲で、やがて姿を消してしまう幼い兄と妹について歌っていて、甘さのなかにどこか不気味さを感じさせるところがまたシド的だ。

このアルバムが特に重要なのは〈神秘（A Saucerful of Secrets)〉を収録していたからだ。バンドの身上だった実験的で即興的な演奏を徹底して追求したもので、どこかもう開き直ってこの方向で突っ走るしかないという気持ちも働いていたのかもしれない。この曲を形にしていく上で、譜面の読み書きができないロジャーとニックが、建築専門学校で学んだ成果を応用して建築図面のようなものを描いたというのはよく知られる話だが、それも当初はプロデューサーのノーマン・スミスにこの長大な楽曲について反対されたため、曲の必然性を納得させなくてはというプレッシャーを感じていたからだろう。しかし、この4月の時点でバンドはシドともマネジメントとも決別していてまさに心機一転、全員の士気は高かったはずだ。

曲は4部から構成されていて、リチャードのキーボードを軸にさまざまな効果音が絡み合ってくる第1部は、当時公開されたばかりの映画『2001年宇宙の旅（2001: A Space Odyssey）』の終盤で使われた音楽（リゲティ・ジェルジュ作）を思わせる迫力を感じさせる。続くニックのドラムとパーカッションを軸に効果音を重ねる第2部が続き、さらに悲壮感漂うリチャードのキーボードと禍々しい効果音が特徴的な第3部となり、そこから厳粛なオルガンとコーラスによる最終部となる。ロジャーによれば、戦いとその後の顚末を描いた作品になっているというが、12分近くもあるこの大曲は、当時としては前代未聞にして破格ともいえる作品だった。

また、サイケデリアをサウンドとして完全に払拭し、つかみどころがなさそうでいて聴いていくうちにどんどん馴染んできて気持ち良くなっていく、まさにめくるめく音像をしっかり形にしたことが何よりも画期的だ。それが、ピンク・フロイドというバンドの今後の方向性とサウンドを決定していくアプローチとなったからだ。

そして、このアルバム唯一のシドの楽曲となったのが〈ジャグバンド・ブルース〉だ。フォーク的な曲調で、周囲から次第に避けられていく自分の現実を歌い上げる内容になっている。彼の希望で救世軍の楽団が共演していて、ブリッジでその管楽器演奏を聴かせるが、このミスマッチ感とシドの自虐的なのか達観しているのか判断しがたい不気味な歌詞には戦慄を感じざるを得ない。この曲をもってアルバムは締め括られた。

本作は68年6月にリリースされ、当初の評価やチャート・ポジションも『夜明けの口笛吹き』には及ばなかった。しかし、ニックは最も好きなアルバムだと語っていて、それはその後、キャリアを貫いて試みていくことをアイデアとして提示できたこと、さらにシドの脱退とデイヴの加入を象徴する楽曲群を同時に聴けるからだとも語っている。

なおジャケットの装丁にはデザイン集団ヒプノシス（中心メンバーのストーム・ソーガソンは、ロジャーやシドの旧友でもあった）が初めて起用されているが、その後、ヒプノシスはピンク・フロイドの作品を軒並み手掛け、プログレッシブ・ロックでは特に人気を博すことになる。ちなみに、ロック史を代表する数々の傑作をデザインし、レコード・ジャケットをアートの域に高めた先駆者として知られるヒプノシスだが、彼らにしても、この『神秘』がきっかけとなって音楽アルバムのアートワークに本腰を入れるようになったのだ。

すでに『神秘』のリリース前からイギリスとヨーロッパでのライブ出演をバンドは精力的に行っていたが、リリース当日にはハイド・パークのフリー・コンサートに出演し、その後、アメリカ・ツアーに乗り出していく。ツアーにはソフト・マシーンとザ・フーが同行し、バンドにとってはこれまでになく重要なものとなった。メインのボーカルはロジャーとなり、シドの楽曲はほぼ取り上げられなくなったが、『夜明けの口笛吹き』収録の〈フレイミング（Flaming）〉はこのツアーまでセットに残り、デイヴがボーカルを取った。しかし、基本的には〈天の支配〉、〈星空のドライブ〉、〈神秘〉など、あくまでもバンドのサウンドを聴かせる楽曲が主軸となっていった。アメリカ・ツアーが終わるとバンドはそのまま再びヨーロッパ・ツアーに乗り出したが、その途中でのイギリス滞在中に、新しいシングルの制作に入った。

そのA面は〈青空のファンタジア（Point Me at the Sky）〉で、甘いメロディの展開とキャッチーなコーラスが見事なのだが、サイケ・ポップとしてのアレンジや展開が68年末の時点ではかなり飽きられていたのではないかと思わざるを得ない。なお、これはロジャーとデイヴによる初の共作曲となった。

B面は、バンド名のクレジットを冠したインストゥルメンタル〈ユージン、斧に気をつけろ（Careful with That Axe, Eugene）〉で、ロジャーの反復的なベース・リフに始まり、そこへリチャードのオルガン、ニックのドラム、デイヴのギターとそれにシンクロしたデイヴのボーカル、ロジャーの叫び声などが少しずつ強度を増しながら被さってきて、混沌とした様相を描いた後でまた静まっていくという展開。〈青空のファンタジア〉に比べ、はるかにこの時点でのバンドを体現する曲になっていて、実際その後ライブでも好評を博し、70年代まではライブの定番曲のひとつともなっていた。このシングルは68年12月にリリースされたが、またもやチャート・インできず、バンドはその後、イギリス本国でのシングル・リリースをやめてしまった。

初のOST『モア』からチャレンジングな『ウマグマ』へ

ツアーが終了し1969年に入ると、フロイドは映画『モア（More)』のサウンドトラックに取りかかる。監督のバーベット・シュローダーは、特に綿密なスコア的サントラを求めていたわけではなく、登場人物がラジオやテレビをつけた時に流れてくる曲、あるいはその場面場面で流れていそうな「音」を作ってほしいと依頼。バンドはこれに応えてさまざまなスタイルの楽曲やサウンドを生み出してみせることになった。このサントラに〈ナイルの歌（The Nile Song)〉、〈イビザ・バー（Ibiza Bar)〉などほとんどハード・ロックといえる曲や、〈『モア』のブルース（More Blues)〉のような正統なモダン・ブルース調の曲まで収録されているのもそのせいだ。もちろん〈『モア』の主題（Main Theme)〉や〈クイックシルバー（Quicksilver)〉のように、いかにもピンク・フロイドらしい実験的で刺激的なサウンドのナンバーも収録されている。

サウンドラック・アルバム『モア（More)』は6月にリリースされることになるが、2月に制作を終えたバンドは、早くも3月から「ザ・マン・アンド・ザ・ジャーニー・ツアー」と題されたヨーロッパ・ツアーを敢行し、そこで〈ザ・マン・アンド・ザ・ジャーニー（The Man and the Journey)〉という、或る種の組曲を披露することになる。これは過去の定番曲や未発表曲、新曲、さらに『モア』の収録曲による膨大なセットを2部構成で披露する内容で、のちのコンセプト・アルバム路線の雛型と言えるかもしれない。

そして、このツアーが終わると、バンドはツアーのライブ音源とスタジオ・レコーディング曲で構成された2枚組アルバム『ウマグマ（Ummagumma)』の制作に乗り出した。

ただ、その主眼はライブ音源の方にあったようだ。バンドのライブに触れたことのないオーディエンスに、シド・バレット時代にまで遡ってもこのバンド本来の魅力となっていたライブ・パフォーマンスを、きちんと知ってほしいという強い意志が感じられるからだ。実際、収録されたのは〈天の支配〉、〈ユージン、斧に気をつけろ〉、〈太陽讃歌〉、〈神秘〉と当時のセットリストのうちで最高の人気曲となっていた。

一方、新作音源の方はリチャードの提案によって、それぞれ独自に仕上げたソロ音源を持ち寄るという内容になった。リチャードの〈シシファス組曲（Sysyphus: Parts 1–4）〉と、ニックの〈統領のガーデン・パーティ三部作（The Grand Vizier's Garden Party: Parts 1–3）〉はかなり実験的なインストゥルメンタルとなった一方で、ロジャーの〈グランチェスターの牧場（Grantchester Meadows）〉はケンブリッジの自然を歌ったイギリス調のフォーキーな曲となっている。またロジャーのもう一曲〈毛のふさふさした動物の不思議な歌（Several Species of Small Furry Animals Gathered Together in a Cave and Grooving with a Pict）〉は、鳥や小動物の鳴き声として作り出した加工音やさまざまな音源のループを組み合わせた実験的な作風だ。そしてデイヴの〈ナロウ・ウェイ三部作（The Narrow Way: Parts 1–3）〉は、３つのモードのギター演奏を組み合わせたものとなった。

ただ、いずれもメンバーの個性を窺い知るには興味深いのだが、ピンク・フロイドとしては弱い作品だ。それは、このようにそれぞれが持ち寄った断片を、本来は断片のままではなく、ひとつの大きな楽曲とサウンドへと生成させてみせてこそのピンク・フロイドの魅力であって、それこそが前半のライブ音源で証明されたことだからだ。後年、メンバー自身のこの作品への評価が特に辛いのも、このスタジオ盤のせいだろう。

ちなみに、この時期にはこうした実験的な楽曲はほかにも制作されていて、それが〈エンブリオ（Embryo）〉だ。ライブでは頻繁に演奏されながら音源としては長らく未発表のままだったが、現在は『アーリー・イヤーズ・クリエイション１９６７〜１９７２（The Early Years 1967-1972 Cre/ation）』などのコンピレーションやボックス・セットで聴くことができる。

1970年に入ると、バンドはローマに赴いてミケランジェロ・アントニオーニ監督の映画『砂丘（Zabriskie Point)』用のレコーディングを行う。特に有名なのはエンディングの爆破シーンで使われた〈ユージン、斧に気をつけろ〉だが、これはアントニオーニ監督のたっての希望で新たにレコーディングし直され、〈51号の幻想（Come In Number 51, Your Time Is Up)〉とタイトルも改められている。さらにサントラには〈若者の鼓動（Heart Beat, Pig Meat)〉、〈崩れゆく大地（Crumbling Land)〉が採用された。その一方で〈カントリー・ソング（Country Song)〉、〈アンノウン・ソング（Unknown Song)〉、〈ラヴ・シーン（Love Scene)〉などもレコーディングされたが採用されず、その後、一部は1997年にサントラ・アルバムのボーナス・トラックとして収録され、さらに多くの音源が『The Early Years 1970 Devi/ation』にも収録された。また、この時採用されなかった曲のうち〈ザ・ヴァイオレント・シークエンス（The Violent Sequence)〉はその後、『狂気（The Dark Side of the Moon)』の〈アス・アンド・ゼム（Us and Them)〉となって再浮上することになる。この曲についてアントニオーニは、曲としては好きだけど物悲しすぎるという理由で却下したとロジャーは振り返っている。『砂丘』の作業について、バンドはアントニオーニ監督と意見がなかなか折り合わずしんどかったことを振り返っているが、その一方でアントニオーニがいたく〈ユージン、斧に気をつけろ〉などに執心してラストで使うことを熱望したことから、オーディエンスが自分たちに何を求めているのかをあらためて強く自覚したはずだ。

絶対領域への踏み台となった『原子心母』

ツアーの合間にロンドンに戻ったバンドは新作に向けた作業に取りかかるが、『ウマグマ』の新曲群とは方向性を大きく転換させた楽曲の制作に乗り出すことになる。その試みが、20分越えの大作〈原子心母（Atom Heart Mother)〉へ繋がっていくことになった。その一方で、『ウマグマ』で試みた楽曲の持ち寄り方式も温存されることになった。とはいえ、『ウマグマ』では完全にソロ・レコーディングとしてそれぞれに曲と音源を持ち寄っていたのに対して、今回は各々で持ち寄った楽曲を基本的にはバンド全員でレコーディングするという妥当なアプローチがとられることになった。

この〈原子心母〉は、その後のピンク・フロイドの音像やサウンド、インスピレーションや展開、あるいは構成など、あらゆる意味での踏み台となったという意味で、あまりにも重要で画期的な楽曲だ。ジャム・セッションや思いつきや閃きから音像を生成していきながら、ここまで大きなスケールと迫力を醸し出す楽曲としてまとめ上げてみせたことが、このバンドの稀有なケミストリーを物語っているのはもちろん、その後、ピンク・フロイドをプログレッシブ・ロックの象徴的存在にまで押し上げることになったからだ。

しかしそれはまた、圧倒的な技量の演奏と正確無比なバンド・アンサンブルに裏づけられていたほかのプログレッシブ・ロックの多くとは異質な魅力を備えたものだった。ピンク・フロイドの場合、むしろ音像とサウンドの全体感を堪能させるのが絶対的な魅力だったからで、それはリスナーが、ただただその音の深淵に埋没していくヘッド・ミュージックとしての性格が、何よりも勝っていたのである。

ただ、1960年代末に台頭したヘッド・ミュージックは、ほぼLSDに影響されたサイケデリアに支えられていて、ピンク・フロイドはこれをライブで生み出し、バンドの真骨頂とさえなっていた。しかし、この頃にはそのサイケデリアは完全に退潮してしまっていた。だからここで重要なのは、シドの脱退をきっかけに、バンドはそのヘッド・ミュージックの在り方を絶え間なくアップデートしてサイケデリアの呪縛から脱却しようと試み続けた結果、この〈原子心母〉でもって完全に新しい音像を獲得することに成功したことだ。それは、きっちりと1970年代という新しい時代を体現する新次元のヘッド・ミュージックへと進化していたのだ。

しかし問題は、バンドがようやく獲得したこの境地と〈原子心母〉という曲に、まだ自信を持てなかったことだ。そこで彼らはアメリカ・ツアーに乗り出す直前に、出来上がった音源を前衛作曲家のロン・ギーシンに託し、スコアの編曲とオーケストレーションの収録を依頼することにした。その結果、出来上がったのがアルバムに収録されたバージョンの〈原子心母〉だ。このオーケストレーションはおおむね高い評価を受けているが、聴けば聴くほどこのギーシンの管楽器と声楽隊のアレンジは果たして本当に必要だったのか、という疑問が個人的な印象としては強い。というのも、ギーシンのオーケストレーションからは自立して、その後のピンク・フロイドを体現するバンド自身の音像がはっきりと鳴っていて、それを実感できるところこそがこの曲の最大のスリルになっていると感じるからだ。

アルバムが完成した後のツアーで、バンドは当初、管弦楽団と声楽隊を雇ってアルバム・バージョンの再現を試みていたが、楽団員の指揮と管理があまりにも煩雑を極めたため、その後は起用をやめて楽曲を圧縮し、メンバー4人のみのライブで披露するようになっていった。71年初来日時の箱根アフロディーテ（国内初の野外音楽フェスティバル）での演奏もこのバージョンによるものであり、その音源を聴けば〈原子心母〉がいかにピンク・フロイドにとって重要な楽曲だったか、嫌というほどわかる。それはおおもとのバンドのみの演奏へと楽曲が削ぎ落されていったからこそ、鮮明にわかることなのだ。

その一方でもう一曲のバンド・クレジット作品〈アランのサイケデリック・ブレックファスト（Alan's Psychedelic Breakfast）〉は、まったく正反対の性格に仕上がっている。というのも、これはニックが生の会話をもとに制作した音源を軸に加工しただけという楽曲で、バンド演奏から生成してみせたものではないからだ。つまりこれは、前作と同じくメンバーの持ち寄った楽曲の部類に括られるものだ。ロジャーの〈もしも（If）〉は、『ウマグマ』の〈グランチェスターの牧場〉と似たイギリス風のフォーク的な楽曲だが、今回は歌詞が、歌い手の性格のねじれたところを自分で見つめ直す内容となっている。さらにデイヴの〈デブでよろよろの太陽（Fat Old Sun）〉もまた牧歌的なギターとボーカルを聴かせる曲で、これはケンブリッジ周辺の景観や自然を歌っている。この曲については、ほとんどの楽器をデイヴがひとりでレコーディングし、リチャードのみがキーボードで参加している。

なお、このアルバム制作中、リチャードとデイヴは難航していたシドのセカンド・ソロ『その名はバレット（Barrett）』のレコーディングに参加し、プロデューサーも務めることになった。ちなみに、その前年の『ウマグマ』制作中には、シドのファースト・ソロ『帽子が笑う……不気味に（The Madcap Laughs）』においても、デイヴとロジャーがレコーディングとプロデュースを支えていた。

『原子心母』は70年10月にリリースされると、評論家筋からの評価は賛否両論だったが、バンドにとって初の全英チャート1位を獲得することになった。つまりファンやリスナーは、このアルバムでバンドが打ち出した〈原子心母〉という新機軸を強く支持したわけで、ピンク・フロイドの本来の魅力とその新しいサウンドが早くも歓迎されたとしか考えられない。ただメンバー自身の評価としては、『ウマグマ』同様このアルバムも低い。それは〈原子心母〉以外の楽曲で、いまだにバンドの総力を注ぎ込もうとする意気込みが希薄だったこと、そして〈原子心母〉でギーシンに任せ過ぎてしまったことへの反省もあってのことによるものだろう。

『おせっかい』：〈エコーズ〉を核にした完全覚醒

この時代、ピンク・フロイドはレコーディング中もツアーを精力的にこなしていて、リリース後もツアーをそのまま継続していったが、1971年に入ると、ツアーやライブ活動を続けながらスタジオに戻り、新作の制作に取りかかった。この時点では新作の方向性などは何も決まっていなかったが、少なくとも『ウマグマ』、『原子心母』において不本意となった要素は繰り返さないという意志は明らかだったはずで、はっきりと先の見えないままではあったが、バンドとしてひたむきに音を鳴らす作業を続けていった。

こうして制作した音源を、彼らはそれぞれに〈ナッシング（Nothing＝名無し）〉と名付けて番号を振り、さらに時期が進むと「名無しの息子」、「名無しの息子の逆襲」などと分類して精力的に作業を進めていった。こうして出来上がったのがアルバム『おせっかい（Meddle）』で、結果としてこれまでにないほどバンドとしての構築美とサウンドを生成していくことに成功した内容となった。

特に20分越えの大作となった〈エコーズ（Echoes）〉は、ボーカルと歌詞を伴う楽曲ではあるが、中間部で展開されるスケール大きなインストゥルメンタル・パートはこれまでの集大成と言ってよく、実験的かつ刺激的で、そのうえどこまでも気持ちよくわかりやすいパフォーマンスとなっていた。同じ大作であった〈原子心母〉は、管楽器や声楽などといった特殊な要素が、どこかフロイドの世界観に対して異質でぎこちなさや作為的な印象をもたらしていたのに対して、この〈エコーズ〉は、ライブでこの曲と対峙しても、このスタジオ・バージョンとまったく同種の体験を、さらに拡大させた形で体験できると確信させるものに仕上がっていた。つまり彼らにとっては、ライブでの自分たちの魅力をスタジオ・レコーディングとしてついにその全貌を捉えてみせたという、長らくの念願を成就させた楽曲になったのだ。また、サウンドそのものが〈原子心母〉と同様に斬新で、70年代を感じさせる音像となっていたことも、大きな魅力となったのは言うまでもない。

さらに重要だったのは、冒頭の〈吹けよ風、呼べよ嵐（One of These Days）〉において、どこまでも強烈でいてキャッチーで聴きやすいサウンドを作り上げたことで、〈エコーズ〉と並んで70年代におけるピンク・フロイドの音のあるべき姿を、ほぼ確定させてみせたと言っていい。あるいはまた、どこまでも甘く、夢うつつな情感を伝える〈ピロウ・オブ・ウィンズ（Pillow of Winds）〉などは、デイヴのギターの妙技と共に、楽曲にバンドの独創的なグルーヴを自在に吹き込めるようになった頼もしささえ感じさせる。

アルバムは71年10月にリリースされると、イギリスではチャート最高3位を記録、メディアからもこれまでになく高い評価を得ることになった。ただ、アメリカではまだチャート70位とセールスは芳しくなく、メディアの評価だけがじわじわと浸透し始めている状態だった。

そしてバンドはいつもの通りツアーに乗り出していくことになるが、映画『モア』のバーベット・シュローダー監督から新作『ラ・ヴァレ（La Vallée）』用のサウンドトラック制作を要請され、71年に入ると、パリのエルヴィル城のスタジオ（のちにデヴィッド・ボウイが76年に『ロウ（Low）』の一部をレコーディングしたことでも有名）でレコーディングが行われた。前作『モア』と同様、監督から映像を渡されて音が欲しい箇所を指示され、その時間に見合う楽曲を制作していくという作業になり、ピンク・フロイド流のフォーク・ロックやブルース・ロックなども聴ける興味深い内容となっている。

ちなみに本作をめぐっては、バンドと映画製作会社が仲違いしてしまい、この音源は『ラ・ヴァレ（La Valle）』ではなく、『雲の影（Obscured by Clouds）』というタイトルのサウンドトラック作品としてリリースが敢行された。その結果、映画の作品名が『La Vallée（Obscured by Clouds）』に改名されるという、映画製作サイドのほうから歩み寄る形で着地することになった。

『狂気』：ライブで磨き上げた超絶傑作

こうしたエピソードはあったものの、バンドはすでに次回作『狂気』の制作に取りかかっていた。ここではなんと、まずツアーにおいて新作の全曲を披露し、ライブを繰り返す中で仕上げていくというアプローチがとられることになった。その楽曲や演奏スタイル、サウンド構成については、『おせっかい』を引き継ぎながらも、より明解なコンセプトを打ち出すことがバンド内で話し合われ、歌詞的にもより具体的で簡潔なものが求められていくことになった、とデイヴは振り返っている。ロジャーの提案により、アルバムの大きなテーマとして、人の心を惑わし狂わせていくものを扱うということだったが、そこでは当然、シド・バレットという存在の去来に翻弄されたロジャーとバンドの経験が歌い込まれるのは避けられないことだった。ともかく早くにコンセプトが固まったため、前作までと違って一気に曲作りが進んだのは、フロイドとしては画期的なことである。当初から、この新作全体をライブのセットに取り込むという計画になったので、バンドの意気込みも尋常なものではなく、ステージ用の機材を新たに拡充し、4チャンネル・ステレオPAシステムや、新たな照明システムを導入したライブ・インフラが整備されることになった。

すでにピンク・フロイドのライブの音質と迫力は、唯一無二なものとして当時から定評が高かったが、このツアーのために構築されたサウンド・システムによって、ピンク・フロイドはほかのどのバンドも引き離すほどの気持ち良い音のヌケをライブで実現させていくことになる。ツアーは1972年1月にイギリスから始まり、ここでもう『狂気』が組曲としてパフォーマンスされた。その直後の3月には来日も果たし、8公演の全てで初期バージョンの『狂気』を披露。さらにヨーロッパとアメリカを巡っていくものになった。その過程と並行してレコーディングも敢行し、アルバム『狂気』は、ついに1973年3月にリリースされた。

さすがにライブで1年以上にわたって磨き抜かれてきた作品だけに、隙というものが一切ない完璧なアルバムとなっていて、実験性、サウンド、曲のわかりやすさ、イギリスという風土独特の叙情性、モダンなロック・サウンドなど、あらゆる意味においてフロイドのこれまでの最高傑作になったことは間違いなかった。

また、一見するとコンパクトにまとまった曲が10曲揃ったように思えるが、〈原子心母〉と〈エコーズ〉がそれぞれアナログ盤の片面を占めていたように、『狂気』はアルバムそのまま一枚がじつは一括りの曲、あるいは組曲なのだ。ライブでアルバムのほぼ全体がいつも披露されていたのは、よくある話題作りの「アルバム完全再現ライブ」の類いではなく、アルバム全体が分解不能なひとつの組曲だからこそ、おのずと全てが披露されることになったわけで、それ自体が破格だったとしか言いようがない。

楽曲は〈スピーク・トゥ・ミー（Speak to Me)〉、〈走り回って（On the Run)〉、〈望みの色を（Any Colour You

Like)〉などの実験的なサウンドを駆使する楽曲から、圧倒的なバンド・パフォーマンスの上に見事すぎるメロディと歌詞を載せた〈タイム（Time)〉、情感とダイナミズムが炸裂する〈虚空のスキャット（The Great Gig in the Sky)〉、ファンクを導入して見事にモダン・ロックとしての新しさも聴かせる〈マネー（Money)〉、整理のつかない心情をどこまでも物憂げなサウンドと共に綴る〈アス・アンド・ゼム〉、曲の調べの中に不気味さを感じさせる〈狂人は心に（Brain Damage)〉や〈狂気日食（Eclipse)〉と、いずれの曲も非の打ちどころのない出来になっている。まさしくピンク・フロイドというバンドのなんたるかを、あますところなく鳴らした傑作なのだ。

テーマは邦題の通り「狂気」で、人の心を惑わし狂わせていくものを曲ごとに取り上げたものになっている。特に狂気そのものに特化しているのは、アルバムを締めくくる〈狂人は心に〉と〈狂気日食〉で、狂気とは実際どういう心情なのかと執拗に探っていく楽曲だ。これは、ごく一部を除いては具体的にシドのことを歌っているものではないけれども、間違いなく、シドという存在に触発されて書かれたものだ。シドの脱退後に深くメンバーの心に刻まれたであろう「なぜこんなことに」という問いを、歌詞と音像で探る試みだと言ってもいい。

そして、この問いかけはピンク・フロイドやロック・アーティストに限られたものではなく、薬物の影響を大きく受けたイギリスやアメリカのユース・カルチャーを生きた当事者の間では、深く共有されたものだったはずだ。そうした意味で、とても暗い内容であるわけだが、ただ、不思議と後味の悪さを残すことはなく、けだるい憂いとしてこのアルバムの経験がリスナーの記憶と身体に残るところが、この作品の素晴らしいところだ。

本作は各方面で絶賛を呼び、アメリカでもついにチャート1位を獲得しただけでなく、その後、全米アルバム・チャート２００位以内に連続して７４２週（14年以上）在位し続けるという、前人未到の記録を打ち立てることになった。このアルバムを完成させたことで、ピンク・フロイドは間違いなくロック史上最強のバンドのひとつとなり、プログレッシブ・ロックというジャンルでは文句なしにその頂点に居座る数少ないバンドのひとつとなった。バンドは、リリースの1年前からすでに「ダーク・サイド・オブ・ザ・ムーン・ツアー」に乗り出していたが、その後も精力的にツアーを継続し、73年10月にようやく終えることになった。

「燃え尽き症候群」の果てに産み落とされたもの

翌1974年には短いヨーロッパ・ツアーとイギリス・ツアーを敢行することになるが、その前からバンドは次の作品に取りかかっていた。しかし、一種の燃え尽き症候群に取りつかれてしまったことを、メンバーはそれぞれに振り返っている。

そうした苦しい状況のなかで取りかかったのが、ロジャーの書いた〈レイヴィング・アンド・ドゥルーリング(Raving and Drooling)〉、デイヴとロジャーで書いた〈ユーヴ・ガット・トゥ・ビー・クレイジー(You've Got to Be Crazy)〉、さらにこれまでの大作と同様にメンバー同士でアイデアを出し合っていく形で生成させていった〈クレイジー・ダイアモンド(Shine On You Crazy Diamond)〉だった。74年のツアーではこの3曲をライブでも試し、次回作はこの3曲を軸とする予定になっていたという。

ツアーを終えて1975年に入ると、バンドは本格的にレコーディングを開始するが、『狂気』による燃え尽き症候群は改善されず、作業は膠着したままだった。そして、いったん〈レイヴィング〜〉と〈ユーヴ・ガット〜〉の2曲は見送られることになった。ただ、〈クレイジー・ダイアモンド〉は出来上がっていたので、ほぼ30分近い大作になっていたこの曲を前編と後編に分割し、その間に新たな楽曲を組み込んでいく試みに取り組んだ。

こうして新しく書かれたのが、〈ようこそマシーンへ(Welcome to the Machine)〉、〈葉巻はいかが(Have a Cigar)〉、〈あなたがここにいてほしい(Wish You Were Here)〉の3曲だった。ロジャーが書いた〈ようこそマシーンへ〉は、シンセサイザーで無機質感を打ち出しつつ、それをデイヴのダイナミックなコード進行と組み合わせながら、大きな機械でしかない音楽業界の組織、そして新しいアーティストを翻弄する業界人の実態への嫌悪感を歌い上げるものになっている。

さらにロジャーが書いた〈葉巻はいかが〉は、ブルージーなリフに合わせて、さらに踏み込んだ業界への嫌悪感を歌ったもの。若いアーティストに向かって、業界人がきみたちを使っていいように儲けさせてもらっているよとうそぶくもので、これはもともとロジャーが歌うはずだったが声域が合わず、デイヴに託そうとしたところ彼は歌詞の内容を理由に嫌がった。そこで、同じアビイ・ロードでレコーディングをしていたロイ・ハーパーに白羽の矢が立つことになった。

〈あなたがここにいてほしい〉は、デイヴとロジャーの共作で、イントロのギターのフレーズやリフをデイヴが弾いていたところ、もっとゆっくり弾くようにロジャーが頼み、どこかカントリー・ブルース的な、しかし極めてピンク・フロイド的な響きを持ったフォーク・ロックに落ち着き、そこにロジャーが歌を合わせていった。歌詞は歌い手の現状について「これでいいのか」と問い続けるもので、ある意味で『狂気』の大成功の後に襲ったバンドの虚脱状態を歌ってもいた。コーラスも、今では衆目にさらされながら堂々巡りなことばかりをさせられていると嘆き、今きみがここに一緒にいたらよかったのにと歌い上げている。「きみ」とはもちろんシドのことで、何にも臆することなく一緒に果敢な音を鳴らしていた時代を振り返っての問いかけだ。また、自分たちはとてつもないステージにまで来てしまったのに、何かを置いてきてしまったという心許なさを歌ってもいる。

ロジャーは、この曲はシドのことでありながらも、同時に自分自身を鼓舞しようとするものでもあると説明する。その一方でデイヴは、この曲を弾くとシドのことを思い出さないことはない、と語っている。ふたりとも、ピンク・フロイドとして書いた作品の中でも最高峰のものだとしている。

その一方で〈クレイジー・ダイアモンド〉は、まさしくシドに捧げられた曲だ。イントロのリチャードのキーボードとデイヴのギター・ソロがひとくさり終わったところで、デイヴがギターの弦を4音爪弾く強烈なフレーズがあって、おそらくこの曲を聴いた人の多くは、この4音の異様な存在感を強く記憶しているはずだ。

そもそもデイヴが何かの拍子にこの4音のフレーズを弾いた時に、激しく反応したのがロジャーで、彼はこの4音の響きがシドを思い出させると言った。こうしてこの曲は、いかにもピンク・フロイドらしい大作として生成されていったのだが、一続きの超大な作品としては〈エコーズ〉さえも凌ぐ迫力とスリルを備えたものになっていて、ピンク・フロイドの魅力を全て含んだ最高傑作と言ってもいい。

歌詞は、かつてのシドの輝きとシドの変節を歌ったものだが、75年6月にこの曲のレコーディングでボーカル入れを行った日に、シドがいつの間にかスタジオに来訪していたという運命的なハプニングが起きていた。しかし、この時のシドは髪の毛も眉毛も剃り上げ、さらに恐ろしく太ってしまっていたため、誰にもシドだと気づかれないままスタジオの隅に佇んでいたという。ロジャーはコンソール卓にいて、そこにリチャードが加わった時、あれは誰なんだろうと囁き合ったりもしたが、ふたりとも知らない人物だと結論づけたという。

その間、シドはふたりの背後でなんと歯磨きを始めたりしたものの、基本的にはおとなしくしていたところ、45分ほど経った頃、はたとシドだと気づいたとリチャードは振り返っている。シドについて書かれた曲の歌入れの日に突然、本人が姿を現わしたことが不思議でならなかったという。ロジャーも、その人物がシドだとわかったとたん涙が止まらなかったと心情を吐露している。そしてほどなく、シドは別れも告げずにスタジオから姿をくらました。数年後、百貨店のハロッズでシドがお菓子を買っているところをロジャーが目撃するのだが、メンバーが彼を見かけたのはそれが最後になったという。

こうして出来上がった『炎～あなたがここにいてほしい（Wish You Were Here)』は、ツアー終了後の9月にリリースされた。アルバムはイギリスとアメリカでチャート1位に輝き、予約販売も空前のものとなっただけでなく、アメリカではフロイド史上最速で最大のセールス記録を打ち立ててみせた。リリース当初こそ、その評価については賛否両論に分かれたが、その後は、ロック史上の最高傑作のひとつとされることが多い。

『ザ・ウォール』へ、深まるウォーターズの独裁

バンドがその後再結集したのは1976年4月のことで、再び新作に取りかかるためだった。バンドは『炎〜あなたがここにいてほしい』への収録を見送ったものの、ライブでは披露していた〈レイヴィング・アンド・ドゥルーリング〉と〈ユーヴ・ガット・ビー・クレイジー〉を新しいコンセプトと文脈で作り直すことに着手した。その新しいコンセプトとは、全ての歌詞を書いたロジャーの発案で、ジョージ・オーウェルのディストピア小説『動物農場（Animal Farm）』をヒントにしながらも、『動物農場』が全体主義や社会主義体制への批判だったのに対して、ロジャーのコンセプトは、動物を使って現代資本主義社会への批判を試みるものだった。

楽曲的には、ほぼデイヴが書き上げた〈ユーヴ・ガット〜〉は〈ドッグ（Dogs）〉となり、生き馬の目を抜くような苛酷な競争社会にある現代人を、「犬」として描いた内容になっている。〈ピッグス（三種類のタイプ）(Pigs: Three Different Ones)〉は新しくロジャーが書いたもので、社会や体制を牛耳る人間を「豚」に見立てて批判したもの。そして〈レイヴィング〜〉は〈シープ（Sheep）〉に作り変えられ、いいように「豚」に扱われる一般大衆を「羊」として描いているが、「羊」は最終的に反乱を起こすことになる。

そしてこの3曲を挟むように、アルバムの冒頭と終わりをロジャーの書いた〈翼を持った豚（パート1）(Pigs on the Wing: Part One)〉、〈翼を持った豚（パート2）(Pigs on the Wing: Part Two)〉が飾る構成になっているが、じつはこの2曲についてはまったく楽曲の趣旨がほかの3曲とは異なっている。

というのも2つの〈翼を持った豚〉はどちらも、貴族出身で音楽業界歴も長いキャロライン・アン・クリスティーと結婚したばかりのロジャーが彼女への愛を誓うラヴ・ソングになっているからだ。その内容は、歌い手が或る女性と出会ったことで、初めて相手を思いやるだけの愛を知ったというものだ。なぜこのような曲とほかの

アルバムの曲がカップリングされているのかというと、中盤の3曲のような冷酷な社会を生き抜くというプロセスを経て、ようやく自分は彼女の存在の尊さを知ることができたというストーリーになっているからだ。

新作『アニマルズ（Animals）』はツアーの開始と共に1977年1月にリリースされ、その評価はまたも二分されることになった。しかし、デイヴが手掛けた大作〈ドッグ〉の激しいギター・ワークなどはパンク・ロックが台頭してきた世相を明らかに感じ取ったものにもなっていて、最大の聴きどころのひとつだ。その一方で、〈シープ〉はこの作品では最もピンク・フロイド的な、ジャム・セッションから自然発生したようなタイプの曲であったにもかかわらず、ロジャーのみの作詞作曲クレジットとなっている。こうしたことからも、ロジャーの独裁体制はほぼこの時期から本格化したと言っていい。デイヴも、ロジャーはこの時期とかく支配したがっていたと振り返っているが、音楽的な方向についてはかなり自分も異を唱えて意見を通させてもらったとも語っている。『アニマルズ』は、セールスこそ『狂気』や『炎～あなたがここにいてほしい』には及ばなかったものの、そのツアーは規模や興行収入共に記録的な成果を達成することになった。ただ、ライブの規模が大きくなるに従って、オーディエンスとの距離にバンドは違和感を覚えるようになり、さらにライブに集中しない観客が増えていくと、ロジャーはステージ上でも苛立ちを隠さなくなり始めていた。この頃、観客と自分の間に立ちはだかるようになったと感じた「壁」が、次回作『ザ・ウォール（The Wall）』のテーマ設定の大きなきっかけになったとロジャーは語っている。また、彼とほかのメンバーとの距離感もこのツアーから極端に際立つようになっていて、ロジャーは極力、ステージ以外でメンバーとの接触を避けていたという。

ツアーを終えた翌1978年7月にバンドは次なる新作のために再結集するが、すでにロジャーは新作に向けた自分のプランを周到にも2つ用意していた。そのひとつはロジャー自身の生い立ちを反映したロック・ミュージシャンを主人公にしたロック・オペラだった。もうひとつはミッドライフ・クライシスに襲われている主人公が家庭や結婚を守るのか、それとも自由を追求するのかというせめぎ合いの中で悩んでいくうちに、夢でさまざまな状況を経験するという内容のロック・オペラで、なんと、いずれについても90分のデモ音源を制作していたのだという。ロジャーの提案では、いずれにするかはバンド全員で判断するが、その制作指揮は自分が執らせてもらう、ということだった。

バンドは前者のロック・ミュージシャンの物語を選び、見送られた後者については、やがてロジャーが自身のソロ・アルバムとして制作することになる（84年リリースの『ヒッチハイクの賛否両論（Pros and Cons of Hitch Hiking)』）。さらに、ロジャーはキャロラインのつてで知り合ったボブ・エズリンをプロデューサーとして起用することも提案した。ロジャーとエズリンは主人公のキャラクターにシドの性格をも取り込みながら、「ピンク」というより普遍性を持った架空キャラクターを作り上げた。そしてエズリンは、このキャラクターとロジャーが用意した楽曲に基づいたシナリオを書き上げてみせ、アルバム制作が進められることになった。

ところがそのころ、フロイドの資産を預かっていたノートン・ウォーバーグ・グループという資産運用会社が、バンドの資産をリスクの高い事業に投資して多額の損失を被るという危機が発生し、なんとしてでも資金回収の見込みの立つアルバムを実現させなければならなくなった。そのうえ当時のイギリスの高額な税を徴収されてしまったら、バンド自体の破産もありえたため、メンバーや家族は揃ってヨーロッパへ居を移すことになり、レコーディングはヨーロッパやアメリカで行われることになった。こうした環境変化や仕事環境の激変がたたってか、『ザ・ウォール』の制作に入ってからリチャードはほとんど貢献らしい貢献ができなくなっていて、バンド全体を困惑させた。レコーディング終盤に入ると、ついにロジャーはリチャードに脱退を要求し、さもなければ自分は『ザ・ウォール』自体を葬ると言い張り、リチャードは脱退へと追い込まれることになった。ただしばらく脱退の事実は伏せられたまま、その後のツアーでは雇われミュージシャンとして同行することになった。

本作は従来のピンク・フロイドの制作アプローチとはかなりかけ離れたものになっていて、明解なコンセプトと共に楽曲ひとつひとつを組み立てていくという性格の作業になった。しかしそれでいて、ピンク・フロイド的なサウンドを醸し出しているところが最大の魅力となっている。制作中はロジャーとデイヴが頻繁に意見を戦わせたというが、それもそんなサウンドを模索してのものだったはずだ。

そうした意味で象徴的な曲となっているのが〈コンフォタブリー・ナム (Comfortably Numb)〉だろう。これは楽曲としてはデイヴが78年にリリースしたファースト・ソロ『デヴィッド・ギルモア (David Gilmour)』での収録を見送った曲で、あまりにもデイヴらしい情感に溢れた楽曲だ。ただ歌詞的には、ロジャーの書いた主人公ピンクの物語でも重要なもので、ピンクの大きな変化のきっかけを生み出す役割を担うことになった。

また冒険的だったのは、学校制度批判ともなったこの作品のテーマ曲ともいえる〈アナザー・ブリック・イン・ザ・ウォール（パート2）(Another Brick in the Wall: Part 2)〉にダンス・ビートを導入したことで、当時はこのビートがミスマッチとも言われたが、そもそも元来のフロイドはR＆Bカバー・バンドだったこともあり、ごく自然に消化されていたところはさすがだった。この曲は第1弾シングルとして１９７９年11月にリリースされたが、バンドはイギリス本国では68年の〈青空のファンタジア〉が不発に終わって以来、シングル・リリースをやめていたため、じつに11年ぶりのシングルとなった（アメリカや日本などではその間も独自シングルがリリースされていた）。結果、バンドにとっては初の全英1位シングルとなっただけでなく、プラチナにも輝いた。

『ザ・ウォール』は79年11月にリリースされると、ここでも評価は分かれたものの、アメリカではチャート1位に15週連続で輝き、最初の２ヶ月で１００万セット越えを記録するという、２枚組アルバムとしては驚異的ヒットとなった。それだけの支持を得たのは、学校や思春期を通して経験する心の傷や大人や体制への反感を、ごくごくわかりやすいストーリーとして歌い上げたことと、そこに最もわかりやすいピンク・フロイドとしてのサウンドが鳴っていたからだ。最終的には、『狂気』に次ぐ巨大セールスを誇るアルバムとなっている。

なお、本作の前にロジャーがストーム・ソーガソンと不仲になったこともあり、『神秘』以来ジャケットの装丁を任されてきたヒプノシスが外され、それ以前からバンドのライブで上映するアニメーション映像などを手掛けていたジェラルド・スカーフに託されることになった。

ツアーはアルバムのビジュアル要素を巨大なステージとして再現していくものとなり、物理的に多都市を回るツアーが不可能になったため、80年に入ってロサンゼルス、ロンドン、ドルトムントなどに限定した定期公演が5回行われる形となった。そもそも、前回のツアーで感じた疎外感や孤立感が『ザ・ウォール』制作のきっかけとなっていたロジャーだが、このツアーでも引きこもってほかのメンバーと交流することはほとんどなく、バンド内の人間関係はさらに冷え込んでいった。

迷いのない試行錯誤を楽しんだ「究極の青春バンド」

さらに82年に公開されたアラン・パーカー監督による映画『ピンク・フロイド ザ・ウォール(Pink Floyd The Wall)』は、アルバム『ザ・ウォール』の楽曲に手を加えた音源に合わせ実写映像やアニメで物語が繰り広げられるという、重厚長大なミュージック・ビデオになっていた。

じつはロジャーは、『ザ・ウォール』に収録しきれなかった楽曲群をこの映画のサントラに投入しようとしていたが、それは叶わなかった。またこのころフォークランド紛争が勃発したのをきっかけに、戦争で命を落とす兵士は政府に裏切られているだけだという新たなコンセプトを温めるようになったため、それら未使用の楽曲群を作り変えることで、次なる新作に取り入れようとした。しかしデイヴは、楽曲の半分近くが残り物であることに異議を唱え、全て新曲で作るべきだとして意見が対立した。それでもロジャーが指揮するままに制作は進み、デイヴは貢献が少なすぎるとして共同プロデューサーのクレジットを剥奪されてしまうことになった。
このように『ザ・ウォール』にも増して、新作は実質的にロジャーのソロ作品と呼ぶべきものになっていく。ジャケットの装丁もロジャーによるもので、そこに使われた写真は妻のキャロラインの弟の写真家、ウィリー・クリスティーによるものだった。そうして出来上がった新作『ファイナル・カット』は83年3月にリリースされ、イギリスでは初めて初登場1位を記録することになった。しかしその評価は、またもや賛否両論だった。近年では再評価する向きもあるが、それもあくまでもロジャーのソロ作品的な位置づけでの評価だ。

リリース後、デイヴはソロ『狂気のプロフィール（About Face）』、ロジャーは『ヒッチハイクの賛否両論』の制作にそれぞれに乗り出すが、これと並行してバンドのミーティングも行われた。その際、デイヴとニックはロジャーがソロ・ツアーから戻ったらまたピンク・フロイドを始められると思い込んだ一方で、ロジャーはついにデイヴとニックにピンク・フロイドは終わったと納得させたと思ったという。その後、ロジャーはピンク・フロイドにはもう戻らないと宣言し、さらに残されたデイヴとニックがピンク・フロイドを名乗るのは不当だとして、種々の訴えを起こした。

こうした騒動のなかで制作されたのが87年リリースの『鬱（A Momentary Lapse of Reason）』だった。そこで目指したものは、コンセプトや歌詞と同等にバンドの音楽性に重きを置くことだったが、実質的にはデイヴが指揮し、セッション・ミュージシャンを導入してのソロ作品と言ってもよかった。ニックや、バンドのセッションに復帰したリチャードとの音楽的なコラボレーションを取り戻すにはまだ時間が必要だったからだ。実際、さまざまな係争をめぐるロジャーとの和解が成立したのは、このアルバムをリリースした2ヶ月後のことだった。

2年にわたるツアーやそれぞれのソロ・プロジェクトを経て、１９９３年にデイヴとニックとリチャードはジャム・セッションのために集まり、新作への手応えを得て『対／ＴＳＵＩ（The Division Bell）』の制作に着手する。そしてある意味でこれは、デイヴたちが目指す本来のピンク・フロイドの音を取り戻した初の成果でもあった。ただ全体的には、時流に合わせたコンテンポラリーな響きのロックが支配的になったと言わざるを得ない。アルバム・リリース後にはツアーにも乗り出し、これがバンドにとっては最後のツアーとなった。

２００６年、そして２００８年にシドとリチャードがそれぞれがんで他界した後、デイヴとニックは『対／TSUI』の制作の際にリチャードと行ったセッション音源を編集・再構成し、これをピンク・フロイド最後のアルバム『永遠／TOWA（The Endless River）』として２０１４年にリリースした。そして、この内容はアルバムの最初から最後まで、近年では初めてといえるほどピンク・フロイド的な演奏のみがひたすら繰り広げられるものになっていた。

シド・バレットの才能のおかげで成功し、シドの脱退後はシドから遠ざかる試みをひたすら追求し、その果てにはシドに捧げる究極のアルバム『炎～あなたがここにいてほしい』を作り出してしまったピンク・フロイド。じつはその後の『アニマルズ』、『ザ・ウォール』も、ロジャーがなんとしてでもシドを乗り越えてみせたいという葛藤をぶつけた作品だったと個人的には感じてしまう。そしてロジャー離脱後のデイヴたちは、その過程で失われた「ピンク・フロイドらしさ」を取り戻そうとする試みを続けた。

そうした意味で、学生バンドだった頃からの試行錯誤をひたすら続けてきた彼らは、「究極の青春バンド」だったと言ってもいいのではないか。その試行錯誤こそが彼らの間の絆だったから、迷いはなかったはずだ。そのやみくもなまでに実験を試みる姿は、どこかポスト・パンク・バンドにも通じているとも思えるし、そのなにものをも恐れない革新性こそが、リスナーの心に、ピンク・フロイドを真のプログレとして焼きつけるものなのだ。

第3章

半世紀以上も「輪廻転生」を繰り返したキング・クリムゾン

1969年以来、絶えず激しく変貌しながら究極のサウンドを探求するキング・クリムゾン。いきなり金字塔を打ち立ててしまったがゆえに、新たな進化のためにゼロ・リセットが繰り返された。全史を貫くコンセプトを検証しながら「深紅の王」の正体に迫る。

ロバート・フリップが提示する《メタル》という概念

世界中がとてつもない泥沼と化した新型コロナウイルス禍が続く2021年の暮れ、わずかな小康状態を縫うように実現したキング・クリムゾンの通算8回目となる日本公演。厳しい入国時のホテル隔離等を乗り越えステージに立ったグループは、期待を超える凄まじいライブを繰り広げた。

雑誌メディア、WEB、SNS等々での悲鳴にも似た絶賛と歓喜の声が、彼らのファンのみならず、全ての洋楽ファン、ロック・ファンたちを多幸感に包み込んだ。ライブそのものの場が限局されてしまい、かつて当たり前に存在し享受できていた音楽、ライブによる至福の体験が突然失われる喪失感の巨大さ。そんな音楽ファンの誰もが体験したことのない事態に戸惑い、呆然としているなか、まるで困難な時代に立ち向かう使命を与えられたかのようにキング・クリムゾンはステージに現れ、音楽が持つ崇高な力を聴かせ、それが人間社会にとっていかに重要なものであるかを刻み込んでいってくれた。

ライブを体験した誰もが、その夢のような時間を噛みしめ、脳裏に刻み込むなか、グループは誰も見たことのない深遠な闇の彼方に永遠のカオスを道連れにしながら消え去っていった。多くの会場で最後に奏でられたのは、《星ひとつない聖なる暗黒（Starless and Bible Black)》と歌った〈スターレス（Starless)〉であった。

果たして本当にキング・クリムゾンとしてラスト・ツアーとなるのか、それともトリプル・ドラムによる現ラインナップでの終焉なのか、この先に新展開が待っているのか、現時点では解答どころかヒントすら与えられていないが、一つの大きな休符が打たれたことだけは間違いない。毎回、微妙に変化する曲順や組み合わせで趣の異なるスリリングな場を産み出した東京5回、大阪2回、名古屋1回となった21年日本ツアーだが、視点を高く掲げあらためて見直すと、セットリストの基本となっているのは「ベスト・オブ・キング・クリムゾン」的な構成である。ライブで初めて演奏される曲が出現し、その意味や構成を考えさせた前回（18年)、前々回（15年）のツアーに比べると、そこは大きな違いでもあり、それが何を意味するのかもまた、これからいろいろと論議されていくであろう。

振り返るとトリプル・ドラム体制により約12年ぶりの来日公演となったのが15年の《THE ELEMENTS OF KING CRIMSON TOUR in JAPAN 2015》だが、じつはそこで、日本のファンは初めて運命の楽曲〈スターレス〉のライブ・パフォーマンスに出会ったのだ。それ以来、来日するたび、ほぼ全公演でそれは聴くことができ、当たり前にプレイされる代表曲の一つとなっているが、そうしたせいもあって約40年もの長きにわたり封印されていた特別な曲であることが忘れ去られたかのようにも思える。なぜ、ロバート・フリップは封印せねばならなかったのか。

1986年にフリップが創設したギター・クラフト（Guitar Craft）は《ギターとその演奏を通じた心身の修練》をテーマに、2011年に終えるまで3000人以上もの受講者を輩出し、プロのミュージシャンも多数生まれているが、その活動や講義の模様を捉えたビデオ・フィルム『ケアフル・ウィズ・ザット・アックス Vol.2（Careful With That Axe Vol.2）』で、フリップはクリムゾンの再活動について訊かれ、「わからない、ただ私の耳の奥では今でも〈スターレス〉が聴こえる」、といったようなことを答えていた（筆者の記憶なのでニュアンスは違うかもしれない）。彼にとってその曲こそが巨獣稼働の象徴であり、これをパフォーマンスできるようになった時こそ、全てを凝縮して闇からの再来を告げることになると位置づけていたのだろう。そして10年代に入り、多くの試行錯誤の果てにたどり着いたトリプル・ドラムの新体制によって封印は解かれ、聴き手にも特別な思いが降り注がれた。初めてナマで聴いた時の感激は今でも忘れられない。

フリップ、ジョン・ウェットン、ビル・ブルーフォード等による、いわゆる第3期クリムゾンの通算7枚目のアルバム『レッド（Red）』（74年）の幕を閉じたのがこの曲であり、それはまさにレッド・ゾーンに達したグループの姿を投影してもいた。フリップは14年に稼働開始した現クリムゾンを第4の絶頂期と呼んだ。そして『クリムゾン・キングの宮殿』（69年）、『レッド』、『ディシプリン（Discipline）』（81年）期などを通じ一貫して追求されたのは、クリムゾン流メタルであったとフリップは言う。また90年代後半、新方向を模索する時代にフリップが提唱したのが《ヌーヴォ・メタル》であった。

その実践の新フェーズとなった『ザ・パワー・トゥ・ビリーヴ（The Power to Believe）』（03年）リリース直前の02年10月、プロモーションで来日した時に面前でのインタビューが実現したのだが、その時こんなやりとりをしている。

――さっきからあなたが言っている《メタル》というものは、具体的にはどういうものを目指しているのですか。

「それはまだわからない。その質問は、あと2～3年したら、また訊いてくれたまえ」

――それは90年代のあなたのテーマなのですか。それとも70年代からのテーマとして持続して流れているものなのですか。

「〈21世紀のスキッツォイド・マン〉の時からです。その後〈太陽と戦慄パートII（Larks' Tongues in Aspic, Part Two）〉、〈レッド〉と続いてきました」

――それは、クリムゾンとして前進していくために必要な概念ということですか。

「そう。たとえ同じ箇所にずっと立っているとしても、視点が変わってきているわけで、動きは主に内部で起こっています。論理的には、我々には全ての曲をプレイできるはずですが、生きた体験をするということはまた別です。そして実際にも、音楽とミュージシャンは変わっていくものです。本当に動いているのは内部的展望であり、フレッシュであり続けることが問題なのです」

最後の言葉は、フリップにとってキング・クリムゾンというバンドを貫く永遠にして普遍のテーゼなのだろう。

このやりとりの中で《メタル》というのが〈21世紀のスキッツォイド・マン〉の時からのテーマだとの発言は重要であり、クリムゾンという他に例を見ないバンドの主軸を成していくポイントでもある。

ここで問題になるのは、フリップがとらえる《メタル》とは、現在の日本で普通に使われたり、音楽ファンがイメージするヘヴィ・メタル系のサウンドではなく、グランジ以降のモダン・ヘヴィネスな指向を持ったアーティストたちが奏でる音に近く、サウンド・スタイルを細分化しセクトを強化することで満足するようなファンたちが愛する音とは、けっして相容れないものだ。90年代に《ヌーヴォ・メタル》という言葉が出てきた時にファンの間でも大きな波風が起こったのも、こうした部分が語られなかったことが大きかったからなのだが、そのためにも、通常の《メタル》のイメージから離れなければならない。

歪んだユーモアのローカル・バンドから『宮殿』が生まれた驚愕

とはいえそうした当惑もトリプル・ドラムの最新型クリムゾンが繰り広げる壮絶なヘヴィ・サウンドによって完全に払拭されはしたが、「最初期からグループを貫いてきた」というフリップの言葉の重さは変わらない。

それは50年以上の歴史、それも輝かしい過去の解体を恐れず、常に限界に向けて挑戦するといった、通常のバンドでは考えられない変遷をしてきたキング・クリムゾンというバンドを解き明かす重要なカギであるが、そのカギを使いこなすには幾つかの視点が必要だ。そこをしっかり認識しないで、各時代に展開したグループを解明しようとしても、複雑に捻じれた答えが中空を舞うだけに終わりかねない。それと、この２０２０年代の時点で語れる大きなアドバンテージを活かすためにも一つ留意しなければならないのは、ロバート・フリップを中心とする各時期の所属メンバーたちの年齢と、その時代の音楽状況や時代性である。

60年代はむろんだが、パンク・ムーブメントでさえ遠い時代となってしまったからこそ、時代の空気感を踏まえておくことは重要だし、その中で持っているキャリアや背景、音を吐き出した意味や存在感をしっかりと把握することで、すっきり見えてくる部分は大きい。いま必要なのはそこなのだ。通史をいくら仔細に追っても彼らが産み出した音以上の世界は見えてはこない。しかし広い視野を持つことで、同じ音源や事象の違った側面が浮かび上がってくる。蟻と鳥の視点を同時に持ってこそ、数十年前のアルバムもさらに活き活きと動き出すし、そこに込められた狙いや必然が身近に迫ってくるのである。

キング・クリムゾンが最初にリハーサルを行ったのは1969年1月13日だが、そもそもこの長い物語は、マイケル&ピーターのジャイルズ兄弟による「歌えるキーボード奏者募集」に、歌えないギタリスト、ロバート・フリップが現われ採用となったところから始まる。67年9月のことで、21歳のフリップにとって衝撃だったというビートルズのシングル〈ストロベリー・フィールズ・フォーエバー／ペニー・レイン（Strawberry Fields Forever／Penny Lane）〉が67年2月、ジミ・ヘンドリックス・エクスペリエンスのセカンド・シングル〈紫のけむり（Purple Haze）〉が3月にリリースされるなど、高らかにサイケデリック時代の扉が開かれた頃だ。アメリカ西海岸で大きく膨らんだロックのサイケ・カルチャーがイギリスをはじめヨーロッパ各地に伝播し、ロンドンのライブ・シーンではピンク・フロイドをはじめアンダーグラウンドな指向を持ったバンドたちがいっせいに登場するなど、高揚感に包み込まれていた。

ジャイルズ・ジャイルズ&フリップ（以下GG&F）としての活動にイアン・マクドナルドやグレッグ・レイクが加わり、ピート・シンフィールドとマクドナルドが書いた楽曲〈クリムゾン・キングの宮殿（The Court of the Crimson King）〉からグループ名が付けられたというのが、たいへん粗雑なクリムゾン誕生ヒストリーなわけだが、ここで一つ重要なのはGG&Fのアルバム『チアフル・インサニティ・オブ・ジャイルズ・ジャイルズ&フリップ（The Cheerful Insanity of Giles, Giles and Fripp）』（68年）である。ジャズ・ロックやトラッドなどの要素まで含む音楽性と、ポール・マッカートニーの弟マイク・マクギア、詩人のロジャー・マクゴーらによるスキャッフォルドにも通じるビートニクの影響が色濃い詩作が絡む世界で特徴的なのは、独特のユーモアとクラシカル、かつメランコリックなメロディだ。今以上に柔軟で多様な個性やアプローチが溢れていたこの時代のなかでも、このGG&Fはあまり類するバンド、もしくはアルバムがない。

そのユニークなスタンスは、歪んだユーモアが映るジャケットや宣材写真からも感じられるし、より視点を高くすれば、2020年からフリップが妻トーヤと共に毎週配信して驚かせる《Toyah & Robert's Sunday Lunch》にまで貫かれている。こうした深い背景にはネオ・ダダやビートニク的な視点があり、その風刺とユーモアを見れば、GG&Fという存在はさほどとんでもないものであったとは言えず、音楽的にはクラシカルな構成やトラッドの要素なども呑み込み、多方向へと試行錯誤しながら産み落とされたのがこの作品だった。

そこからキング・クリムゾンというバンドへの変貌は凄まじく大きな飛距離を持ったものだったが、それはまさにフリップの言うように演奏が連れてきた変化であったし、イアン・マクドナルドとグレッグ・レイクという優れたプレイヤーが加わることでグループ全体のパフォーマンスが新たな次元まで強化され、さらにピート・シンフィールドの詩作により楽曲は深遠な領域へと進み、あの『クリムゾン・キングの宮殿』に収斂していった。フリップが23歳になったばかりの頃にレコーディングされた作品である。

2020年10月にリリースされた1969年音源の集大成である『ザ・コンプリート1969レコーディングス（The Complete 1969 Recordings）』にも入っている11月のBBCに残したスタジオ・ライブ音源を聴くと、その恐るべき完成度に驚かされる。マイケル・ジャイルズのドラムを土台に変幻自在に展開するマクドナルドとフリップの強靭さは無二のものだが、ただしこの時代に《メタル》という言葉はなかったという事実を忘れてはならない。確かにクリームは、それまでのロックの常識を超える大音量でのライブを行い、それを追うようにレッド・ツェッペリンがデビューを飾るのが69年1月なのだが、それらのヘヴィでメタリックなサウンドも、この頃は全て「ハード・ロック」として括られていた。

それは、ブルースやブラック・ミュージックのロック的な解釈と新展開であり、ライブの大音量化等の要素を呑み込みつつ、続々と新バンドが登場しロック・シーンの主流となっていく。しかし、そういう流れとまったく異質なところを進んだのがクリムゾンであり、ブラック・ミュージック的な価値軸から距離を置き、クラシックやジャズに通じる構成、アンサンブルを重要な柱とすることで独自のフィールドを形成した。こうした姿勢を背景とするサウンドに対して《プログレッシブ・ロック》という言葉が日本では定着したわけだが、フリップ自身はこの言葉を肯定的には捉えていないのも押さえておく必要はあるだろう。

いきなりの絶頂からカオティックな転変へ

話を戻し、メンバー、楽曲、パフォームの全てが極限的な融合を見せ奇跡的な作品となった『クリムゾン・キングの宮殿』だったが、フリップは振り返ってこう語っている。

「あの69年のバンドの共通目標は、世界最高のバンドとなることだった。それが全員の目標だった。（中略）やがて成功と爆発が訪れ、色恋の方にもっと浮き身をやつすようになる輩にとっては興味の対象がずれていった。バンド内でのキング・クリムゾンへの集中力は散漫なものになり始める。それはハイド・パーク（69年7月、ロンドンのハイド・パークで行われたザ・ローリング・ストーンズによるブライアン・ジョーンズ追悼のフリー・コンサート。前座で出演したクリムゾンは30万人の大観衆の前で衝撃的なライブを展開した）のあとすぐのことだったろう。それでも一度ついた推進力のおかげでなんとか全ては回っていったが、それもその年の12月にはバラバラになってしまった」

69年10月末から始まった北米ツアーの後半、ロサンゼルス公演の後にマクドナルドとジャイルズはフリップにグループ脱退を告げ、12月12〜14日サンフランシスコのフィルモア・ウェストで、キース・エマーソンらのザ・

ナイス等と共にやった公演を最後に、実質的に第一次クリムゾンは終焉を迎える。

そこからフリップとシンフィールドを軸にメンバーの流動化や新たな音楽領域への挑戦を厭わず再構築したのがセカンド・アルバム『ポセイドンのめざめ（In the Wake of Poseidon）』（70年）やサード・アルバム『リザード（Lizard）』（70年）で、その後に到達する絶対的なプレイヤー志向の時代に比べると、シンフィールドの詩的世界をベースにした構成が重要なパートを担っていたために、楽曲ごとに求めるミュージシャンを追加したりしながら急場をしのぎ、パーマネントなグループ作りは難航する。

それもまた長い目で見ると、フリップのバンドづくりの根本的なスタンスの形成に繋がったと思われるが、そんな視点はまだ混沌としたまま、なんとかメル・コリンズ（Sax／Fl）、アンディ・マカロック（Dr）、ゴードン・ハスケル（Vo／B）等の固定メンバー化によって新展開の試みが刻まれていく。これらの作品に関してはあまりオルタナティブ・テイクもないというのがこれまでの定説であったが、17年のボックス・セット『セイラーズ・テールズ 1970-1972（Sailors' Tales: 1970-1972）』の発掘作業で多くの成果が得られており、圧巻のキース・ティペットのプレイなどが陽の目を見ている。これらによって、キング・クリムゾンというグループを成立させる大きな要素となるライブが無かった（より正確に言えば、やれなかった）時期のスタジオ・ワークのコンセプトやテンションを多角度から検証できるのだが、ここから先の展開を考えると、この2～3枚目のアルバム制作期の経験が、逆説的だが揺らぐことのないクリムゾン・ワールドの考え方や土台を作り上げたとも言えるだろう。

そして驚異的な完成度を持つアルバムを出しセールス的にも成功を遂げたデビュー当時の頂点から、ほどなくしてグループ崩壊に至り、新たな目標を設定するための試みは多くの困難を孕み、それなりの作品的な成果は得られたものの、フリップとシンフィールドの間には軋みが生じるようになる。

バンドという生き物を動かす当事者（＝フリップ）と、コンセプチュアルに物語を紡ぐ側（＝シンフィールド）とでは齟齬が出てきても不思議ではないし、フリップがごく初期からライブ・パフォーマンスの重要性を意識し、そこからフィードバックされる要素がいかに重要なものかと位置づけるプロセスには、こうした体験も大きく影響したと言える。前掲のインタビューの時にも、「私としては、ライブでやったことのない曲をスタジオでレコーディングするのは好みません」と断言していたが、そういう信念を形成していく時期でもあった。それはキング・クリムゾンというグループを捉える上でとりわけ重要なポイントであることは、時代を追うごとに明らかになっていく。

1971年1月、ツアーを再開させるために新メンバーが補強された。それまでセッション・ドラマーとして活躍し、ボンゾ・ドッグ・ドゥー・ダー・バンドのヴィヴィアン・スタンシャルやニール・イネスとやっていたイアン・ウォーレス（Dr）と、ベーシストとしての経験は無かったもののボーカリストの必要性から起用されたボズ・バレル（Vo／B）の2名を加えた編成でスタジオ・ワークやライブを重ね、4枚目のアルバム『アイランズ（Islands)』（71年）を発表する。しかしアルバム制作中からフリップとシンフィールドの対立が顕在化し、それは全体のパフォーマンスにも伝播してギスギスしたものとなっていく。バンドとしての目標やプレイヤー個々の個性などを共有できなかったため、やがてグループは空中分解へと至るのだが、その頃の象徴としてライブ盤『アースバウンド（Earthbound)』（72年）が出されている。

これはカセットで録音したものを、アイランド・レコードの廉価レーベルから当初はイギリスのみのリリース、音質の悪さもあってかCD化は長く見送られ、封印状態化するなど、曰く因縁たっぷりなアイテムだ。しかしこの時期のライブ、例えばベストの一つに挙げていい71年8月10日のマーキー・クラブなどを聴くと、25分以上にも及ぶ壮絶なインプロビゼーションのやりとりや、連発される互いを挑発するフレーズなど、けっしてクリエイティヴィティが放棄されているわけではないし、次のフィールドへ向かう視点も確かに見通せる。

70年代前半のシーンと交わりフリップの覚醒が始まる

ここで71年当時の音楽的な状況を俯瞰してみると、日本では来日バンドの一つ一つが事件化するなどして、ロック・コンサートがようやく少し日常化するようになった頃だ。シカゴに続き後楽園球場でのライブが社会的ニュースともなったグランド・ファンク・レイルロード、我が国初の野外フェスとなった箱根アフロディーテにやってきたピンク・フロイド、伝説となる衝撃的なライブを繰り広げたレッド・ツェッペリン等が相次いでやって来ることで、日本でもロックのマーケットがようやく市民権を獲得していった。もちろんアメリカではレコードのセールスは飛躍的に上昇&拡大していき音楽性もどんどん変化に富んでいく。ヒッピー・ドリームの終焉、反戦運動の後遺症などを反映したシンガーソングライターたちの活躍ぶりはこの時代ならではのことだし、ジャズやブラック・ミュージックとミックスしたバンドやアーティストたちの活躍は、次の時代へと受け継がれていく。

イギリスでもロック・シーンが急変している。ツェッペリンの世界規模での成功に導かれて、ディープ・パープルやブラック・サバス、ユーライア・ヒープ、ウィッシュボーン・アッシュやハンブル・パイといったハード・ロック志向のバンドがブームとなる一方、〈ゲット・イット・オン（Get It On）〉を№1ヒットとしたT・レックスを皮切りに、デヴィッド・ボウイ、ロキシー・ミュージック等によってグラム・ロックがアイドル的な人気を獲得し、華やかなシーンを作り上げていた。

そうしたバラエティに富んだ音楽シーンにあって、イギリスならではの音楽性で輝いたのが、日本ではプログレッシブ・ロック＝プログレと括られる音群で、エマーソン・レイク&パーマーの代表作『タルカス（Tarkus）』も71年だし、イエスは『こわれもの（Fragile）』、ひときわユニークだったジェスロ・タルも代表作の一つ『アクアラング（Aqualung）』、さらにピーター・ハミルを中心としたヴァン・ダー・グラフ・ジェネレーター、ムーディ・ブルース、キャラヴァン、そしてピンク・フロイドは〈エコーズ〉を含む『おせっかい』で決定的な評価と人気を得るなど、まさに百花繚乱。この後、プログレ系のバンドたちはそれぞれの音楽性を追求し、なかでも日本では独特の人気を誇るようになる。

クラシックやブリティッシュ・トラッド、ジャズなどの要素を自在に取り入れたり、変拍子や複雑な構成、そして叙情性などが、ハード・ロックのような「欲求不満解消装置」としての役割だけにとどまらない新しいロックを求めるファンの心をつかんだと言えるし、間違いなくこの時代のプログレ・シーンには先駆的な試みが溢れ、ミュージシャンたちもその追究にいそしんでいた。

こうした独特の高揚感が漲る時代の中で『アイランズ』が作られたのは、ある意味で幸運なことでもあったが、当時のクリムゾンは周りの喧騒からは超然としたところもあり、バンドとしての際どい要素を含みながらも精緻な音を磨くことに成功している。ちなみに後年作られた、ジャッコ・ジャクスジクのボーカルをタイトル曲〈アイランズ〉にオーヴァー・ダブした大胆なテイクを聴くと、ここで積み上げていたものへの確信を感じると同時に、当時のメンバーでは到達し得なかった部分を補填したかのごときバージョンとも受け取れる。またそれは、変わることなく上の次元を求めるフリップの視座と、過去から現在までを繋ごうとする姿勢の反映であり、理想の境地を変わることなく求め続けてきた証左の一例とも言えるだろう。しかし、一般に《ラインナップ2》とされるこのグループは、72年2月からのアメリカ・ツアーを最後に解体。シンフィールドはすでに去っており、グループとしての体は完全に崩壊した。まるで解散を宣言するかのように出されたライブ・アルバム『アースバウンド』は、前記のように長い間CD化もされず廃盤状態に置かれたためいろいろと憶測を呼んだものだが、フリップ曰く、「あれはおそらく初のオフィシャル・ブートレグだったのではないかと思う。（中略）当時のバンドの姿をスナップショット的に収めたもので、『アースバウンド』をいたく気に入っている人もいれば、忘れ去ってしまった人もいる。それに関して、今の私はコメントしていません」。

続けて、この時期にはクリムゾンの未来に対してネガティブな気持になっていたのかと訊くと、「いいえ、私はバンドの未来に対してネガティブな気持ちは持っていませんでした。ただバンドの未来がかなり異なった時代へ突入していくのが見えていたことは確かで、それは実際『太陽と戦慄』（73年）で起こったことでした」と答えてくれている。また、『アースバウンド』期に対して悪いものではなかったと思っていることと、しかしキング・クリムゾンらしくなくなってきたことは確かだ、とも漏らしていた。

それはこの当時の正直な気持ちであろうし、クリムゾン史を一貫して通底するフリップ流視点の反映と言える。彼の場合、完全な確証はなくとも、ある程度直感で納得がいけば行動もするし、結論づけることもできるのだ。

メル・コリンズが持ってきた楽曲をフリップが拒絶したことを一つのきっかけとして、コリンズ、ボズ、ウォレスらはツアーを同伴したアレクシス・コーナーらに共感してブルース・フォーマットへ傾いたバンドを結成するのだが、それはこの時代のロック系ミュージシャンであれば、さほど不思議ではない方向性である。しかし、それはクリムゾンが一貫して志向、あるいは模索したものでないことは自明であり、ここで見えてきた凶暴性を演奏力の中に呑み込み、磨き込まれた構成や貪欲な挑戦（「機能的なアナーキズム部分を抽出」とフリップは表現した）の中で展開する方向性の正しさをフリップは確信したのだろうし、以後は、それに沿った新たなメンバーが集められることになる。

フリップ自身も認めているが、この時期キース・ティペットとの一連のコラボや彼のアルバムをプロデュースした体験から、ブリティッシュ・ジャズ・ロック的な要素を取り入れることは重要なテーマであったものの、純粋にそうした方向や音楽性、テクニックの人間だけを求めたのではないところがポイントであって、その後のフリップ流メンバー・リクルートにおけるスタンスの一つとなったわけだから、この時期の体験はとりわけ重要な意味を持っていく。

ティペットのアルバム『ブループリント（Blueprint）』（72年）、『オヴァリー・ロッジ（Ovary Lodge）』（73年）

のプロデュース、ソフト・マシーンを脱退したロバート・ワイアットが中心となったマッチング・モウルのセカンド・アルバム『そっくりモグラの毛語録（Little Red Record）』（72年）への参加、さらにこのセッションを通じて親交を深めたブライアン・イーノとは、フリップ＆イーノ名義で『ノー・プッシーフッティング（No Pussyfooting）』（73年）を発表し、以後も折々にふれて二人のコラボは刺激的な作品を生み出す。ジャイルズ・ジャイルズ＆フリップを別にすると、それまでクリムゾン一色であった創作の枠はこの時期に広がり、それはバンド観やグループに注ぎ込まれるものを変化させた。一つの価値軸やフォーマットに奉仕するのではなく、解体と発見、衝突と拡散を恐れない、クリムゾン全史を貫く姿勢が確立し、より開放的な軸を作り上げていったのである。

新編成にあたってフリップはティペットのアドバイスに従い、まずデレク・ベイリーらのミュージック・インプロビゼーション・カンパニーなどでフリー・インプロバイザーとして活動していたパーカッショニスト、ジェイミー・ミューアのもとへギターを持って訪ねて賛意を得た。次にイエスで大成功を収め、一緒にツアーをした経験もあるビル・ブルーフォード（Dr）を「君はキング・クリムゾンに入る準備ができたと思う」との言葉で誘い、より自由な音楽的冒険を考えていたブルーフォードもそれに応える。

そしてフリップと同郷で、多様な音楽性を孕んだロジャー・チャップマンやチャーリー・ホイットニー等によるファミリー（もっとも過小評価されているブリティッシュ・バンドの一つだ！）での経験もあるジョン・ウェットン（Vo／B）を偶然の再会をきっかけに誘い込む。そのウェットンは、古くからの知人のギタリストで、スーパートランプ創設にも関わったリチャード・パーマー・ジェイムスを紹介し、ピート・シンフィールドが去った後の作詞パート・スタッフを埋めた。

さらにジャン・リュック・ポンティなどの影響を受けたジャズ・ロック系のプレイをしていたバイオリニスト、

デイヴィッド・クロスも参加が決定。72年10月から散発的にライブを行い、73年1月から2月にかけてロンドンのコマンド・スタジオでレコーディングを重ね、ついに『太陽と戦慄』を完成させたのだった。

『太陽と戦慄』：絶対至高のインプロ・ワールド確立

クリムゾン全史を俯瞰する時、鍵となる重要な一枚のアルバムは、この『太陽と戦慄』であろう。80年代ディシプリン・クリムゾンとして復活し、日本のベテラン・ファンには忘れられない、とうとう実現した1981年12月の初来日の時にも、けっして前評判が高くなかったライブにおいて圧倒的な説得力を誇ったのが、最後に演奏された〈太陽と戦慄 パートII〉であり、自分自身、今でも「ついにクリムゾンを見た」との思いは忘れられない。それはグループの一つの象徴的な楽曲であったし、そのステータスは現トリプル・ドラム体制においても変わることなく、2021年の最新ツアーでも〈パートI〉、そしてパートVといえる〈レヴェル5（Level Five）〉を交えることで通貫する《メタル》の視座の存在をあらためて示していた。それほど、フリップにとっても73年から始まる時代が、キング・クリムゾンというグループのコアを作ったとの認識は間違いなくあるのだろう。

オリジナル・アルバムはもちろんだが、2012年に40周年アニバーサリーで出されたボックス・セット『Larks' Tongues In Aspic - 40th Anniversary Series』には、このグループの初ライブに始まり、緊張感に満ちた凄まじいパフォーマンスがボリュームたっぷり収録されているが、そこではかつてのレパートリーの殆どを捨て、緻密に練り上げていく新曲や壮絶なインプロビゼーションの果てに、とてつもないカオスが生まれている。それはフリップの中に芽生え徐々に形作られていった楽曲が、演奏を重ねることで成長していくものを共有できるメンバーによって初めて具現化できた世界でもあった。ライブで磨き込まれた楽曲でなければレコーディングするのは好まないという彼の姿勢が強固なものとなるのも、こうした成功体験があってこそなのだ。

また、このアルバムで大きなポイントとなったのは、何よりもフリップのギター・サウンドの変化で、ディストーションを効かせることで凶暴性を強調することになり、ストイックな構造を持つ楽曲のイマジネーションをより大きく羽ばたかせた。そこに絡むブルーフォードやウェットンの緻密なリズム、ポリリズミックな解釈と展開、バイオリンだけではなくフルートやメロトロンで叙情部分を付加するクロス、そして奔放なフリー・フォームを駆使しつつアクロバティックなインプロビゼーションで多様な変化をつけるミューアという編成は、フリップがどこかで理想的に思い描いた音像表現の具現化であった。より深いところでは、当時、彼が信奉していた白魔術や神秘学者ゲオルギイ・グルジェフ（アルメニア出身で唯物論的オカルト教義を創始。20世紀初めの神秘思想と60年代ヒッピー文化に多大な影響を与えた）の思想なども影響していたのであろうが、精神と肉体、宇宙との関係等々をインプロビゼーション実践のなかで探査することは、クリムゾンの音楽に普遍的な強靭さを与えることになった。

しかしこの5人編成のグループは、ミューアの脱退によってごくごく短期間で終わってしまう。インプロ部分での彼のリーダーシップは大きかったし、現在のトリプル・ドラム体制でもパット・マステロットあたりがトリッキーなプレイでミューアの影を忍ばせたりして観客に喜ばれたりもするのだが、当時は突然の出来事でグループ内にもやや混乱は生じたようだ。しかし、ウェットン&ブルーフォードによるリズム隊のコンビネーションは、危機感もあってかしだいに密度を増し、ポリリズミカルな展開に磨きがかかっていった。

その成果が次作の『暗黒の世界（Starless And Bible Black)』（74年）で、基本的にライブ音源をベースにオーバー・ダブやリミックスを施したトラックが中心の非常に特異なアルバムだが、再三触れたように楽曲をライブ・パフォーマンスの演奏で鍛え上げる流れを重要視し（前記のようにフリップは「曲に命が吹き込まれる」と表現した）、バンドのトータリティ、楽曲のクオリティの精度を上げることに精魂を傾けてきたフリップの姿勢からすると、ある意味で理想の状況を反映したアルバムでもあった。フリップ自身もさまざまな経験を積み、できること不可能なものを把握した上で、理想を実現するにふさわしい技量を持ったメンバー、より具体的なコンセプトとアプローチにたどり着いたと認識したのだろう。

ウェールズの生んだロック界にもっとも大きな影響を与えた詩人、ディラン・トマスのラジオ劇『アンダーミルクウッド（Under Milk Wood）』（１９５４年）に出てくる〈星ひとつない、聖なる暗黒〉の文言をタイトルに冠したウェットン作のインスト楽曲はアルバム・タイトルにも採用され、さらに次作『レッド』では運命のナンバー〈スターレス〉へと変容していく。

その『レッド』の壮絶な世界へとつながるという意味でも『暗黒の世界』の意味は大きいが、それ以外にも自らが身を置くミュージック・ビジネスを揶揄した〈人々の嘆き（Lament）〉のような楽曲の存在は、いかにフリップがバンドの現状に対して余裕と自信を持っていたかを示すものだ。こうしたフリップ流のユーモアが、究極的にして信じがたいライブ・パフォーマンスをベースとした楽曲〈突破口（Fracture）〉と共存することこそが、何よりも充実の証明である。

『レッド』：刻印された最初のエンドマーク

ただ、それは長くは続かなかった。

バンドの解散や分裂の理由は千差万別ではあるが、多くの場合、商業性が絡んだプレッシャーや音楽性、進むべき方向性の意見の相違に集約されるのだが、クリムゾンの場合は厳密なまでに音楽性を追究したからこそ得られた達成感がもたらすものであり（主にフリップだが）、「臨界点に達したことによる解散」がこれほどのレベルの説得力となったバンドは、まさしく古今いなかった。だからこそ解散後は、伝説がどんどん巨大化していったわけだ。

『暗黒の世界』リリース直後の74年４月から７月にかけて北米ツアーが行われるが、そこでさらにバンドのアンサンブルはヘヴィネスに磨きをかけていく。その頃には、すでにウェットンの大音量ベース・プレイはメンバー（とりわけフリップ）を悩ませてはいたものの、ウェットン&ブルーフォードの息の合った骨太なインタープレイは無二のものとなり、それに対抗せんと激しいリフで曲を大きくうねらせるフリップのギターが融合して極限まで突き進む展開に、だんだんとクロスの存在感は薄れ、ツアー終了後に脱退（馘首）となるのだが、それも致し方ないと思い知らされるのが『ザ・ロード・トゥ・レッド（The Road to Red）』と名付けられた40周年アニバーサリー・ボックスに収められたライブの数々だ。

むき出しの攻撃性が迫ってくるのもこの時期で、〈突破口〉、〈スターレス〉といった強力な磁場を形成するナンバーが立て続けに中盤で演奏されるライブを追体験するだけで、いかに未踏の領域を爆走したパフォーマンスであったかわかる。『ポセイドンのめざめ』、『リザード』などにおける情緒や情感を踏まえた即興や構成を追求した時期に比べると、極限まで余剰を削ぎ落とし、磨き上げられた個人の美学とテクニックをぶつけあうことで到達した領域では、明らかにこれ以上の展開はもうあり得ないと、メンバーには自明のことだったのだろう。

その先に何があったのか。《星ひとつない聖なる暗黒》との言葉とレッド・ゾーンに振り切れたメーター（『レッド』のジャケット裏面写真）と共にグループが静かに幕を閉じたのも当然のことだったし、その後のフリップが、長くこの域を一つの極限として意識し、活動したのも当然であった。

ふさわしい技量の人と目指すべきものを共有し、さらにそれを支える経済的バックグラウンドを得ることで初めて可能となる領域。クリムゾンが活動し得る条件を、フリップはそう意識し実現した結果、心から満足し得る地点に達したと深く納得したのに違いない。

74年7月1日、ニューヨーク、セントラル・パークでの、フリップをして「1969年以来最もパワフル」と言わしめたライブ・パフォーマンスを最後に、グループはレコーディング・スタジオに入る。かつて活動を共にしたメル・コリンズやイアン・マクドナルド、ロビン・ミラー、マーク・チャリグらが招聘され、強固なサウンドに豊かな情感を付与したアルバム『レッド』は74年9月にリリースされ、その直前にフリップから解散が宣言され、最初の終焉を迎えた。

確かに70年代のクリムゾンについてアルバム単体での動きにスポットを当てていくと振れ幅は大きく、またメンバーの変動によりサウンドも変わっていくわけだが、俯瞰した視線で見直すと、朧気ながら一つのゴールに向かって進んできたのがわかる。とてつもない完成度のファースト・アルバムが原点となったことは、以後の作品作りやメンバー構成に影を落とすことにはなったものの、そこをライブの実践力でついに突破したのが『レッド』であった。ウェットンやブルーフォードらは解散に反対だったというが、それでもファースト以後、さまざまな試みの果てにレッド・ゾーン突破を果たしたフリップは、ここで終結を宣言しなければならなかったのだろう。

コラボ／客演／プロデュース——多彩なソロ活動の成果

74年クリムゾン解散後のフリップの動きはじつに興味深く、クリムゾンという大看板を一人で背負ってきた枷から解放されたことでのびのびしたとも見え、音楽的な興味を自由に広げていく。当時は28歳前後。プレイヤーとしても多くの経験を積んできており、彼のオールキャリアを通じてもこれほど多彩な人々とコラボレートした時代はなく、作品的な成果はもちろんだが、プレイヤー／アーティストとしての表現域を多層かつ多面的に拡大したのが最大の実りと言える。そこで一つの軸になったのがイーノとのコンタクトで、73年の『ノー・プッシーフッティング』を皮切りに互いに深く音楽的にリスペクトし合える存在と認め合ってコラボレートを進め、75年にはフリップ&イーノとしてライブを行ったりもしている。ちなみにフリップ29歳、イーノ27歳ごろのことだ。

二人のコラボ作としては一つの到達点となった『イヴニング・スター（Evening Star）』が出たのも75年のこと。フリッパートロニクスへと発展していくテープ・ループを駆使した環境音楽的な音場を創り上げる。実験的な試みと同時にポピュラー・ミュージックならではの大衆性を盛り込んだものへと拡大しているところも重要なポイントで、探れば探るほど興味は尽きない。ただこの時代の活動はじつに多岐にわたり、個々人のネットワークから派生するものもあれば偶発的な産物もあったり、さらに繋がりが見えにくい参加セッション等々が脈絡なく行われ、作品もアットランダムで出たりしたため、リアルタイムでは焦点が絞りきれないままに進んでいた。

そのなかでもっとも整合性があったのがデヴィッド・ボウイの『ヒーローズ（Heroes)』（77年）のレコーディング・セッション参加で、イーノ絡みのこととはいえ、この体験は結果的に80年代クリムゾン誕生への水先案内的な役割も果たす。

フリップの中でもこれほど多彩な作品にゲスト参加した時代はなく、演奏的に言えばクオリティの高いものもあれば、フリッパートロニクスの試奏としか思えないものに終始したりと、どういう意図で参加したかわからない演奏もあったりするこの時期を、彼自身はＭＯＲ（Middle of the Road）三部作と位置づけたりもするのだが、その真意解明にあまり足を引っ張られると迷走するので、そうした視点とは距離を置くが、その中でとくに重要なのは、ジェネシスを脱退したピーター・ガブリエルのソロ作への参加だ。

『ピーター・ガブリエル（Peter Gabriel (Car)）』（77年）、『ピーター・ガブリエルⅡ（Peter Gabriel (Scratch)）』（78年）、『ピーター・ガブリエルⅢ（Peter Gabriel (Melt)）』（80年）、さらに珍しくライブ・ステージにも加わったりするのだが、この一連のセッションで知り合い、全幅の信頼を置くことになったのがベーシストのトニー・レヴィンで、以後のクリムゾン稼働に欠かすことのできない人物となっていく。フリップと同年齢のレヴィンは当時30代前半。名門音楽学校に学び20代前半からスタジオ・ミュージシャンとして活躍し、ハービー・マンのアルバムをはじめジャズ／フュージョン系の作品におけるプレイで高い評価を受けていたし、じつに数多くのレコーディング・セッションに参加してもいる。その多彩なセッション・ワークを挙げだすとキリがないが、とくにスティーヴ・ガッド（Dr）とのコンビネーションの素晴らしさなどはスタジオ・ワークの極致といえるし、もちろんテクニカルな面でフリップが惚れ込むのも当然なのだが、と同時にジャンル横断的な幅広さ、スタンスの柔軟さは、それまでフリップが出会い、やってきたプレイヤーとは違うものとして刺激されたに違いない。

フリップ自身もホール＆オーツの『赤い断層（Along The Red Ledge）』（78年）やダリル・ホールのソロ『セイクレッド・ソングス（Sacred Songs）』（80年）、ブロンディの『恋の平行線（Parallel Lines）』（78年）など、手広く積極的にそれまで音楽スタイルの枠を越えようとしていた時期でもあり、レヴィンと深く共鳴する一因でもあった。さらに時間軸はややズレるが、追っておけばアイリッシュ系三姉妹のグループ、ザ・ローチェズのファースト『The Roches』（79年）やサードの『Keep On Doing』（82年）のプロデュースには驚かされたし、ザ・ポリスのアンディ・サマーズと共作した『心象表現（I Advance Masked）』（82年）や『擬制の映像（Bewitched）』（84年）、他にもデヴィッド・シルヴィアンとの共作など、それまでは思いもよらなかったスタンスで共演の輪を広げていく。中でも79年にイーノがプロデュースしたトーキング・ヘッズの『フィア・オブ・ミュージック（Fear of Music）』や、イーノとデイヴィッド・バーンが作った『マイ・ライフ・イン・ザ・ブッシュ・オブ・ゴースツ（My Life in the Bush of Ghosts）』への参加あたりは、特別な刺激を受けることになったはずだ。

そうした流れが多層的に反映しているのが、２枚のソロ作『エクスポージャー（Exposure）』（79年）であり、『ゴッド・セイヴ・ザ・クイーン／アンダー・ヘヴィ・マナーズ（God Save the Queen/Under Heavy Manners）』（80年）だった。とくに後者はフリッパートロニクスによる〈ゴッド・セイヴ・ザ・クイーン〉サイドと、ボーカルを加えた〈アンダー・ヘヴィ・マナーズ〉サイドに分けられ、いよいよ次の方向性を捉え始めたことがわかる。

時代は、パンク・ムーブメントの熱を通過したニュー・ウェーヴの波が押し寄せている。とくに音楽シーンがコンパクトでダイレクトに反応しやすいイギリスでは、この新しい波を受けて多くのアーティストたちが登場したし、今でもその影響は残っていたりもするのだが、パンクに同期する年齢でも音楽性でもないフリップながら、そこから派生してきた新しい発想を持つアーティストたちには強く感応したはずだ。ジョン・ライドンやジャー・ウォブル等のパブリック・イメージ・リミテッド（ＰｉＬ）、アンディ・パートリッジを軸としたＸＴＣ、コリン・ニューマンやグレアム・ルイス等によるワイヤー、現代音楽家デヴィッド・カニンガムのフライング・リザーズ等々、ロック的なフォーマットは持ちつつも既成スタイルに依存せず、内部から解体を進めるかのようなロック・フューチャリスモ（未来派）とでも言うべき連中の登場やスタンスは、次の扉を開ける鍵をフリップに示したに違いない。

「ダンス・バンド」の試行錯誤から新生クリムゾンへ

70年代クリムゾンが追い求め、ついにたどり着いた究極のせめぎ合いから生み出される濃密な演奏レベルから位相を移し、多様なアプローチを取り入れることで、新しい活動のフィールドが出現し、挑戦のステージを生み出すことが可能とフリップは思い始めた。それがキング・クリムゾンという名前にふさわしくなかったとしても。

彼はバンド結成を意識して、１９８０年前後にメンバーを集め始め、実現させる。フリップに発見されたと言ってもいい、両親を音楽教師に持つ若い女性ベーシスト、サラ・リー（彼女は後にギャング・オブ・フォーやインディゴ・ガールズといったバンドに参加する）、ドラムのジョニー・トゥーバッド、ＸＴＣを脱退したキーボディストのバリー・アンドリューズにフリップという編成で、60年代にフリップが地元でゴードン・ハスケル等と組んでいた時に使っていたグループ名、リーグ・オブ・ジェントルメンと名付ける。このバンドに対しては《a second-division touring new wave instrumental dance band》と呼んだりもしたように、明らかにフリップ流のニュー・ウェーヴ解釈と止揚を目指した「ダンス・バンド」であり、名刺代わりのナンバー〈Inductive Resonance〉のシーケンシャルなフレーズに歪んだビート感覚が並走していく音はこの時代らしいもの。グループはヨーロッパ、北米で計70回以上のライブを行い、２回レコーディングして81年２月にファースト・アルバム『リーグ・オブ・ジェントルメン（The League of Gentlemen）』をリリースした。

ここで少し驚かされるのが〈Minor Man〉にボーカル参加したダニエル・ダックスの存在で、彼女はレモン・キトゥンズ名義で活動したり、ソロ作『Pop Eyes』（83年）で一部では評価されてはいたものの、インディ系アーティストや作品が稀少で今からは考えられないほど注目されていた時代のなかでも、かなりマニアックな存在だ。しかし強烈なアート感覚や美学を押し出した女性アーティストの先駆けの一人でもあり、その後フリップがトーヤと急接近し結婚に至ることを考えると、相通じるセンスが感じられる。

しかしフリップは、80年11月の英ツアー中にジョニー・トゥーバッドを解雇、ケヴィン・ウィルキンソンに変更しツアーを続行するものの、フリップのこのバンドへの意欲は急速に失われ（12月時点でビル・ブルーフォードに新バンド結成の打診をしている）、おそらくアルバムが出る頃には、同バンドの継続は考えていなかったと思われる。85年に編集盤の『God Save the King』や96年にライブ盤『Thrang Thrang Gozinbulx』が出されたりしたものの、今ではフリップの膨大なディスコグラフィーのなかに埋没していて見逃されがちだし、メンバーの技量不足や目指すべき設定の不明確さなどもあって未だに評価が定まっていない。しかしながら、ニュー・ウェーヴという大きな流れに感応しながら次の段階への構想を固め、80年代クリムゾンを構築する流れを先導した役割は小さくない。

ブルーフォードに続いて新バンド結成を打診されたのは、ボウイやトーキング・ヘッズなどのライブ・バンドにも参加していたギタリスト、エイドリアン・ブリューで、フリップが彼の家に来ていた時にいきなり提案されたという。

若い頃からエフェクトを自作したりして独自のサウンド作りに目覚めていたブリューのキャリアが本格的にス

タートするのは、77年にナッシュヴィルでプレイしていたところをフランク・ザッパに見出され、オーディションでツアー・バンドに参加したタイミングからだ。ザッパ・バンドは有名なハード・スキルを求められるところで、あれだけの超絶技巧が飛び交うナンバー群を完璧に演奏することが求められるわけだが、そこでの経験はフリップの求める領域と合致した。ちなみにこの時代のブリューのプレイぶりはザッパの傑作アルバム『シーク・ヤブーティ（Sheik Yerbouti）』（79年）で聴けるが、とくにリード・ボーカルを取る〈ジョーンズ・クラッシャー（Jones Crusher）〉あたりは、次のグループを考えたフリップの志向と交わっていくものも感じられる。

そしてベーシストには、当初ジャズ／フュージョン系のジェフ・バーリンがブルーフォードの推薦で候補に上がるがフリップのOKは得られず、スケジュールが合わないものと諦めていたトニー・レヴィンの快諾により新バンド、ディシプリンが稼働する。短期間のリハーサルを経て81年4月末からツアーを行い、ここで確信を得たのであろう、ついにフリップはキング・クリムゾンとしての復活を宣言する。

時系列で追っていくとわずか1年ほどの間の出来事なのだが、その間にさまざまなセッションやコラボの作品作りがあったりしたことを重ね合わせると、いかにこの時期濃密な創作意欲が飛び交ったのかわかるし、それはフリップのことだけで考えると69年の『クリムゾン・キングの宮殿』期のテンションとも通じるものだったのじゃないだろうか。年齢的にも30代半ばと、もっとも経験値と意欲のバランスがとれた時期でもある。

新体制で15回のライブを行い、81年5月から6月にかけてロンドンのベーシング・ストリーツ・スタジオでレコーディング。そして『ディシプリン』が9月にリリースされた。フリップのプレイをはじめ、現在ではこのアルバムに対する評価は基本的に高いものとなったが、以前にも何度か書いたように、リアルタイムでの評判はけっして良いものではなかった。とくにかつてのクリムゾンを熱烈に評価したプログレ・ファンほど、否定的な意見は多かった気がする。

ブリティッシュ・プログレ系ファンに偏愛される情緒的な音楽性やボーカリゼーションがブリューには薄かったことと、〈エレファント・トーク（Elephant Talk）〉のような、それまでのクリムゾン・ワールドとはかけ離れたサウンド・アプローチは戸惑いしか生まなかった。また、かつて感情的な起伏を彩った管・弦楽器の不在、2本のギターとスティック／ベースの絡みや、構築性の追求をポリリズム的な展開へ拡張させる新しい方向が受け入れ難いとした人も多かった。

また当時、トーキング・ヘッズの『リメイン・イン・ライト（Remain in Light）』（80年）に象徴されるニュー・ウェーヴ系アーティストたちの、ジャンルや音楽スタイルにこだわらずダイナミックに作品化するトレンドとも相関していたため、定型的な構成やサウンドに馴染み、その延長を求めるファンからすると、受け入れにくいアプローチでもあったのだろう。

「規律」を支えにしたポリリズムの光と影

ともかくあまり芳しい評判もない中、81年12月に記念すべきクリムゾン初来日公演が実現した。これも何度か書いてきたが、あのライブが始まる前の会場全体の緊張感、それとはちょっとかけ離れたライブ中のブリューの楽しそうな挙動が強く記憶に残る。聴きたい曲がどっさりてんこ盛りの最近のツアーに慣れた方には信じられないだろうが、期待された70年代までのクリムゾン・ナンバーは、〈レッド〉と〈太陽と戦慄パートII〉のみ。〈21世紀のスキッツォイド・マン〉も〈アイランズ〉も、もちろん〈スターレス〉も聴くことは叶わなかったステージの奥には、観客の巨大な戸惑いの柱が築かれたような気がしたものだ。35歳のフリップ、まだまだ尖っていた。

サウンド的な違和感もなくなり、冷静に聴けるようになった今の耳からすると、確かに、かつてのような練りに練り込まれた音像とは違うのだが、極限にまで達した前期クリムゾンと同次元の方向性では意味がないわけで、そこから前進するために何を必要としたのか、という狙いは鮮明にわかる。

それはサウンドも含めた多様性の導入であり、時代の音楽性とも向かい合うことだ。そのために《ディシプリン＝訓練／鍛錬／規律》という概念を根底にしなければ、との思いは以後のクリムゾンを紐解いていくうえで重要な要素となる（同時に、「テクニックは重要だが、音楽が求めるならばそれは無視もしていい」との視点をフリップが常に持っていることも忘れてはならない）。音楽的な狙いを達成するため徹底的に無駄なものを削ぎ落とし、純化することで到達できる領域。それをバンドという単位に落とし込み、サウンドで実現するため共有されるべき高度な技量と姿勢。それがなければ意味がないとの宣言でもあったのだ。

この発想や理念はまったく正しかったと思うし、現時点から振り返ると、その重要性と価値もさらによくわかる。だからこそ、アルバム『ディシプリン』の輝きはリアルタイム以上に巨大になっているのだろう。

ちなみに21年の来日公演、12月5日の立川公演の際、第2部のスタートに〈ディシプリン〉が演奏されたのだが、曲の冒頭、機材の不具合でフリップのギター・バランスが不調だった。よほど無念であったのだろう、驚くことにアンコールの1曲目で再度〈ディシプリン〉が演奏され、それは強烈な磁場を持ったものとなった（おそらく同じ曲を二度というのは最近ではないはず）。

プログレッシブな姿勢を崩すことなく、さらに前進するためのテクニカルな裏づけ、そして80年代という時代に起こっているエスノ・ファンクのような新しい動きや、打ち込みなどレコーディング・テクノロジーの進化を背景にしたクリムゾン流のポリリズムを完成させることで、それまでになかったサウンドを創り上げることができるのでは、と試みられたのが80年代クリムゾンだ。ただし、ここに至るまでが、あまりに性急であった感は否めない。

後にフリップ自身、80年代クリムゾンの意図したものは『ディシプリン』で完結したとも発言しているが、それはけっして完成したわけではなく、未踏の領域を確認したところでエンドマークを迎えたと言うべきだろう。さらにフリップは『ビート（Beat）』（82年）、『スリー・オブ・ア・パーフェクト・ペアー（Three of a Perfect Pair）』（84年）に対して、3枚あったレコーディング契約を消化するためのものだったとまで発言している。

契約に縛られた悔しさがあったのだろうが、ただ、今聴いても、『ビート』の〈レクイエム（Requiem）〉のようなフリッパートロニクスを駆使した空間に始まり、繰り広げられるインプロビゼーションの交歓、各メンバーが緊張感溢れるプレイで挑みかかるナンバーあたりには、まだまだ多くの可能性が残されているし、〈ニューロティカ（Neurotica）〉のようにダブル・トリオ・クリムゾンで磨き上げられ、魅力をあらためて認知させた楽曲もある。

とはいえ冒頭の〈ニール・アンド・ジャック・アンド・ミー（Neal and Jack and Me）〉のようにビートニクのジャック・ケルアックとニール・キャサディにひっかけアルバム・タイトルへとつなげるような短絡さはクリムゾンっぽくないし、ブリューの色がストレートかつ濃厚に出た〈ハートビート（Heartbeat）〉のような曲もクリムゾンであることの必然性には疑問が残る。

全曲をメンバー全員で作り、歌詞は全てブリューという『スリー・オブ・ア・パーフェクト・ペアー』は、12インチ・シングルまで出た〈スリープレス（Sleepless）〉のダンス・ミックスで驚かされたり、締めくくりの〈太陽と戦慄パートⅢ（Larks' Tongues in Aspic, Part III）〉で複雑な思いをさせられたりもして、80年代のニュー・ウェーヴ・テイストをクリムゾン流に展開した印象ばかりが残ってしまう。

詩作面でのピート・シンフィールドやリチャード・パーマー・ジェイムスのような特別な存在がいないという未踏の領域に歩み出したとはいえ、メンバー全員で曲を練り、それを何度でもライブで演奏し鍛え上げていく流れを作りえなかったのが80年代クリムゾン崩壊の要因の一つではあるだろう。とはいえ、演奏の新たな方向性の開拓や、ポリリズムとヘテロフォニーの共存する空間の発展性について確証を得るという、のちのグループにつながる軸が形成されたことは高く評価されるべきであろう。

集大成に向けた新たな音楽インフラの充実

ディシプリン・クリムゾンの幕を下ろしたフリップがもっとも力を注いだのが、１９８６年、40歳の時に創設したギター・クラフトだ。

フリップが考案したニュー・スタンダード・チューニング（ＮＳＴ）をベースに、独自のピッキングなどを追求したギター・テクニックと、それをより高めるための自己啓発を主眼としたセミナーであった。いわゆる音楽セミナーやスクール的なものと圧倒的に違うのは自己啓発部分にウェイトを置くことで、生活習慣の改善による人間的な成長を目指し、リラックス・シッティングや太極拳、心身の不必要な緊張を取り除くためのアレクサンダー・テクニーク（音楽家であれば、楽器を持つと力んでしまうなどの状態を解消する心身技法）などにも力を入れたという。

ルー・リードが死ぬまで太極拳にずいぶんと傾倒し、２００３年の来日公演では、ステージ上で太極拳の師範が曲と一緒に演武したことを思い出す。曲や演奏のコアな部分が、武術やトレーニングが持つ〈気〉と共鳴するあたりに着目しての試みであったのだろうが、非常に面白かった。

フリップのギター・クラフトにおけるそうした講習が演奏にどれほどの影響を与えたり変化させたのかはわからないが、少なくともその重要性をフリップ自身は体験から痛感し、演奏にフィードバックされるものが大きいと把握したからこそのコンセプトなのだろう。毎日10時間にもおよぶトレーニングをしていたという伝説も残るフリップだけにしかわからない境地は、確かに在るに違いない。

ギター・クラフトは日本でも開催されたし、最初にも書いたようにビデオ作品になるほどフリップも深く携わり、２０１１年の時点では世界に３０００人以上の受講者があったというから、その存在感はロックというカテゴリーを遥かに超えて、今後もさまざまな形で顔を出していくはずだ。

80年代後半のフリップの時間は、このようにギター・クラフトに絡む活動に多くが費やされるが、平行してプライベートで話題となったのがトーヤとの接近だ。やがて86年、フリップ40歳の誕生日に二人は正式に結婚する（ちなみにトーヤは28歳）。

本名トーヤ・ウィルコックスは、デレク・ジャーマン監督のカルト・フィルム『ジュビリー（Jubilee）』（77年）や、ザ・フーの『四重人格（Quadrophenia）』（73年）を映画化した『さらば青春の光（Quadrophenia）』（79年）に出演したり、音楽的には、まずパンク系のバンド：トーヤのフロントで活躍、80年代に入ってからはソロでアルバムを発表したりと積極的な動きをしている。エキセントリックなボーカルや、演劇やダンスも含めた多様なアートの指向性からするとフリップが見初めるのも納得がいく。ちなみにこの時期、ザ・レインコーツやスリッツなどの女性バンドやニーナ・ハーゲン、リーナ・ラヴィッチのような女性ソロ・アーティストが自覚的な作品作りや活動を行うようになったのもロック史的には大きなことであり、パンク・ムーブメントのわかりやすい成果の一つだ。

トータリティの高いアーティスト性も評価したのであろう、急接近したフリップはトーヤのソロとしてはセカンドとなる（以前のグループ名義では3枚リリースしている）『Desire』（87年）にギター・シンセなどで参加した。クレジット関係が不明な点もあり、フリップの関わり具合はわかりにくいが、ダイナミックかつ緻密に構成されたサウンドなど作品としての完成度は高く、もっと評価されるべき一枚だろう。

フリップは、続く『Prostitute』（88年）と『Ophelia's Shadow』（91年）にも参加しているのだが、こうして相互の音楽理解が深まっていき、フリップ&トーヤを中心にトレイ・ガン（Stick／Vo）、ポール・ビービス（Dr）が加わったグループ、サンデイ・オール・オーヴァー・ザ・ワールド結成へとつながる。90年に発表された同グループ唯一のアルバム『Keeling At The Shrine』ではフリップならではのシーケンシャルなフレーズがトーヤのボーカルやリズム隊と密接に絡み合いつつも、全体としては同時代的なポピュラリティも持った音に仕上げられ、これもまた次世代のクリムゾンへと進む一つの確信となったに違いない。

またこの時期に見逃せないのは、EGレコードとの訴訟問題だ。創設者デヴィッド・エントホーヴェン（David Enthoven）とジョン・ゲイドン（John Gaydon）のイニシャルから名付けられたEGはデビュー前のクリムゾンと契約したり、マネージメントを行なうなどして70年代は大きな後ろ盾となっていたし、クリムゾンのみならずロキシー・ミュージックやイーノの諸作、オブスキュア・シリーズを出すなど、ロック史的にも重要なレーベルであったが、80年代後半は経営難から売却が企てられ、結局ヴァージン・レコードに譲渡された。そんな騒動の中でフリップは版権を巡って訴訟を起こし、係争は複雑化して多くの時間が費やされることになっていく。

その後、92年にプロデューサーのデヴィッド・シングルトンと組み、現在も最良のパートナーシップが継続しているDGM（Discipline Global Mobile）を設立してビジネス面が堅固になったことで、フリップの活動は安定化する。以後90年代から現在に至るまで、さまざまな活動と並行して過去の膨大な音源発掘、およびリイシューが行われるようになる。いち早く積極的に配信を行ってきた《DGMコレクターズ・クラブ》のように、マニアックではあっても、この特異なグループの各時代を把握したり研究するのに欠かすことのできない音源のリリースなどがコンスタントにできる体制は、まさにフリップの待ち望んでいたものであろう。

こうしてみると、80年代半ばから90年代前半、40歳前後から50歳にかけてのフリップは晩年の充実期に向け、公私にわたり堂々たる太い柱を建てていたと言える。

音楽面ではギター・クラフト設立によって自己のギター・メソッドを軸に音楽理論をじっくりと発展させ継承者たちを得ることができたし、プライベートではトーヤという生涯を共にしつつ音楽&アートも共有できる伴侶を得、ビジネス面ではEGから脱却してDGMの設立という、現在から見ても非常に重要な3つの柱を得たわけだ。それらの安定によって90年代以降の動きはスムーズなものとなっていった。

90年代の《ヌーヴォ・メタル》から00年代の迷走へ

1994年5月、約10年ぶりに、第5期とされるキング・クリムゾンが復活したのは、まずこうしたフリップの公私にわたる充実が大きかった。集まったメンバーはディシプリン・クリムゾンのブリュー、レヴィン、ブルーフォードに、トレイ・ガン、パット・マステロットを加えた計6人。ギター、ベース（スティック）、ドラムが各2人ずつのダブル・トリオ体制で、わずか4日間でレコーディングした6曲入りミニ・アルバム『ヴルーム（VROOOM）』を11月にリリースしたかと思えば、フットワーク軽くライブ・ツアーをアルゼンチンで行うなどスピーディーな展開であったのは、おそらく新生クリムゾンとしてのアイデアが十分に蓄えられていたからだろう。

フル・アルバム・リリースに向けてピーター・ガブリエルのリアル・ワールド・スタジオに乗り込んでレコーディングを決行、95年4月に発表されたのが『スラック（Thrak）』だった。ミニ・アルバムのタイトル曲〈ヴルーム〉に始まり、そのコーダやサウンド・エフェクト的なものも含まれてはいるものの、再録音されたタイトル曲〈スラック〉は強度を増しているし、〈ヴルーム・ヴルーム（VROOOM VROOOM）〉といった強靭なナンバーはディシプリン期以上に各楽器の絡み合いの鋭さも際立ち、あらためてクリムゾン流ヘヴィ・メタル＝《ヌーヴォ・メタル》へとつながるものを意識させる。

このサウンド指向の影には、当時のグランジ／オルタナ旋風をはじめ、ミニストリー（トリプル・ドラム体制のクリムゾンで重要な鍵を握るビル・リーフリンが深く関わっているのを忘れてはならない）やナイン・インチ・

ネイルズ等インダストリアル・ロックの台頭が、多少なりとも影響したのじゃないだろうか。もちろんその頃50歳になろうかというフリップが、そうした激音の表面上のテイストに反応したわけではないが、70年代に〈パンク〜ニュー・ウェーヴ〉の動きの中で喚起された本質部分での変化に感応したのと通じる感覚があった気がしてならない。

ニルヴァーナを筆頭に炸裂する音響の中でインディペンデントな精神と世代の魂をサウンド化した音は、世界中の同世代たちの圧倒的な支持を受けたが、それはスタイル化したロック的通俗性からもっとも離れたがっているフリップとも通じるものだろうし、かつてニュー・ウェーヴの流れの中で刺激を受けながら自身のスタイルや表現域を拡大し、展開していった姿が重なってくる。後にトゥールをはじめ、グランジを牽引したり、またはその洗礼を受けたバンドたちが、クリムゾンへの深い敬意を表すのも、奥底にはこうした流れを感じ取ったからなのではないか。

リアルタイムでライブを重ね演奏を切磋することで、より楽曲をスケールアップしていくフリップが好んだクリムゾン・スタイルが、このダブル・トリオでも展開されていく。『ヴルーム・ヴルーム（VROOOM VROOOM）』、『オン・ブロードウェイ1995（On Broadway 1995）』、『ライブ・イン・ロンドン（Live in London 1996）』、『ライブ・イン・ジャパン1995（Live in Japan 1995）』等々のライブでそのスリリングなプレイが残されているし、さまざまなライブのインプロビゼーションを集め編集することで、まったく違った作品とした『スラックアタック（THRaKaTTaK）』などには、この時期の試行錯誤がそのままパッケージされている。

そんな勢いに押されるように一気に96年夏までライブ活動を行ったグループだが、そこで一つの句点を打つ。ダブル・トリオという編成で極限的にライブを突き詰めていった結果の一つのゴールでもあったし、またこの頃、オリジナル・キング・クリムゾンのリユニオン構想がフリップによって検討されていたことが影響したのかもしれない。

振り返ると、それは2000年代に入っての動向に通底する部分もあるのだが、この時点では各メンバーの思惑は一致せず、フリップは翌97年にあらためてダブル・トリオの再生を提案するも、ブルーフォードの賛意を得られなかったり、レヴィンのスケジュール問題などもあって上手く行かず、そのためグループ内サブ・グループとして各種プロジェクト（ProjeKct）が提案された。そこでは通常の編成から離れ、ブリューがVドラム（ローランドが開発した電子ドラム・セット）を叩き、フリップ、ガンが弾きまくるプロジェクト2のスタジオ・セッションからスタート。フリップ、ブルーフォード、ガン、レヴィンが揃うプロジェクト1や、フリップ、ガン、マステロットのトリオ編成によるプロジェクト3等々さまざまな実験が試みられ、それなりの成果を得た部分もあったものの、なかなか同化できない点があらためて鮮明になってしまった。

最後までVドラム導入に否定的であったブルーフォードはついに脱退。レヴィンもピーター・ガブリエルのツアー参加がスケジュールにあり、結局フリップ、ブリュー、ガン、マステロットというミニ・ダブル・トリオ風な編成で約3年ぶりにキング・クリムゾンが復活し、『ザ・コンストラクション・オブ・ライト（The ConstruKction of Light）』（00年）を発表するに至る。ここではメンバーの減少を感じさせるどころか、逆にヘヴィさを増したサウンドで綴られる〈フラクチャード（FraKctured）〉や〈太陽と戦慄パートⅣ（Larks' Tongues in Aspic, Part Ⅳ）〉のようなナンバーは、新生クリムゾンとしての方向を示すものでもあって期待も高まっていった。

またフリップ自身が、「これまで行ったツアーの中で気に入っている二つのうちの一つ」だったというトゥールとの01年夏の北米ツアー（ちなみにもう一つは、97年に行ったギタリスト、ジョー・サトリアーニが企画したG3ツアーだという）のライブ5曲をピックアップしたミニ・アルバム『レヴェル・ファイヴ（Level Five）』（01年）、新曲4つを含んだミニ・アルバム『しょうがない（Happy with What You Have to Be Happy With）』（02年）

あり話題性には富んでいたものの、正直なところファン以外にはわかりにくさもあった。な空間を作り上げているのだが、一連のプロジェクトがマニアの詮索の的になったり、さまざまな形での来日も〈EleKtriK〉など、かつてのクリムゾンがそうであったようにライブで鍛え上げられていった楽曲がとくに濃密リーヴ』を発表する。〈太陽と戦慄パートV〉ともされる〈レヴェル・ファイヴ〉をはじめ〈エレクトリックを立て続けにリリース、03年に、現時点では最後のオリジナル・アルバムとなっている『ザ・パワー・トゥ・ビ

しかし、こうして長い歴史をたどり埋めていくと、大きなドラマがうねりながら、ブルーフォードの離脱に象徴されるような終着点がこの一連の流れにあることがわかる。70年代クリムゾンの終局となった『レッド』のような壮絶な句点を打つことはできなかったにしても、ダブル・トリオから始まった90年代クリムゾンの物語を完結させた意味は大きく、今だからこそ振り返る価値のある作品も少なくない。

消しようもない過去の軌跡と財産、歴史を刻んだ録音やライブが膨大に積み重なっているが、それは常に新しい表現域に挑み続けてきたグループの記録でもあり、それこそが、この特異なバンドたらしめている最根底に流れる思念の結晶でもあった。それはまさしく挑戦であり、実験と実践を繰り返した果てに到達する領域を切り開いてきたバンドだからこそ、次のステージもその延長であらねばならない——そんな思いがフリップを包んでいたはずだ。

しかしながら、彼自身が年齢的にも50歳代半ばを超えたこともあったし、かつて同じように70年代を駆け抜けたバンドやアーティストたちも、巨大な網でも広げれば音楽シーンの前線にいると強弁できるかもしれないが、やはりその活動ペースは落ちていかざるを得ず、創作面でもかつての姿を求めるには無理があるというものだ。

どこを目指すべきなのかなかなか焦点が定まらないフリップの心境に波風を立てたのが、イアン・マクドナル

ドやメル・コリンズ、ピーター&マイケルのジャイルズ兄弟等、かつてのメンバーたちにジャッコ・ジャクスジクが加わった21stセンチュリー・スキッツォイド・バンドの出現だ。その活動はフリップも認めていたものだし、90年代後半にフリップが構想したリユニオンの延長とも言えるが、懐かしいクリムゾン・ナンバーをわだかまりなく割り切って取り上げる演奏は、素直に往年のファンを喜ばせた。

確かに日本公演も実現したそのライブは懐かしく、楽しくもあったのだが、それがクリムゾン正史にふさわしいものなのか。過去に囚われず、緊密なパフォーマンスをベースに新しい境地へと挑戦し続けることを生命線としてきたグループの歴史に対して、かつてのメンバーというキーワードだけで安住していいものなのか。そんな思いを抱いたことも事実で、複雑な気持は拭えなかった。

その後フリップはブリューとのプロジェクト6を経て新生クリムゾンの再開を07年末に模索し、フリップ、ブリュー、レヴィン、マステロット、新たにギャヴィン・ハリソン（Dr）を加えた形でライブを行なうものの作品化するまでには至らず、そうこうするうちに異なったメンバー構成で、それぞれキング・クリムゾン・プロジェクトを名乗るものが活動するといった、まるで老舗メタル・バンドが枝分かれしていくかのような状況へと陥っていく。

細かいプロジェクトの動向や変遷を仔細に追っても、今となってあまり意味はない。フリップもこうした状況に嫌気がさしたのと、音源の出版権や所有権についての裁判に専念するため、２０１１年には音楽活動からの引退を宣言してしまった。まさに〝しょうがない〟という境地であったのだろう。

全期間へのリスペクトと新次元への前進

そんな状況の中でも、ＤＧＭではポーキュパイン・ツリーのスティーヴン・ウィルソンが中心となってクリムゾンの過去音源のリミックスや発掘を通して、あらためての発見や意欲の喚起が積み重ねられていった。それも刺激になってか、21stセンチュリー・スキッツォイド・バンド稼働に尽力し、クリムゾンの大ファンでかつてのメンバーたちと交流を深め、マイケル・ジャイルズの娘と結婚していたジャクスジクと共にスタジオ入りするなど、前向きに動き出す。

その延長としてフリップにレヴィン、ハリソン、そしてメル・コリンズ、ジャクスジク等がア・キング・クリムゾン・プロジェクト（フリップに言わせるとプロジェクト7）の名義で出したのが『ア・スケアシティ・オブ・ミラクルズ（A Scarcity of Miracles）』（11年）で、以後の新生クリムゾンへと着実につながる道筋が見えるものとなった。ジャクスジクがリードしたそのアルバムは、けっしてクリムゾン的な緊迫感溢れるものではないが、70年代ブリティッシュ的な叙情が自然に受け継がれつつ、ここまで行われてきた多くの挑戦が背景となって浮かんでくる感じもあり、朧気ながら次のステップへ進む手がかりがフリップの中でまとまっていったのだろう。ここを起点にすれば、焦点を決めきれなかったクリムゾン再稼働の道が見えてくるのではと思ったに違いない。

頭を悩ませていた版権問題は２０１３年に決着。ここで、現在のトリプル・ドラムの新体制キング・クリムゾン始動が宣言され、翌14年9月からツアーが開始されたのだった。フリップ、レヴィン、コリンズ、ジャクスジクに加え、マステロット、ハリソン、そして故ビル・リーフリンという3人のドラマーからなる7人編成、前代未聞のバンド誕生だった。

２０１８年12月の来日公演時、フリップ以外なら誰でもインタビューできると言われ、速攻でオファーしたのがリーフリンだった（彼の妻であり画家のフランチェスカ・サンドステンは近年のクリムゾン作品のジャケットでもおなじみ）。ミニストリーやスワンズ、ＫＭＦＤＭといった、およそクリムゾン・ファンやプログレ・ファンからは相手にされないようなハードコアな音楽性を持ったバンドが、それまでリーフリンが関わってきた主なところであり、だからこそ、かつてフリップがこだわった《ヌーヴォ・メタル》の延長にこのトリプル・ドラム・

セットのクリムゾンを置く時、カギを握る人物に違いないと確信してのリクエストで、フリップから3人ドラム体制でと聞かされた時はどう感じたか問うと、

「かなり驚いたと言わねばならないね（笑）。これには面白いことがいろいろあるんだ。フリップがプレスに対してドラミングやドラマーに関しての厳しいコメントをよく発していることは周知の事実だよね。そんな彼が、今度は3人欲しいと言ったんだからね（笑）。（中略）でも、僕たちはよく一緒に仕事をしていたから、当然、彼が何を求めているのかわかっていた。彼にはアイデアがあったんだ。そして僕の記憶によると、この件に関して彼と30分ほど話し合ったよ。彼は、他のメンバーには全員に声をかけて、僕が最後なんだと言った。今回のバンドはこのメンバーでないと駄目で、一人でもやりたくないと思ったら、プロジェクトはボツ。そして、僕はイエスと言った最後の一人だったんだ（笑）」。

「一緒の仕事」というのは、ギター・クラフト出身のギタリスト、ビル・フォースを中心としたテン・セカンズ（Ten Seconds）がきっかけでリーフリンの『Birth of a Giant』にフリップが参加したり、ガン、フリップと3人でインプロ・アルバムをやったり、企画ものを作ったり、さらにトーヤのザ・ヒューマンズでツアーをするなど、クリムゾンの傘を外れたところでこれほどフリップと共にプレイした人は、この時期には見当たらない。

シアトルに生まれ、グランジ周辺のミュージシャンとも交流を持ちつつ、シカゴで尖った連中と作品を作っていたリーフリンのテイストを、連綿と続いてきたクリムゾン・ワールドを異化させる一つの媒介と捉えたのではないか。その効果は絶大なものがあったし、フリップが意図したオールタイム・クリムゾンを再構築する一番重要な方向性、けっしてトリビュートでも思い出語りでもない、前向きの負荷をかけ続けるパフォーマンスを目指す姿勢が鮮明になったのだ。

あらためて強調しなければならないが、14年以降の活動再開、そして現在に至るまでのクリムゾンを見る上で

もっとも重要な点は、全期間のレパートリーを視野に収めていることだ。革新的な構成や楽曲に挑み、サウンド・デザインを大幅に変更することすら躊躇なく遂行してきた巨獣だけに、どういう経緯と意図でこの結論に至ったのか？　どこに基軸を置いてのことなのか？　正解は誰もわからない。

かつての曲を割り切ってなぞったり、または部外者的なトリビュート・バンドとしてカバーするようなことなら困難ではないかもしれないが、クリムゾンの歴史は、そうしたぬるい姿勢を許容するものではないし、そんな安易さを全否定するためにフリップは行動してきたとも言える。そんな彼だからこそトリプル・ドラム体制でやる価値があると思えたのだろうし、実現可能なメンバーと編成に到達したと確信できたに違いない。

14年でフリップやレヴィン、コリンズ等は68歳前後、キャリアの最終盤であることは明らかで、悠長に振り返るには時間的な余裕はない。そんな中でクリムゾンのさまざまな時代を全肯定した上で、楽曲にあらためて向かい合い、時軸を統一し、手練のプレイヤーたちの力で再構築し磨き上げることで、古い楽曲さえも新しい生命を得ると考えたのじゃないだろうか。実際、ライブに接した人ならそんな実感を強く抱くはずだ。

こんなことはロック史上なかったし、おそらく今後とも出てこないだろう。ジャズやクラシックでは、古典やマスターピースの楽曲を独自の解釈と演奏によって新たな感興を創り出したり、各演者なりの世界観を示すというのは普通だが、一般的に楽曲そのものが短く、構成のフォーマットもある程度制約されることが多いロックの中で、それを生み出すのは至難の技だ。しかもバンド名は同じにしても、プレイヤーや作者、サウンド・スタイル、方向性、時代背景が違う楽曲を同じステージで通してやろうというのだから、とてつもないエネルギーとアイデアが投入されなければ不可能だ。

その結果、14年以降の来日公演でピックアップされた楽曲によって多くの驚きを与えられたわけだが、それは単に懐かしい、好きな、聴きたかった曲を聴けるといった次元を超えた、その瞬間、数十年前に陶然とさせられた楽曲が、今も錆びることなく新たな光が当てられたことにより、別な生命を得てみずみずしく呼吸する姿に感動させられたからだ。〈エピタフ（Epitaph）〉、〈船乗りの話（Sailor's Tale）〉や〈イージー・マネー（Easy Money）〉、〈アイランズ〉、〈フラクチャー〉といった楽曲たちが、あたりまえのように演奏され、その度に驚嘆の声が上がるのにも慣れた。

そして最新公演となった21年版は、曲単体というよりも数曲の並びが非常にスリリングな空間を産み出し、楽曲のオリジナル版が置かれたアルバム上とはまったく違った興奮を味わうことができたのだ。〈太陽と戦慄 パートII〉から〈ムーンチャイルド（Moonchild）〉を挟んで〈ラディカル・アクションII（Radical Action II）〉、〈レヴェル5〉へと並んだあたりは、まさにフリップの言う、一貫して《クリムゾン流メタル》を追求したとの言葉を具現化したものだろうし、〈クリムゾン・キングの宮殿〉から〈レッド〉、〈再び赤い悪夢（One More Red Nightmare）〉、レヴィンのソロを挟んで〈エピタフ〉、〈21世紀のスキッツォイド・マン〉と進む流れもそうならば、70年代叙情を象徴するような〈アイランズ〉から80年代ポリリズムの〈ニューロティカ〉を経て〈21世紀のスキッツォイド・マン〉というパッケージも、雄大なグループの歴史を自然に浮かび上がらせている。

70年代前半の楽曲が世紀を跨ぎ、00年代の楽曲と違和感なく拮抗しあい、誰も考えもしなかった次元に連れて行ったのだ。そうした新たなサウンド・デザインの創出を実現した各プレイヤーの技量とテンションには信じがたいものがあるわけだが、同時に重要なポイントは、クリムゾン全史に対するリスペクトを共有している点であろう。

キング・クリムゾンというバンドが一貫して取り組んだ美学や音楽域を普遍のものとして残す最良の道が、ここに見えてきたのだ。

過去の音源を最高に敬いつつ、ライブ・パフォーマンスという一期一会の場ではそれを別次元のレベルに到達させることで、単に曲や演奏の話で終わることなく、唯一無二のバンドという領域に達したのである。これこそフリップが一貫して取り組んできた《クリムゾン流メタル》なのかもしれない。〈心、技、体〉とでも言うべきなのか、完成度を極めた曲、それを表現する高度な技量、全てを融合したバンドによるアンサンブルによって、ついに実現したのだと言える。

ただ、フリップがその先に何を見据えているのかはわからない。

現時点で日本最後となったライブは、アンコールに〈太陽と戦慄 パートⅡ〉から〈スターレス〉で締めくくられた。これで、永遠に物語が閉ざされることになっても良いのだろうと今は思っている。絶対にもう見ることのできない、バンドという生き物が50年以上に渡って走り続けた道のりを自在に追体験できるだけのものは既に手にしているからだ。

そこにどんな脚色や解釈を、それぞれが施すのか。それは、これからもいろいろと出てくるであろうライブ作品などに向き合いながら試みられていくに違いない。そんな《星ひとつない聖なる暗黒》へ無数の思いが注がれる光景は、どんなロックも出会ったことのない美しいものだ。

第4章

「大いなる両極」、比較論から見えてくる驚異の本質

まるで宇宙の法則のように、あらゆる表現エレメントが美しい好対照をなすフロイドとクリムゾン。それはまさにロック全体の両極であり、どちらも無双のレベル。8つのタームを切り口に2大バンドの特性を徹底比較しながら、その驚くべき達成を読み解く。

感動すら覚えるこの両極性と対照性

同じプログレッシブ・ロックという枠組みで語られながら、ピンク・フロイドとキング・クリムゾンという双璧をなす存在が大きく異なるキャラクターとファンダメンタルズを持ち、何よりその音楽性がまったく異なることは、ロック・ファンの間では広く認知されている。

「フロイドは聴きやすくてエンタメとしても楽しめるけど、クリムゾンは激しすぎるし難解そうで苦手だ」というリスナーは多いし、一方で、「クリムゾンこそが真のプログレであって、フロイドはよくある普通のロックという感じでどうも凄さがわからない」と主張するリスナーも多い。なんとなく「水と油」の存在だという認識がずっと定着してきたことは確かだ。2大バンドを初めて聴き出す若い世代のリスナーも、最初はこの違いに驚くことだろう。

しかし、それはあくまで「なんとなく違う」という程度の認識であって、より具体的にどう違うのか、なぜそうした違いが生まれたのか、さらに、その差異から何が見えてくるのか——1960年代末のプログレ誕生以来、50年余りの歴史を通じて突っ込んだ考察や議論は、世界的に見ても極めて乏しかった。違いがあるのはバンドの個性なのだから、そんなものだろうとやり過ごされてきた感が強い。けれども、それによって重大な真実が覆い隠されてきたと考えざるを得ないのだ。それはロック・ミュージック、ひいてはポップ・ミュージック全体にとって極めて大きな損失だと言える。

本章では、こうした2大バンドの差異について8つのパートを設けて比較検証しながら、その意味を掘り下げ、これまで隠されてきた重大な真実に光を当てていきたい。何より、2大バンドの両極性と対照性を整理していくと、奇跡とさえ思えるコントラストに感動を覚えてしまう。それは、まるで宇宙の法則のように完璧なプリンシプルすら感じる。そして、この「大いなる両極」のありようこそが、プログレッシブ・ロックの永久不滅のバリューを証明してくれるのだし、ロックとポップ・ミュージック全体が、これからも時代を超えてアップデートしていくためのインスピレーションの源泉となるに違いない。

［1］影響力

ピンク・フロイド《ギネス記録さえ作ったセールス力の意味》

１９７3年4月28日、米国のビルボード２００チャートでピンク・フロイド8作目のアルバム『狂気』が１位を獲得した。彼らにとって初の全米制覇となったわけだが、さらにそこからが凄かった。全世界で同年最高の売上を記録し、現在までの通算セールスは米国で１５００万枚以上、英国でも４００万枚以上、そして全世界では５０００万枚以上という、ロックのみならずポップ・ミュージック史上でも屈指のセールスを誇るモンスター・アルバムとなったのだ（70年代前半の売上計測システムは今日ほど緻密ではなかったため、実際はこれらの数字を上回っているという説が有力）。

さすがに歴代世界一のマイケル・ジャクソン『スリラー（Thriller）』（82年）の７０００万枚（一説には1億枚以上）とは開きがあるものの、イーグルスの『グレイテスト・ヒッツ 1971-1975（Their Greatest Hits 1971-1975）』（76年）、フリートウッド・マックの『噂（Rumours）』（77年）、ＡＣ／ＤＣの『バック・イン・ブラック（Back in Black）』（80年）、ホイットニー・ヒューストンの『ボディガード（ＯＳＴ）』（92年）などと肩を並べ堂々の２位グループにつけている（いずれも累計５０００万枚のスケールだが正確な比較は困難）。ご覧のように、『スリラー』をはじめとする他作品は、ベスト盤を含めいずれも全収録曲がシングルでメガ・ヒットするようなポップ度の高いものばかりなのに対し、『狂気』は今日に至るコンセプト・アルバムの決定的なフォーミュラとなった作品であり、全曲が切れ目なく繋がった組曲的構成となっている。もちろん、その中で〈マネー〉がシングル・カットされてこれがアルバム・セールスに火をつけた面もあるが、ともかく通常のメガヒット・アルバムのセオリーを逸脱した作品であることは間違いない。

しかも『狂気』の真の凄さは、全米チャートTOP200に連続742週（≒約14年3ヶ月）ランクインしたという記録であり、堂々とギネスブックに掲載されている（さらにカタログ・チャートでは30年以上ランクイン）。これは、単にギネス記録だから凄いという意味ではなく、フロイドの音楽特性が何よりも端的に数値化されている事実が凄いのだ。

なぜならばピンク・フロイドの音楽は――特にその究極到達点である『狂気』は、ほとんど意識されないうちにじわじわと聴き手の感性に忍び込んでいく特性を持ち、その意味で真のモンスター・アルバムと言えるからだ。その最大の特性は、個々の楽曲のパーツは親近感さえ覚える、ほど良い強さと耳触りで奏でられ、イージー・リスニング的に聴き流せてしまうこともできるのだが、作品トータルで人の心の闇に潜む狂気を掘り下げているがゆえに、聴き終わった後に何らかの「しこり」が感性に植えつけられてしまう点にある。今この時代、「ウイルス」という言葉を使うのは若干のためらいもあるが、「ピンク・フロイド」という名のウイルスが脳髄に忍び込み、もともと誰もが持っている「心の闇」を刺激し、これを増殖させるのだ。ただし爆発的な増殖ではないので、聴き手は痛みを感じるどころか心地よい陶酔感に包まれる。

そしてこの作用は、繰り返し『狂気』を聴くたびに穏やかな中毒症状を引き起こす。それは、初代リーダーでありサイケデリック・ロックの始祖とも讃えられる天才シド・バレットの濃密な狂気を、何万倍にも希釈した「エンターテインメントとして楽しめる狂気」と言えるかもしれない。人格破綻を招いたりしない合法ドラッグであり、リスナーはこれによってひとときの「メンタルの火遊び」を享受できるのだ。あるいは、毒をぐんと薄めれば治療薬になるという化学的摂理そのままに、「心の闇」を適度に解放することでカタルシスさえもたらす精神安定剤と言えるかもしれない。

むろん、このような刺激性が明確に認知されていたわけではないが、全米全英そして全世界のリスナーたちはほぼ無意識に『狂気』の「ちょっとアブない快楽性」に感応し、受け入れてきたに違いない。ヒット・チューン満載のアルバムからは何万光年もかけ離れた作品であるにもかかわらず、本作が14年以上にわたって全米チャートに君臨しつづけた秘密は、まさしくここにある。だからこそ、バンドとしての累計アルバム・セールス2億5000万枚以上というデータも納得できてしまうのだ（ちなみにこれはザ・ローリング・ストーンズやクイーンを上回り、マドンナやレッド・ツェッペリンに迫る数字である）。

こうしたピンク・フロイドの「あからさまには見えにくい特性」ゆえに、彼らの凄さを熱烈に語る人物は少なかった（バレット個人についてはサイケデリックの始祖として、デヴィッド・ボウイやミック・ジャガー、マーク・ボラン、ジョン・ライドンなどが熱烈に支持しているが）。その中でわずかに、早くからフロイドの凄さを公言していたのがジミー・ペイジである。彼は、並のロック・バンドが想像すらできない音楽の冒険をフロイドが成し遂げつつあるのを感知していたのだろう。

実際、同時代のアーティストにはあまり受けが良くなかったフロイドだが、一世代若いクイーンに始まり、ケイト・ブッシュ、U2、フレーミング・リップス、R.E.M.、オアシス、ブラー、レディオヘッド、ビョーク、アニマル・コレクティヴ、シガー・ロス、コールドプレイ、テーム・インパラ、ワンオートリックス・ポイント・ネヴァー（OPN）、セイント・ヴィンセントなど、後のロックを革新あるいはアップデートした重要アーティストたちに多大なインスピレーションを与え続けている。その意味でフロイドの影響力とは、単に全世界のリスナーたちにコンビニエントな快楽を供給しただけではなく、ロック・イノベーションのメインストリームにしっかり根づいていることも忘れてはならない。

キング・クリムゾン《インフルエンサーを生み出す衝撃力》

キング・クリムゾンの1stアルバム『クリムゾン・キングの宮殿（以下『宮殿』）』は、1969年10月10日にリリースされるや、たちまち全英チャートを駆け上がり、ザ・ビートルズの最高傑作と讃えられることも多い、あの『アビイ・ロード（Abbey Road）』を蹴落としトップに躍り出た――半世紀を超えるクリムゾン史を紐解く際にしばしば引用されてきたトピックだが、実際には全英で最高5位、全米で最高28位だったというのが現在の定説だ。この「『アビイ・ロード』蹴落とし事件」は都市伝説の類であり、どこかの地方都市のローカル・チャートが誤報された可能性が大きいとも言われている。

しかし、クリムゾンの影響力を語るうえで重要なのは、この作品が「あの大傑作『アビイ・ロード』さえも1位の座から引きずり下ろしたって？　なるほど、それはあり得るな」と多くの人々に思い込ませてしまった、その衝撃力なのである。

ともかく『宮殿』は、多くの点で際立って特異だった。〈21世紀のスキッツォイド・マン〉、〈エピタフ（墓碑銘）〉、〈クリムゾン・キングの宮殿〉などの楽曲名からしてゴシック小説的な趣であり、風変わりなコンセプト・アルバムであることが容易に連想された。画家バリー・ゴッドバーが鏡に映った自分の顔をモチーフに描いたというジャケット画像はムンクの『叫び』すら連想させる魔性のエモーションにあふれ、ロック史上で最もセンセーショナルなジャケットの一つになった。

そして何より、音楽そのもののインパクト。人間の破壊衝動、あるいは自己破滅の衝動をヘヴィかつメタリックなサウンドで描き切った〈21世紀のスキッツォイド・マン〉、荘厳なまでのメロトロン・オーケストレーションに乗せて《「混乱」こそわが墓碑銘》という決定的フレーズを黙示録のように突きつけた〈エピタフ（墓碑銘）〉を筆頭に、「なんなんだ、これは!? どこからこんな音楽が湧いて出たんだ!?」と、当時のリスナーや音楽ジャーナリズムを唖然とさせた楽曲が息継ぐ間もなく展開される。何回か繰り返し聴けば、ああ前衛ジャズやクラシックやエクスペリメンタルなんかを巧みに組み合わせているんだとか、クラシックといってもフーガの要素があったりストラビンスキーとか20世紀音楽も参照しているようだ、などと因数分解できたりもしたが、初めて耳にした瞬間には心身両面を揺さぶる怪物的な音の暴虐性にひれ伏すしかなく、冷静に考える余裕など吹き飛ばされたものだ。

具体的なエピソードとしては、まず69年5月14日、まだ『宮殿』リリース5ヶ月前のクリムゾンがライブを行ったレヴォリューション・クラブ（ロンドン）の楽屋をジミ・ヘンドリックスが訪れ、「君たちは世界一のバンドだ」と賞讃し、ロバート・フリップに向かって「君のギター・プレイに感銘を受けた。左手で握手してくれ、そっちの方が俺のハートに近いから」と気さくに語りかけ、固い握手を交わしたことがある。当時のジミヘンは既に『エレクトリック・レディランド（Electric Ladyland)』（68年）までリリースし、圧倒的なカリスマとして崇められていた。そんな彼が進んで握手を求めてきたわけで、ロック史上空前絶後の天才ギタリストにすら強い衝撃を与えたことがわかる。

また同年7月5日、新布陣のザ・ローリング・ストーンズが、急逝したブライアン・ジョーンズの追悼フリー・コンサートをハイド・パークで敢行した際、ライブでの世評が日に日に高まっていたクリムゾンは、そのオープニング・アクトに抜擢された。そこで彼らは、ストーンズ2年ぶりのライブを楽しもうと駆けつけた30万人ものオーディエンスを釘付けにする。「ストーンズを食ってしまった」と報じたメディアもあった。この時のギグにはフリップ自身も特別な思い入れがあるようで、近年のインタビューでも「ヨーロッパや北米から集まった膨大な数の観衆が、家に帰ってから〈お勧めの新しいバンドがある。キング・クリムゾンっていうんだ〉と評判を広めてくれた。ハイド・パークは、世界のステージへの第一歩となったのだよ」と語っている。彼らの影響力を考えるうえで極めて象徴的なエピソードである。

また、『宮殿』のレビューを担当したザ・フーのピート・タウンゼント（彼は持ち前の知的な考察力を活かし音楽ジャーナリストとしても定評があった）は、「恐ろしいほどの傑作」とコメントした。ザ・フーはこの年、ロック・オペラとして注目された『トミー（Tommy）』を発表し、ＵＫシーンの最前線を走っていた存在であり、そのリーダーをも強く突き動かしたわけだ。このように『宮殿』は、ジミヘン、ストーンズ、ザ・フーというロックの3大巨頭の記憶にも鮮烈な刻印を残したのだ。

クリムゾンの作品実売データは、ピンク・フロイドとストレートに比較しないほうが賢明だ。しかし、ここに紹介しただけでも既に、ジミ・ヘンドリックス、ミック・ジャガー、キース・リチャーズ、ピート・タウンゼントらのカリスマ・インフルエンサーを生み出したと言って良い。彼らによって、事あるごとにクリムゾンの凄さは語り伝えられた。その数字には表せない影響力は、とてつもないものだと想像できる。さらにフリップ自身が語ったように、ハイド・パークに集まった30万人の中から、クリムゾンの衝撃を語り広める多くのインフルエンサーが英米を中心に生まれたはずだ。クリムゾンは、いつの時代もその衝撃力によって「神話」を作ってしまえる存在なのだ。

そして１９７０年代以降は、デヴィッド・ボウイ、ピーター・ガブリエル、ロキシー・ミュージック、ブライアン・イーノ、トーキング・ヘッズ、ＰｉＬ（ジョン・ライドン）、メタリカ、カート・コバーン、ニック・ケイヴ、トゥール、スリップノット、マーズ・ヴォルタ、ブラック・ミディなどの尖鋭的アーティストたちがクリムゾンという存在から大きなインスピレーションを得てきた。

ざっくりとした例えではあるが、仮にこれまで世界中で100万人の「クリムゾン・インフルエンサー」が生み出され、一人当たり100人のリスナー（将来のミュージシャンを含む）を感化していたとすれば、合計1億人ものクリムゾン信者（「信者」が言い過ぎなら、「愛好者」とは言えるだろう）が生まれていることになり、2億5000万枚のセールスを上げた「フロイド経済圏」と渡り合えるパワーを獲得している、という解釈もできる。クリムゾンの影響力とは、そうした波及モデルに近いのではないだろうか。

CONCLUSION［浮き彫りになる真実］

このように、ピンク・フロイドとキング・クリムゾンの影響力のありようは痛快なほど対照的だ。ロック史において幾多のカリスマ・アーティストがさまざまな影響力を見せつけてきたが、この2大バンドの影響モデルは、ロック・ミュージック全体においても両極端に位置しているのではないか。つまり、軽い刺激だがクセになる快楽をじわじわと万民へばらまくか（＝ピンク・フロイド）、凄まじい刺激の劇薬で一気に特定数を虜にして信者にしてしまうか（＝キング・クリムゾン）、という両極である。

とはいえ結果的に、それぞれの影響が、ずっと今日まで続くロック・イノベーションの原動力であり続けている点はみごとに共通している。

［2］パフォーマンス特性

ピンク・フロイド《醒めた視線で狂気を操るアンサンブル》

ピンク・フロイドは、プログレ史上最大のサクセス・ストーリーを歩んだアーティストであるにも拘らず、折につけ、演奏スキルそのものに特筆すべきものはないと言われ続けてきた。しかし、そうやって決めつけ思考停止してしまうのは大きな誤りだ。確かに個々の技量は「超絶的」とは言いにくいのだが、4人のプレイが渾然一体となった「フロイドの音」が引き起こすケミストリーには、明らかなマジックというか呪縛力がある。このサウンドがどのように探求され、生み出されてきたのかを掘り下げてみたい。

ピンク・フロイドの原型はロジャー・ウォーターズとニック・メイスンによって1963年に始まり、その後リチャード・ライトが加わったが、バンド名さえなかなか定まらずに試行錯誤を続けた後、打開策として旧友のシド・バレットを誘い入れ、彼のオリジナル曲を主体としたサイケデリック色の強いサウンドでようやく頭角を現すに至った。つまりバレットは後から参加したメンバーなのだが、その天才的なソングライティングのセンス（そして端正なルックス）によってたちまちバンドの顔となり、圧倒的なリーダーシップを握ったわけだ。当時、サイケなポップ・チューンを書くことにかけてはUK随一と崇められ、ウォーターズも「シドは世界最高のソングライター3人のうちの一人」と讃えていた。ちなみに彼は「共感覚（シナスタジア）」の持ち主でもあり、音に色を感じたり、味や匂いに形を感じたりすることでサイケな感性が研ぎ澄まされた面もあるだろう。

しかしバレットは、成功に伴うストレスなどが高じてLSD中毒に苛まれるようになり、次第に精神のバランスを崩してしまい、レコーディング中やツアー中にも奇行を繰り返した。ひどい時にはメイスンたちに銃を突きつけ脅すことさえあったという。結果、彼は68年の『神秘』の制作途中にバンドを脱退せざるを得なくなる。

ギタリストとしてはバレット脱退前に、これまた彼らの旧友だったデヴィッド・ギルモアが補強されてはいたが、バンドは肝心のソングライティングの中枢を失ってしまい、途方に暮れた。自分たちを成功に導いてくれたリーダーが去った後の巨大な喪失感もあったし、同時に、混乱の元凶だった人間がいなくなった幾許かの安堵感もあっただろう。シド・バレットという狂気そのものと心中したような凄まじいペルソナに良くも悪くも翻弄された末、どうやって仕切り直してバンドを存続させるのか、極めて切実な問題を突きつけられたわけだ。

初めは苦肉の策として、バレットの見よう見まねでシングル曲を幾つか出したものの、いずれもヒットとはほど遠い失敗を重ねた。そんな窮地の突破口となったのは、『神秘』の表題曲である。ギルモアの着想を膨らませて12分近くの大曲に仕上げたものだが、ここで重要なのは、建築専門学校出身のウォーターズとメイスンが持ち前のロジカルな構築力を活かし、まるでビルディングを設計するかのように曲の構成図面を書き上げて、戦争の悲惨さと醜さを描いた4部構成の壮大なインストゥルメンタルを視覚化したことである。この楽曲では、ライトのキーボードも重要な役割を果たしている。危機的な状況での苦闘の末に、メンバーがひたむきに力を合わせて作り上げた〈神秘〉は、バレットの直観的なソングライティングの呪縛を断ち切り、サイケデリックからプログレッシブへの方向転換を決定づけたのだ。


続く69年の『ウマグマ』は、ライブ盤とスタジオ盤を組み合わせた2枚組となったが、ここではシングル曲と縁を切り、〈神秘〉の成果を発展させようという野心が見える。まずライブ盤では、バンドのアンサンブルがどんどん鍛え上げられていく姿を実感できる。〈神秘〉や〈太陽讃歌〉はもちろん、バレット作の〈天の支配〉さえも原曲を逞しく膨らませた自信みなぎる音像が展開されている。

対するスタジオ盤では、全員がソロ曲を作り（ウォーターズは2曲）、各曲をそのコンポーザー一人だけで多重録音して仕上げるというエクスペリメンタルな境地に挑んだことで、個々の感性やパフォーマンス力が飛躍的にアップグレードされた。つまり、この2枚組全体が新生フロイドの構成力の賜物であり、ライブ盤ではバンド一体のグルーヴを追求しつつ、スタジオ盤では個々の力量を鍛え上げるという企みの深い作品となったのだ。ここで彼らは、次へ歩み出す道筋を見つけた違いない。

また、これに先立ってリリースされた映画『モア』（69年）のサウンドトラックは、『ウマグマ』とは対照的に小品を繋ぎ合わせた構成であり、随所でエクスペリメンタルな匂いを振り撒きつつも、ブルースやサイケデリック・ポップ、トラッド・フォーク、カントリー、時にはフラメンコまでを織り混ぜながら、それでいて統一感のある陰りに満ちた心象風景が綴られていく。後の『狂気』や『炎～あなたがここにいてほしい（以下『炎』）』（75年）を構成するパーツを自由闊達にドローイングしたような趣があり、その意味では本作も、黄金期のフロイドに直結する滋味深い果実だと言えるだろう（同じバーベット・シュローダー監督の72年作品『ラ・ヴァレ』のOSTとなった『雲の影』も、『モア』の進化形として位置づけることができる）。また本作13曲中の11曲でウォーターズが主導権を握ったことも、新生フロイドのプログレッシブ路線を決定づけていく。

続く1970年の『原子心母』では、24分近い超大曲〈原子心母〉において構成美の最初の頂点を生み出した。その骨格を成すフロイドのバンド・アンサンブルも秀逸だが、ここでウォーターズはさらなる決定的ブレイクスルーを求めて、以前から親交のあった前衛音楽家ロン・ギーシンに全面的なアレンジメントをオファーする。ギーシンは、フロイドのツアー中に存分に腕を振るい（振るい過ぎてウォーターズらを当惑させた一面もあるのだが）、ブラス・アンサンブルにチェロ、混声コーラス隊を加えた壮大なオーケストレーションを紡ぎ出した。さらに本作が素晴らしいのは、当時のアナログ盤B面に並んだ4曲で、バレットのサイケデリック・センスをポップに昇華しつつ、実験性とエンターテインメント性を巧みにブレンドさせた逸品が並ぶことだ。

そんな進化は、翌71年にクライマックスを迎える。フロイドは、ギーシンが施した画期的オーケストレーションを削ぎ落とした剥き身の4ピースで、〈原子心母〉のライブを繰り返す。ギーシンが提示した「解」にバンドは反発してもいるが、この「解」の絶対的な重みは否応なしに認識していたはずで、だからこそライブではオーケストラ編成版も数回行ったものの、一方では4ピースのみで「ギーシン版」をいかに乗り越えられるかを執拗なまでにトライしたのだ。結果、そんなビルドアップ修行の帰結点として、彼らは次なる超大曲〈エコーズ〉を生み出した。それは、ほぼギミック無しの4ピースで完全再現しうる楽曲として仕上げられた。

この年8月に行われたわが国初の野外音楽フェスティバル『箱根アフロディーテ1971』に招かれたフロイドは、その「剥き身の〈原子心母〉」と「孵化直後の〈エコーズ〉」をパフォーマンスしているわけで、2021年8月リリースの鮮明化された当時のライブ映像によって、彼らの独創的なバンド・グルーヴが試行錯誤しつつもじわじわと練磨されていく物語に出会うことができる。そして箱根の2ヶ月後、フロイドは〈エコーズ〉を核とするあの歴史的金字塔『ライヴ・アット・ポンペイ（Pink Floyd Live at Pompei）』を敢行する。プログレ覇者の奥義がまさに成就しようとしていたのだ。

こうした進化の物語には、〈神秘〉に始まり〈原子心母〉や〈エコーズ〉で絢爛たる開花を見せた超大曲の系譜がまずあるのだが、一連のOST作品で培ったポップでモダンな感性が、『原子心母』のアナログ盤Bサイド、さらに『おせっかい』（71年）のAサイドの楽曲群として結晶していく系譜も見落とすことができない。特に『おせっかい』に至っては、ビートルズ『ホワイト・アルバム（The Beatles）』（68年）あたりのソングライティングのDNAすら感じさせる。そしてブルースやフォーク、ソウルなどのルーツ・ミュージックを自在に参照するテクニックも磨かれて、人の心の闇に潜む狂気を甘美に歌い上げてしまう「快楽中毒作用」を仕上げていくのだ。

やがてフロイドは、1972年頃には唯一無二のアンサンブルを構築するに至った。白日夢のような儚いサウンドと強靭で粘っこいグルーヴを大きな時間軸の中で交錯させる。その狭間に「日常のだまし絵」のような一見ありふれたポップ・ソングもどきの楽曲を投下する。そうした二段仕掛けによって、この世界を成り立たせているフレームを甘美にじわじわと緩め、侵し、揺さぶり、綻びを作り出すフロイドの独創は、まさにこの年に揺るぎないものとなった。

ギルモアのブルース・フレイバーたっぷりに良く歌うギターは、絶妙なさじ加減でエコー処理されつつ、大気圏を浮遊するような快感を生み出す。また、歳月を重ねる中で、ソウルやファンクの粋を吸収した力強いグルーヴの体現者ともなっていく。

ライトのキーボードは、スケール感あふれる音響テクスチャーで人の喜怒哀楽の蠢きを活写しながら、時折、不穏でエクスペリメンタルなクラスターを炸裂させてサウンドスケープの空気を決定づける。

メイスンのドラムは、バンド・グルーヴの骨格を組み立てながら、各種のタムやスネアを巧みに鳴り響かせた流麗なフレージングで、歌心あふれるビートのカレイドスコープを展開する。

そしてウォーターズのベースは、3人が織りなす白日夢の背景にあって深く静かに潜航しつつ、人の潜在意識をざわつかせるパルスを狡猾に刻み続ける。


かくして、一人ひとりの演奏スキルは超絶的ではなくとも、「醒めた視線で狂気を操る無双のアンサンブル」が誕生した。そこでは「ピンク・フロイド」という名のウイルスが解き放たれ、リスナーの細胞染色体の配列をわずかに乱し、脳ニューロンのシナプスをずらし、DNAの塩基配列を裏返し、宇宙の彼方から飛来して脳内を通り抜けるニュートリノなどの素粒子の波動を歪ませる——ひらたく言えば、数十分聴き浸ったら「頭のネジ」を一本持っていかれ、ひとりひとりの「心の闇」が増殖してしまう音楽なのだ。しかもこの奥義は大多数の人間には感知されにくいため、なおさらリスナーの潜在意識にすっと入り込み、脳細胞を嬲りものにすることができる。

ウォーターズたちが、その効能をどこまで計算していたかは不明だが、結果としてそういう始末の悪い、誰もが凄いなどと感じないうちに心地よく犯されてしまう、驚嘆すべき奥義が誕生したのだ。

キング・クリムゾン《絶妙にコントロールされた超絶技巧アンサンブル》

クリムゾンの演奏特性をひと言で表すなら、超絶技巧集団のひとりひとりを適材適所に着地させる総帥ロバート・フリップのコントロール・スキルに尽きる。

たとえば『宮殿』時代、バンドにはイアン・マクドナルドというマルチ・プレイヤー（Sax／Fl／Key／Mellotronなど）がいて、全ての楽器でアイデア豊富なプレイを見せつけ、後のビル・ブルーフォードに匹敵する絢爛たるジャズ系テクニシャンのマイケル・ジャイルズ（Dr）、メロディアスなフレージングに定評があったグレッグ・レイク（B）もいた。彼らは単に巧いというだけではなく、本作が目指した異次元のコンセプトを具現化する、真にクリエイティブなプレイを全員がまっとうした。もちろんギタリストであるフリップも、ジミヘンにまで賞讃された独創的なパフォーマンスを随所に刻印している。

ただ本作レコーディング当時、最も長くスタジオで作業していたのはマクドナルドであり、結果的に鳴らされたプレイの総量では彼が突出していることは明らかだ。作曲面でも、マクドナルドの比重が最も高かったと言われている。こうした表層の動きだけを追いかけると、少なくとも『宮殿』当時はマクドナルドがリーダーだったのではないか、という言われ方もされてきた。

しかし、クリムゾンの母体となったジャイルズ・ジャイルズ&フリップを主導していたのはフリップであり、それまでどこにもなかったサウンドを探求しようと考えたフリップが、マクドナルドやレイク、さらにピート・シンフィールド（作詞／照明）をバンドに誘い込んで誕生したのがキング・クリムゾンなのだ。その「どこにもなかったサウンド」とは、フリップ自ら語るところによれば、「ジミ・ヘンドリックスとベーラ・バルトークの融合」だった。もともと少年期からクラシック・ギターの薫陶を受けヨーロッパ古典音楽の知見を磨いてきたフリップは、18歳頃から仕事として地方のジャズ・バンドで演奏したり、ビートルズの『サージェント・ペパーズ～』に強く影響されたりもしたが、ブルースに大きく依存した当時のロック・ミュージックに対しては、常々「もちろんブルースには敬意を払うけれども、それだけではあまりに音楽的語彙が不足している」と思い続け、「ジミヘンとバルトークの融合」という音楽的野心を抱くようになっていった。

ロック史上でまさに空前絶後というしかない天才ギタリストと、エモーショナルかつダイナミックな20世紀音楽を開拓した巨匠。フリップは大胆不敵にも、常人の発想だったらまったくの「水と油」にしか思えないこの2人の音楽を融合させようと考えたのだ（ちなみにロック&ポップ・ミュージック主体で音楽に親しんできた読者は、バルトークについてはピンとこないかもしれないが、緻密な構成力と東欧民族の叙情性を奔放な手法でミクスチャーさせた天才作曲家であり、全ての作品がエモーショナルで清冽なダイナミズムに溢れている。フリップがこよなく愛するのも深く頷ける）。

つまり、フリップがこれだけ確信犯的なコンセプトを持っていたからこそ、キング・クリムゾンは、1969年というロックが激しく進化していた時代の中でも突出した急先鋒となり、プログレッシブ・ロックという新トレンドを決定づける革命的傑作を生み出したわけである。マクドナルドもジャイルズもレイクも、この未曾有のコンセプトを血肉化する醍醐味に引き寄せられて、スリリングなアイデアあふれる歴史的名演を憑かれたように展開することになったのだ。

だからこそ、いくらマクドナルドがサウンドのフロント・レイヤーで躍動しようとも、レイクのボーカルとベースが本作の陰鬱にして高雅な色調を決定づけようとも、ジャイルズの変幻自在なビートがドラマツルギーを増幅させようとも、さらには、シンフィールドのネオ・ゴシック風味に振り切った文学的ヴァースが炸裂しようとも、それら全てを背後でコントロールしていたのは、まぎれもなくフリップなのだ。結果的には、全員がフリップの掌の上で踊らされていた、ということでもある（本人は、けっしてそうは主張していないのだが……）。

ともかくロバート・フリップという人は、絶対的独裁者のようなイメージを持たれがちだが、少なくとも演奏面では、個々のプレイヤーの特質を最大限に活かす柔軟なプロデューサーでありコンダクターなのだ。第2作『ポセイドンのめざめ（以下『ポセイドン』)』（70年）はあまりに過渡的なバンド編成のため措いておくが、同年末リリースの第3作『リザード』では、前作から正式メンバーに引き入れたメル・コリンズを全面的にフロントへ押し出し、UKジャズの俊英キース・ティペットと彼の腹心たち（マーク・チャリグ、ニック・エヴァンス）を随所にフィーチャーしている。ダーク・ファンタジーの極北ともいえるこの作品のサウンドスケープを決定づけているのは、間違いなく彼らだ。

続く71年の『アイランズ』に至っては、ティペット一党に加えジャズ・ベーシストのハリー・ミラー、ソプラノ歌手ポーリナ・ルーカスも恐るべきクオリティのパフォーマンスだし、前作の組曲〈リザード〉の第2パート〝ボレロ〟で凛冽なオーボエを披露したロビン・ミラー（かの鬼才ピエール・ブーレーズがその全盛期に主席指揮者を務めたBBC交響楽団のソリストだった！）を、ふたたび〈プレリュード：かもめの歌（Prelude: Song of the Gulls）〉に起用している。ゲスト・プレイヤーたちにも、作品の世界観を決定づける重要パートをあっさり委ねてしまうのがフリップなのだ（それだけの実力者を動員していたわけだが）。もちろん、当時の正規メンバーであるメル・コリンズ（Sax／Fl）、ボズ（Vo／B）、イアン・ウォーレス（Dr）も、それぞれのキャリア最高峰といえるパフォーマンスへ導いている。

メンバーをゼロ・リセットした73年の『太陽と戦慄』にしても、ドラムのビル・ブルーフォードとパーカッションのジェイミー・ミューアを存分に暴れ回らせている。ミューアなどやりたい放題という印象さえあるが、彼にしても新生クリムゾンのコンセプトに共鳴して「我々は、このバンドの音楽に奉仕するために集まった」と宣言し、ロック／プログレにおける創造的なパーカッションのあり方を決定づけた鬼気迫るプレイを見せつけた。ブルーフォードも当時のインタビューで、「イエスよりもクリムゾンのほうがビート重視で、自分のドラム・スキルを存分に発揮できる」と語っていた。そしてジョン・ウェットン（Vo／B）は、バンドの熾烈な音圧に負けないダンディズムあふれるボーカル力と、新しいインプロ・フォーマットを牽引する野心的なベース・ラインでたちまち存在感を確立した。デヴィッド・クロス（Vn／Fl／Mellotron）にしたところで、繊細な楽器を受け持っていたために他の猛者たちの爆音にやや押されがちな瞬間もあったにせよ、プログレ史の頂点に屹立したこの記念碑的作品に情感豊かな陰影をつけたことは間違いない。

そんなクリムゾンのパフォーマンス特性がひときわ滲み出ている代表曲をいくつか詳述しよう。まずは『宮殿』のオープナー、〈21世紀のスキッツォイド・マン〉。不穏なノイズに続いて一気にディストーション・ギターと多重録音のサックスが識別できないほどの濃度で合体したイントロ、そこに激しくイコライジングされたレイクのボーカルが斬り込み、シンフィールドのディストピア的叙事詩をシャウトする。間奏の聴きどころはなんといってもフリップのギターである。ディストーション・トーンをバイオリンのように自在に歌わせる独創のスキルを縦横に駆使しながら、ベトナム戦争はじめ混沌に覆われた世界を切り裂くような凄みに到達している。

そこに絡むマクドナルドのナパーム弾のような灼熱感あふれる多重録音サックス、右往左往する人間たちを破滅へと駆り立てるような疾走感を叩き出すジャイルズのドラミングなど、初めて聴く人間は誰もが唖然とすること必至。後のハード・ロック／ヘヴィ・メタルへの影響は言うまでもないが、世界の暗鬱に目をつぶって安穏とした日常を貪る偽善者たちを糾弾するというスピリットにおいて、パンク革命のインスピレーションともなった。いま聴いても、その激烈なインパクトはまったく薄れていない。

続いては、『アイランズ』（71年）の10分近い長尺曲〈フォーメンテラ・レディ（Formentera Lady）〉。すさまじい重力波で時空に亀裂を生むコントラバスの暗鬱な旋律に始まり、メル・コリンズのバス・フルートとキース・ティペットのピアノが馥郁たるリリシズムを奏でて異界への扉を開け、ボズのはかなく幽玄なボイスが古代ギリシアの叙事詩『オデュッセイア』にインスパイアされたシンフィールドの詩を歌い上げる。やがてフリップの叙情的なアコースティック・ギターとコリンズの煽情的なサックスが絡み合い、そこにソプラノ歌手ポーリナ・ルーカスの魔女キルケーが憑依したかのようなスキャットがサウンドスケープを淫猥に染めていく。

ワーグナーの歌劇やバルトークの管弦楽曲を前衛ジャズでデフォルメしてぐつぐつ煮込み直したかのごときエレガントな修羅——その結末と共にフリップのギターが炸裂する〈船乗りの話〉へと雪崩れ込んでいく。ここからがまたスリリングで、コリンズのサックスとフリップのギターが、クリストファー・ノーランの傑作SF映画『インターステラー（Interstellar）』（２０１４年）さながら、ブラックホールに吸い寄せられた素粒子たちの軌道曲線のように絡み合い、未知の多次元空間へワープしていくような鳥肌立ちまくりっぱなしの凄絶プレイを見せつける。前曲から続くこの「異次元転位」ともいえる離れ業は、ロック史上はもちろん、あらゆる音楽史上でも類を見ないものだと思う。

アンサンブルの完成度という点では、クリムゾン史上でもひときわエッジが立ったインプロビゼーションを展開した70年代前期の〈太陽と戦慄 パートI（Larks' Tongues in Aspic, Part One)〉にとどめを刺すだろう。13分を超える組曲的な構成で、ミューアのカリンバ（西アフリカの親指ピアノ）が叙情的なメロディーをしばし奏でた後、シンセサイザーとギターが心に巣食った不安を煽り立てるように鳴り響いた後、いきなり超速メタリックなアンサンブルに突入する。5人全員、創造神と破壊神が鬩ぎ合うようなとてつもないインプロの嵐を突き進む。しばしば全盛期のマハヴィシュヌ・オーケストラやウェザー・リポートなどフュージョン・ジャズの巨人たちが引き合いに出されるが、ここでのアンサンブルはもっともっと構築力に優れ、個々のプレイが情感豊かでメロディアスとさえ言える（フリップという人は、至高のメロディーを書けるコンポーザーとしてクリムゾンのサウンドスケープに君臨している）。

そんな傑出したクレバーさがあると同時に、ロック的エッジを研ぎ澄まして世界の不条理を切り裂こうとする意志力というか、毅然とした凛々しさが感動的だ。曲の後半ではクロスのバイオリンがエモーショナルなソロを取り、そこにミューアのサントゥール（イランの金属打楽器）がはかなく寄り添い、楽曲全体で息を呑むほど美しい「動と静」が完結していく。

この曲単体もそうだが、アルバム全体としても、古代文明の勃興に始まって戦乱と殺戮が世界を覆い尽くし、ひとときの享楽に浮かれ騒ぐ時代から失意と沈黙の時代を経て、ついには果てなき核戦争に突入して滅びていく、そんな救いがたい人類の愚行史を描き尽くしたような感があり、何度聴き込んでも恐るべき緊張感と虚脱感に包み込まれてしまうのだ。本作の原題〈Larks' Tongues in Aspic〉は、「毒蛇が呑み込んだ雲雀の舌」、または「ジュレに包まれた雲雀の舌の料理」といった意味の揺らぎを持っていて、フリップ自身は後に、「荒々しい男性原理と繊細な女性原理の葛藤を表す」的な発言をしている。人類という厄介な生きものが陰陽に分裂しながら七転八倒する生態を象徴しているとしか思えない。

このようにクリムゾンのサウンドを俯瞰すると、個々のメンバーの超絶スキルを使いこなして理想的な着地点を見出すフリップのコントロール能力には驚嘆せざるを得ない。ギタリストとしてもコンポーザーとしても際立った存在だが、この点においては空前絶後の才能ではないかと思う。

CONCLUSION［浮き彫りになる真実］

サウンドの鳴らされ方は大きく異なっても、プレイヤー一人ひとりの個性を活かし、エゴを剝き出しにしないアンサンブルを追求した点こそ、両バンドに共通する特性だ。そして、「ロックにおいては、どんな演奏をやってしまっても、どんな音響を鳴らしても良いのだ」という《勇気》を与えてくれる。

どちらも、貪欲なまでにジャンル・ミックスを追求しながらロック／ポップの慣習的イディオムを創造的に破壊した。つまり、ロック展開においてアプリオリと思い込まれていた、ブルース／ロックンロールがベース、3分間で完結する楽曲構成、アルバムにはアップテンポ／ミドルテンポ／スローバラードの楽曲を適度に散りばめる、歌詞は身近な日常をモチーフにする——などといった固定観念を徹底的に覆したのである。2020年代の今日にまでつながるエクスペリメンタル・スピリットが溢れている。

[3] 詩的表現特性

ピンク・フロイド《さりげない日常語で狂気を植えつける》

まず、『炎』の収録曲〈葉巻はいかが〉の一節を読み解いてみよう。

《こっちへ来いよ どうだい 葉巻なんか？／ハイになりたいんだろ？ ぶっ飛びたいんだろ？（中略）しかしわれながらビックリだね／もう売り切れだってさ 次のアルバムを出さなきゃね／皆々さまに感謝だよ／わけがわからないほど ハッピーさ（中略）チャートを見ただろ？／ありえないスタートだよ／みんなでチームを組んだら／モンスターにだって なれるかもね》

ロック／ポップ・ミュージックにおける詩的表現を考察するうえで大前提となるのは、「アーティストが伝えたいことは、その文字面だけで解釈すると間違いを犯しやすい。サウンドと一体化した音楽トータルにおいて何を表現しているかを見極める必要がある」ということだ。詩句とサウンドの相互作用によって、その言葉の意味が激しく増幅することもあるし、言葉とはうらはらなアンビバレントな心情が迸っていることもある。

この曲のリリックは、前作『狂気』がバカ売れした顛末がモチーフになっていて、字面だけ読めばメガ・ヒット作を生み出した歓喜で興奮しているバンドの姿が思い浮かぶ。ところが、アタックの強いアシッド・ブルース調のイントロが奏でられ、荘重なシンセのフレーズと歪みまくったギターに乗せてUKプログレッシブ・フォークの重鎮ロイ・ハーパーがせせら笑うようにこの詞を歌い上げるや（作者のウォーターズは当時、このニュアンスで歌いきる自信がなく、隣のスタジオにいたハーパーに急きょ依頼した）、この楽曲はとても言葉通りのものではなく、想像を超えてバカ売れしてしまい茫然自失の虚無感に憑りつかれた自分たちの心情を皮肉っぽく吐き出したものだとわかる。フロイドが得意とする、何気ない日常語を執拗なまでに積み重ねた果てに、心の屈折や亀裂へ引きずり込むアプローチの賜物と言える。

こうしたアイロニーがあるからこそロックは面白いのだし、フロイドの詩的表現にしても、サウンドとの相互作用というかシナジー効果を見極める必要があるわけだ。

その起点となったシド・バレットの詩的世界を覗いてみよう。この偉大なるサイケデリック・ポップの先駆者は、こんな感じで歌った（初期の大ヒット・シングル〈シー・エミリー・プレイ〉）。

《もうじき暗くなって エミリーは泣きだしてしまう（アーウー）／哀しみにくれて 森の木々を見つめながらずっと明日まで（中略）きみは正気じゃなくなって／5月の無料ゲームに興じる／エミリーのゲームっぷりを見なよ／地面に着くくらい 長いガウンを纏って（アーウー）／ずっとずっと エミリーは川面に浮かんでいるのさ》

これは、ドラッグを服用して森の中で眠ったバレットが見た幻覚を歌ったものだと言われているのだが、ケネス・グレアムらのエドワード朝児童文学に触発されていた彼らしく、さまざまな妄想を掻き立てる面白さに満ちている（その影響なのか、当初の邦題は〈エミリーはプレイガール〉だった！）。バレットの「共感覚」がドラッグによって研ぎ澄まされてさまざまな憶測を膨らませる、まさに面目躍如のサイケデリックな傑作だ。彼のスライド・ギターも「妄想増幅装置」として巧みな効果を上げている。

けれど、バレットがバンドを去らざるを得なくなった後、残ったメンバーにはこんな芸当はできなかった。これほどのエキセントリックなポップ感覚は学習によって身につくものではないし、ウォーターズたちは「共感覚」も持ち合わせていない。ましてドラッグの深淵に身投げするなど、いくらバレットを敬愛していたにせよおいそれと追随できる話ではない。

それでは、フロイドの詩的表現はどうなったのか？　彼らは、バレットがアーティストとしても人間としても搦め取られてしまった本物の狂気を、一歩引いた視点から掘り下げるアプローチを捻り出す。バレットのように狂気と心中してしまっては元も子もないので、正気を失わないぎりぎりの距離感を取りながら「コントロール可能な狂気」を描くことになったのだ。それが、彼らの新たな思想的アイデンティティとなったし、その奥底には、常にシド・バレットという人間への愛憎に満ちたノスタルジアが渦巻いているのが大きな魅力だ。これによってフロイドの詩句は、プレーンな日常語をフラットに繋ぎ合わせたものであっても、独特の翳りあるポエジー（詩情）が滲み出すものとなっていく。

そうしたアプローチが大きな手ごたえを掴んだのは、サウンド面と同様に〈エコーズ〉（71年）だろう。その第1節では、エキゾティックな心象風景が描かれ、夢幻的な物語へ引き込む装置として機能する（くしくもこのヴァースは、後述する同年のキング・クリムゾンの傑作〈アイランズ〉と相似形を為している）。

《頭上高く そのアホウドリは／虚空を舞いながら 静止する／やがて うねる波間の奥深く／珊瑚の洞窟の迷宮から／遥か太古のエコー（こだま）が／砂浜を越え 柳のようにはかなく揺れながら 押し寄せる／そして 全ては翠玉色に包まれ 海の底にある》

フロイドとしては珍しく文学的なレトリックが用いられているが、約23分の大曲の幕開けに、白日夢のようなヴェールで聴き手の意識を包み込み、じわじわと日常世界の位相をずらしていく企みの初手として素晴らしい。そして、続くヴァースは彼ら特有の「平易な語り口の呪術」と化していく。

《通りすがりの 見知らぬ者たちが／偶然 その視線を交錯させる／そして 私はあなたであり 私が見るのは私自身だ（中略）そして 誰も私たちに 進めと呼びかけはしない／そして 誰も私たちに 視線を落とすよう 強いることはない／誰も話さない 誰も試みない／誰も 太陽の周りを 飛ぶことはない》

このように〈そして（And)〉と〈誰も（No One)〉が執拗に繰り返されながら、ギルモアとライトの呟くようなファルセット気味の声で歌われることで、痺れ薬がブレンドされた白ワインを呑まされたような軽い酩酊状態に陥っていく。続いて、4ピースの技が重層的に折り重なるアンサンブルが大きくうねりながら展開された後、19分過ぎに結末部が歌い上げられる。

《雲ひとつない毎日 あなたは 目覚めた私の眼前に 舞い降りる／誘い 煽り 私を起き上がらせる（中略）そして誰も私に子守唄を歌わない／そして 誰も私に眼を閉じさせない／だから 私は窓を大きく開け放ち／空の彼方のあなたに呼びかける》

ここでの「あなた」は、たまたま邂逅した見知らぬ旅人と見なしてもよいし、かのシド・バレットの肖像を当てはめることもできる。肝心なのは、日常世界とはわずか数センチほど地軸がずれた白日夢＝異次元をまろやかに生み出す奥義が確立したことだ。プレーンな日常語を呪文のように積み重ねながら、それぞれの持ち味を活かしたアンサンブルによって吸引力を増幅させている。

かくして〈エコーズ〉では、初めてバレットというブラックホールの超重力から抜け出し、聴く者の「心の闇」にすうっと忍び入る無双のバンド・マジックを創り得た。この曲ではひたすらドリーミーなテイストを探ったわけだが、こうした構築力を応用すれば、いくらでもダークな色調へシフトさせられる、という手ごたえも得たに違いない。

そして『狂気』だ。ここでは、人間の生存に欠かせないタームをめぐるオブセッションが、聴き手の脳髄にひとつひとつ周到に植えつけられる。まずは〈タイム〉で、時間との闘いに敗れ去った者の頭のネジが一本はずされる。

《一年一年が どんどん短くなってゆく／けっして 時間の意味を見つけられはしない／計画したことは 水の泡となるか／せいぜい 書きなぐったメモの半分が残るのみ／英国流の静かな絶望に ぶら下がりながら／時は過ぎ去り 歌は終わる／私には もっと言いたいことがあったのに》

〈マネー〉では、金をめぐる常套句をふんだんに駆使しながら、善良な市民たちの良識のタガをふやかし、なし崩しに蕩かす。

《金 それは罪つくりなもの／公平に分けよう／でも 俺のパイには手をつけるなよ／金 それは誰もが言うように／きょうび諸悪の根源だ／お前が 吊り上げようとしたところで／世の連中は なんにも与えちゃくれないのが 道理なんだ》

このように、「時」や「金」といった身も蓋もないタイトル、ほとんど常識的な言葉の羅列は、聴き手の感性を油断させ、優越感に近いエモーションを呼び覚ますのだが、これこそがフロイドのしたたかな罠である。

ハイパーなテンションのブルース・ロックを奏でながら、柱時計やレジスターのエフェクト、ナンセンスな会話などをインサートしつつ、その間隙を縫うように〈エコーズ〉で鍛え上げたドリーミーなアンサンブルが脳細胞をふやかしていく。仰々しいまでにソウルフルな女声スキャット、シンセサイザーの通底音、翳りに満ちたピアノ・バラッド、パイプオルガンのようなキーボード、野太いサックスのブロー、そして心の平穏をかき乱すアグレッシブなギター……。これらのサウンドと詩句がじわじわと混交することで、ごく身近な日常風景と思っていたものが、どんどん自分の感性からずれていくのだ。

かくも周到に仕組まれた〈生命の息吹〉、〈走り回って〉、〈虚空のスキャット〉、〈アス・アンド・ゼム〉、〈望みの色を〉などを経て、〈狂人は心に〉から〈狂気日食〉へのクライマックスが訪れる。

《狂人は　ぼくの頭の中にいる／狂人は　ぼくの頭の中にいる／おまえは　刃を振り上げ　変化を加える／おまえはぼくの正気を取り戻そうと　頭の中を組み替える／お前は　扉に鍵をかけ　その鍵を投げ捨ててしまう》

《ぼくの頭の中に　誰かがいるけれど　それはぼくじゃない／そしてもしも雲が破裂したら　おまえの耳に雷鳴がとどろく／おまえは叫ぶ　そして　誰も聞いてはいないらしい／そして　もしもおまえが属するバンドが　さまざまな曲を奏ではじめたら／ぼくは　月の裏側で　おまえに出会うのだ》

ついに決定的なヴァースが吐き出されるのだが、これで終わりではなく、続いて〈狂気日食〉の執拗な呪文が繰り返される。これはもう、「呪文」というよりも呪い殺すことを至上命題とした「呪詛」だ。バレットの重力圏から完全に自由になった、ロジャー・ウォーターズの言語マジックの極北である。

おまえが 触れるもの全て
おまえが 見るもの全て
おまえが 味わうもの全て
おまえが 感じるもの全て
おまえが 愛するもの全て
おまえが 憎むもの全て
（中略）
おまえが 闘う全ての者たち
今あるもの 全て
過ぎ去りしもの 全て
来たるべきもの 全て
そして 全てのものが 太陽のもとで調和する
けれど 太陽は月に侵されている

わずか80秒ほどの間に25行もの呪詛が囁かれ、つづく40秒ほどのエンディングは心臓の鼓動を思わせるエフェクトが冷徹に鳴り響き、フェイドアウトしていく（その鼓動は、ふたたび冒頭の〈スピーク・トゥ・ミー〉のイントロに連環する）。〈望みの色を〉までのパートでまどろみの愉悦に溺れきっていた感性は、この2曲の約6分間で寝首を掻かれたごとくに鋭利な一撃を受け、目覚めた瞬間には息絶えているような悪寒に襲われる。

しかし、これがたちどころにぞくぞくする快感に変わるのだ。これこそ、フロイドが全世界の善良な市民に捧げた「コンビニエントな狂気」であり、バレットがこよなく愛したLSDのように中毒性の高い、しかし極めて安心安全な悦楽の源だ。この絶妙な着地点というか、バランス感覚の冴えはまさにピンク・フロイドだけのものであって、ポップ・ミュージック全体の歴史においても屈指のセールスを叩き出した原動力なのだ。

キング・クリムゾン《文学的かつシュールに心の闇を抉る》

恐るべきエピグラムとアレゴリーの万華鏡である『宮殿』の中でも、詩的表現においてきわだって強烈な印象を与えたのは、〈エピタフ（墓碑銘）〉の一節、《「混乱」こそが わが墓碑銘となるだろう（Confusion Will Be My Epitaph）》である。その歌詞の大筋は以下の通りだ。

《予言者たちが 書き記した壁は／割れ目から崩れ落ち／殺戮の道具の上に／陽光が まばゆく輝く／あらゆる者が 悪夢や夢幻とともに／引き裂かれていく時／月桂の冠を置く者など いるはずもなく／静寂が 絶叫を呑み尽くすだけ（中略）もしも 誰も掟を決めないのなら／知識は 死を招く友に堕す／全人類の末路は／愚か者たちの手に 委ねられる》

と続いたところで、あのキラー・フレーズが登場する。

「混乱」こそが わが墓碑銘となるだろう
ひび割れ崩壊した道を 私は這い進む
もしも どうにかなるのなら

くつろいで 笑いもしよう
しかし 私は 泣き叫ぶ明日を怖れる
そうだ 私は 泣き叫ぶ明日を怖れるのだ

クリムゾンの詩的世界を語るうえで、まず触れておくべきはピート・シンフィールドという専従メンバーの存在だ（彼の次にはリチャード・パーマー・ジェイムスという作詞のコラボレーターが続き、74年まではこのスタイルがクリムゾンの伝統となっていた）。シンフィールドの特質を知っていただくために〈エピタフ〉を長々と訳出したが、『宮殿』全体がこんな「黙示録的浪漫主義」といった沈鬱なリリックに覆い尽くされている。

ただひたすら重苦しいのだが、世界の破局と終末を描き切る音を構築しようとした時、これほど表現衝動を掻き立てられるヴァースもないだろう。実際、表題曲〈クリムゾン・キングの宮殿〉では、主役であるはずの「深紅の王」が不在のまま冥界の夢幻劇さながらのダークな祝典が続くなど、ミステリアスな意匠があちこちに凝らされているのも刺激的だ。

フランス象徴主義やウイリアム・ブレイクの幻視詩などの影響を強く受けたシンフィールドは、『アイランズ』までの4作品全ての作詞を受け持ち、キング・クリムゾン（そもそもこのエクスクルーシヴなバンド名の名付け親でもある）という表現体に、ハルマゲドンもかくやという壮大な終末世界観を注入する立役者となった。或る意味、シンフィールドの高踏的なポエジー（詩情）が生み出す鮮烈なインスピレーションがあったからこそ、フリップはもちろん、マクドナルドもレイクもジャイルズも、濃密な心の闇に斬り込む常人離れしたパフォーマンスが可能になったのだとも言える。

シンフィールドという人はギターや歌への執着はあったものの、プレイヤーとしては凡庸だったため、ギターはフリップに、ボーカルはレイクに委ねて作詞に専念せざるを得なかったわけだが、単にリリックを提供したという次元を遥かに超えて、サウンドのメインフレーム構築に直結したアイコニックな素材を提示するという、その意味では他のメンバー以上の貢献を果たした。フリップは、何よりもそうした手腕をシンフィールドに期待し、「ジミヘンとバルトークの融合」を導く起爆剤として存分に作詞させたに違いない。

続く作品でシンフィールドは、〈キャット・フード（Cat Food）〉、〈インドア・ゲームズ（Indoor Games）〉、〈ハッピー・ファミリー（Happy Family）〉などで新境地を拓き、ナンセンスな言葉遊びまで巧みに取り入れて、終末的でいながら痛快なまでに享楽的、シュールも極まれる狂騒ビジョンを生み出す。『リザード』収録の〈ハッピー・ファミリー〉は、こんな感じだ。

《シ・ア・ワ・セ家族は 片手で拍手 4人で出かけて 誰も帰らん／ブラザー・ユダは 灰になって袋詰め 媚薬に煎じられちゃった／ルーファス サイラス ヨナも唄った「ぼくらのカヌーを吹っ飛ばそうぜ」／動物園で指突き立てて 乱痴気騒ぎをパンクさせる》

（中略）

《世界を鞭打ち 時計を打ちのめし 株を抱え込んで巻き上げられた／金の原石の銀のロールスロイス　ノックノックノックで シェイクされまくり／シ・ア・ワ・セ家族は にまにま笑い くるくる回って ぐるりを周る／チーズケーキ ネズミ捕り　グリップ・パイプ・タインが喚く／〈俺たち リン・チン・チン（国際的映画スターとなったジャーマン・シェパード）じゃないぞ〉》

ジェイムズ・ジョイスの超絶実験小説『フィネガンズ・ウェイク（Finnegans Wake）』までも連想させる、ナンセンス・ワード満載でいながら歪み混濁した意識の流れが暴き出されて、あさましい人間の生態が浮かび上がる興趣は圧巻だ（本作のレコーディングが70年夏だったこともあり、「4人の幸せ家族の消失」は、同年4月のビートルズ解散のメタファーだとも解釈された）。

進境著しいシンフィールドにフリップも呼応して無双のアレンジメントを仕掛け、斬新なカタストロフィーのサウンドスケープを矢継ぎ早に生み出していく。このあたりまでは、フリップ＝シンフィールドのコンポーザー・チームは阿吽の呼吸で機能していた感がある。

そして『アイランズ』だ。

これこそ詩人シンフィールドの究極到達点であると同時に、コンポーザー＆アレンジャーとしてのフリップが空前絶後のサウンドスケープを成し遂げた作品である。

しかし、ロックはおろかプログレの既成概念すら大きく逸脱した作風ゆえに、本作のクリムゾン史における位置づけは、誕生以来40年近くも不遇なままだった。当時の批評家たちは、従来のクリムゾンとまったく異なる音像を前に、「趣味的にジャズやクラシックで戯れたファンシーなサウンドの過渡的な作品」と見なしてしまった。またフリップ自身、当時のバンドをめぐる内紛に翻弄されていたため、本作を「忌まわしいトラウマにまみれた作品」として長らく封印してしまったのだ。

ここではまず、当時のフリップとシンフィールドの張り詰めた緊張関係に触れておく必要がある。作品を重ねるごとに自信を深めたシンフィールドは、さらにレトリックに磨きをかけ、ここに至って彼のヴァースは「詩作」と呼ぶべき高度なアート性を獲得した。もともとアルチュール・ランボーよろしく地中海や北アフリカを放浪した過去を持つ彼は、〈フォーメンテラ・レディ〉がバレアーレス諸島のフォーメンテラ島に因むように、地中海の「島々」を作品全体モチーフとして、さらにジャケットには「いて座三裂星雲」の天文写真を配したデザインを考案。究極的には「広大な宇宙を漂う星雲（＝島宇宙）のようなせつない孤独感」に想いを羽ばたかせている。フォーメンテラ島の浜辺で白日夢に耽るうちに、『オデュッセイア』の妖艶な幻想に惑わされ時空の歪みに落ちていく〈フォーメンテラ・レディ〉、夫の情婦からあからさまに不倫を告白する手紙を受け取った妻が、錯乱の果てに凛とした最後通牒を夫宛てに認める〈レターズ（The Letters）〉、ツアー先で浮わついた女子たちをしゃにむに貪るコリンズたちを痛烈に皮肉り、結果的に凄まじく猥雑でエロティックな叙事詩となった〈レディーズ・オブ・ザ・ロード（Ladies of the Road）〉へと、多彩な技法を駆使しながらも常に高雅な品格のレトリックを自在に操ったシンフィールドは、ロックにおける作詞を次元の違う高みへ引き上げたとも評価できる。

ところがフリップは、その達成を嘲笑うかのような、心底とてつもない音像を生み出してしまう。その一因として当時のシンフィールドは、詩作への自信に加え、ジャケット・デザインからライブのライト・ショー演出までを手掛けたことで、「自分こそがクリムゾンの支配者」と思い込んでしまったため、フリップとしては、そんな勘違いを蹴散らす音楽を仕上げて覇権は誰にあるかを思い知らせる必要に迫られていたはずだ。

幼いころから薫陶を受けたクラシックに始まり、最先端のロックやジャズ、現代音楽などの洗礼を受けたことで、フリップは弱冠25歳にして「全ての音楽ジャンル、全てのインストゥルメントに対する距離をゼロにできるスタイル＝いつでも、どんなスタイルにも変化でき、どんな楽器も自在に使いこなせる《汎音楽的スタイル》」を獲得していた。

『アイランズ』の全6曲を聴き尽くせば、その意味を体感できるはずだ。エレクトリック・ギターにアコースティック・ギター、ベース、ドラム、ピアノ、メロトロン、シンセサイザー、サックス、フルート、コントラバス、ソプラノ（声楽）、オーボエ、ストリングス・オーケストラ、そしてコルネットからハーモニウムに至るまで、次々と駆使されるインストゥルメントは、瞬時にサウンドスケープの時空をトランスフォームさせる。しかもそのテクスチャーの流れは、どの瞬間を切り取っても揺るぎない必然性に満ち、目が眩むほどの深い戦慄を生む。『宮殿』から『リザード』までも音楽スタイルは多様だったが、『アイランズ』は単に多様というレベルを超えて、「いついかなる時でも、瞬時に最良の別フォーマットへ転位できる」という境地なのだ。そんな離れ業を駆使してフリップは、シンフィールドの詩が本来意図した意味を遥かに凌駕する音楽を仕立て上げた。

詩句そのものを作ったシンフィールドとしては、「地中海放浪をモチーフに、宇宙的浪漫のスパイスもまぶして旅人＝私の愛憎と孤独の心象風景をエレガントに描いたアルバム」にしたかったところを、フリップは《汎音楽スタイル》の力業によって、「太古以来の人類が愚かしい喜怒哀楽の修羅にのたうち回りながら、最後は静かな諦めと共に絶滅していく、壮大な音楽アレゴリー（寓話）」に増幅＆変換させてしまったのだ。これによって、〈アイランズ〉の詩的表現の読み解き方は、まったく異なる様相を呈するものとなる。詩の骨格は、こんな感じだ。

海に囲まれた 土地と小川と木立ち
波が 私の島から 砂を洗い流す
わが夕焼けは 闇に溶けゆき
畑地や空き地は ただ雨を待つ
一粒一粒 情愛の雨は
歳月とともに風化した高い壁を 浸食する
世の荒波を退け 島への風を受け止めてきた
この私の壁を

つまり主人公は、「世間の喧騒を避けてこの地中海の島に隠遁しているが、天空や海原からもたらされる《情愛の雨や波》を待ち焦がれてもいる」という心情だ（さらに2ヴァース展開されるが、このバリエーションなので割愛）。そして、物語のクライマックスが歌われる。

風の下で 波が変わった

永遠のやすらぎに 包まれて

島々は 手をとり合う

天国の海原に 抱かれて

このように、言葉のうえでは「島に隠遁したけど、孤独のうちに情愛を求めている私」という、ほどよく自己完結したロマンで締め括られている。気取りすました高踏的なラブ・ソングと深読みすることもできる。

しかしフリップはまず、この曲の前に〈プレリュード：かもめの歌〉というインスト曲を仕掛けた。これは「ストリングス・オーケストラによるオーボエ・コンチェルト」という趣で、純血クラシックでもムード音楽でもなく、異様に短いボーイング（弓弾き）を通底音にしてふくよかなピチカートが副旋律を奏で、その上をロビン・ミラーのオーボエが鴎となって舞い踊る。耳触りはなんとも優雅だが、これはフィリップ・グラスらのミニマリズムにも通底するエクスペリメンタルな編曲だ。フリップは、〈フォーメンテラ・レディ〉～〈船乗りの話〉～〈レターズ〉～〈レディーズ・オブ・ザ・ロード〉と続いた、恐ろしく濃密な「時空を超えた人間精神の七転八倒」を、ここで徹底的に浄化するのである。

これによって〈アイランズ〉の詩句はきわめてメタフィジカルなものへと昇華され、「絶望という激情を通り越して、深い諦観に包まれた私が、滅びの美学に特有の空虚感と高揚感というアンビバレントなエモーションに抱かれて口ずさむ、人類の終末に捧げる鼻歌」へと化けるのだ。

ティペットのリリカルなピアノ、そしてメロトロンの波動に乗せて奏でられるフリップのハーモニウムとマーク・チャリグのコルネットが、「空虚感と高揚感がせめぎあう、究極の滅びの歌」を仕上げる。そんな視点でクライマックスの4行を読み直すと、感銘は何倍にも膨らんでいく。

風の下で 波が変わった
永遠のやすらぎに 包まれて
島々は 手をとり合う
天国の海原に 抱かれて

ロックにおける詩的表現とは、ピンク・フロイドのケースでも詳述したように、言葉だけが直接的に伝える意味だけではなく、サウンドといかなるケミストリーを起こして意味性のスリルを増幅させることができるか、にかかっている。『アイランズ』とは、フリップとシンフィールドの最終闘争の中で、そのような「音楽と言葉の錬金術」が極限まで高められたマスターピースなのだ。

そして『太陽と戦慄』期のリチャード・パーマー・ジェイムスは、シンフィールドの詩的世界を強く意識しながらも、よりモダンで硬質な英国流20世紀文学のフレーバーを効かせた表現を究め、新生クリムゾンのサウンドスケープをスリリングに触発するヴァースを豊かに紡いだ。

その後、『ディシプリン』期以降のエイドリアン・ブリューの場合、出自が米国ということもあり、それまでの英国流浪漫主義からあっさり180度舵を切ってジャック・ケルアック的ビートニク・スタイルを持ち込んだ。ブリューの詩的世界については賛否が分かれるところだが、エスニックなポリリズムをディスコ&ファンクと融合させた音像や、その後の《ヌーヴォ・メタル》の音像と不思議に嚙み合っていたことは否定できない。

CONCLUSION［浮き彫りになる真実］

このように2大バンドの詩的表現に共通するのは、「詩句に触発されて言葉の威力を何百倍にもバーストさせる錬金術」ともいえるマジックだ。リリックは、音楽を挑発し扇動するカタリスト（触媒）なのである。

フロイドは何気ない日常語の狡猾なまでの組み合わせから、圧倒的なインパクトを持つサウンドスケープを創造する。まったく異なるアプローチではあっても、クリムゾンは文学的レトリックを駆使した詩句から、ロックが「人の心に潜む狂気」や「文明の崩壊に翻弄される心」といったものにまでダイレクトに斬り込めることを鮮烈に証明したことは、両バンドに共通する偉大な実績だ（その領域は、ビートルズやストーンズ、ドアーズ、ディランでさえも、日常風景の中で仄めかす程度にとどまっていたのである）。

一字一句の「字面」の意味だけに惑わさずに、それらの言葉が、壮大な終末的世界観のサウンドスケープをどのように先導しているのか、そこを読み解き体感することで、2大バンドのマジックをより深く堪能することができるだろう。

［4］ボーカル特性

ピンク・フロイド《3人の変幻自在なボーカル・ハーモニー》

ボーカル表現においても、シド・バレットという存在は大きなハードルだった。

初期の「サイケデリック・フロイド」を支配したバレットは、『夜明けの口笛吹き』ではほぼ全編でリード・ボーカルを取り、透明な響きのなかに温厚さといかがわしさの奇妙なミクスチャーを生み出していた。ファンタジー・ノベルから抜け出した精霊のように、はじめは牧歌的な佇まいで人々を安心させ、隙あらば怪物に変身して背後から襲いかかるような不気味さを孕んだ声だ。この声が、のちに「プログレッシブ・フロイド」のボーカルを取ることになったウォーターズ、ギルモア、ライトの重荷になっていたことは間違いない。どう乗り超えるのか、あるいは、どう突き放すのか、という難問である。

第2作『神秘』では、バレットのボーカルは1曲のみで、既にウォーターズとライトのリード・ボーカルが目立つ。しかし、ここでの彼らはいかにも頼りなげで、強いエコーをかけて線の細さを隠したり、バレットもどきの不穏なペルソナを演じようとしたり。サウンドの面白さにも助けられて、なんとかそつなくまとめてはいるものの、試行錯誤していることがよくわかる。

本作は、インスト大曲〈神秘〉を中心にサウンド面では「プログレ・フロイド」へのブレイクスルーを切り拓いたが、少なくともボーカル面では、まだ発展途上であることを印象づけていた。そのため続く諸作品では、いかに新しいボーカルのフォーミュラ＝勝利の方程式を見出すかが大きなテーマとなっていく。

そして、『モア』（69年6月）、『ウマグマ』（同年10月）、『原子心母』（70年）、『おせっかい』（71年）、『雲の影』（72年）とわずか3年で5作品をリリースする中、このミッションについても最適解に辿り着いた。それは、3人がボーカリストとしての「個の力」を磨きながら、楽曲によって適材適所のプレイヤーがフレキシブルにリードを取ったり（その曲のソングライターが歌うというスタイルにはこだわらず、ウォーターズの曲をギルモアやライトが歌ったりするケースも多かった）、聴かせどころでさりげなく気の利いたバッキング・コーラスをつけて変幻自在のハーモニーを生み出すフォーミュラである。

しかも、3人の声質には近しいものがあり、特にファルセット気味に淡々と歌うフレーズでは渾然一体となって、何気なく聴き流すと誰がリードを取っているのか判然としなくなる瞬間が多い。実際リスナーの大多数は、どの楽曲でメンバーの誰が歌っているかなどほとんど気にしなくなってしまい、これも「フロイド・マジック」の重要エレメントとなる。つまり、ひとりひとりの個性はあえて封印し「匿名性」に隠れていくスタイルであり、3人の声が溶解した「ピンク・フロイドの声」と言うしかない、未曾有ともいえるボーカルのペルソナが誕生していくのだ。

たとえば『モア』では、ウォーターズが全13曲中11曲のライティングに関わっているが、歌詞のある7曲全てでリード・ボーカルを取るのはギルモアである。特に〈ナイル・ソング〉や〈イビザ・バー〉では、起伏に富んだハード・ロック風のサウンドに乗って吹っ切れたようにシャウトしているし、〈グリーン・イズ・ザ・カラー(Green Is the Colour)〉では、のちの「フロイドの声」を形成する匿名的な白日夢ボイスを連想させる。映画のOSTでありレコーディングは8日間に限られたという制作環境が、かえって思い切りの良いプレイを誘発したようだ。

ウォーターズは〈もしも〉(『原子心母』)で、「if」や「and」を執拗に繰り返しながら囁くボーカル・スタイルを見出した。また〈サン・トロペ(San Tropez)〉(『おせっかい』)ではビートルズ・フレイバーの洒脱な歌い回しを会得。さらに〈フリー・フォア(Free Four)〉では、のちの『ザ・ウォール』など超コンセプト作の重要ファクターとなった父親の戦死をユーモラスなテイストで歌いこなし、屈折したボーカル表現のスキルも磨き上げている。

3人目のライトは、第1作の〈天の支配〉からリード・ボーカルを務めた経験値があり、地味ながら安定した歌唱力を持っていた。そして〈サマー'68(Summer '68)〉(『原子心母』)などで自信を深めながら、〈エコーズ〉では主旋律のリードを担うに至り、あの壮大な白日夢の世界観を豊かに膨らませる境地に到達したのだ。

こうして個々の力量をアップグレードさせながら、バンド全体のボーカル・ワークとして「フロイドの声」が結晶していく。『おせっかい』の〈ピロウ・オブ・ウィンズ〉や〈フィアレス（Fearless)〉、『雲の影』の〈炎の橋（Burning Bridges)〉、〈ザ・ゴールド・イッツ・イン・ザ…（The Gold It's In The...)〉、〈ウォッツ（Wot's... Uh The Deal)〉、〈大人への躍動（Childhood's End)〉、〈ステイ（Stay)〉など、ソロ・ボーカルが立っているパートでさえも、3人のうちの誰がリードなのか聴き分けにくくなり、「匿名性」の薄靄の中で、甘美な白日夢と共にリスナーを心の闇へ引きずり込むフォーミュラが完成していくのだ。

疑いようもなくフロイドの最高到達点となった『狂気』では、はっきりした旋律を伴った「うた」が展開される6曲（〈生命の息吹〉、〈タイム〉、〈マネー〉、〈アス・アンド・ゼム〉、〈狂人は心に〉、〈狂気日食〉）のボーカル表現は、もはや鳥肌ものの域に達している。本当に、「聴く者のエモーションの歪みに沁み込む、中毒性の高い甘美な麻薬」と言うしかない代物だ。個々の演奏スキルと同様に、ピンク・フロイドは個々のボーカル・スキルにおいても突出した存在を持たなかったにもかかわらず（サイケデリック時代のバレットを除いて）、至高のプログレッシブ・ロックにふさわしい最終兵器を獲得したのである。

その後も『炎』（75年）においては、この奇跡的な「フロイドの声」が威力を発揮しているのだが、彼ら自身のメンタルが巨大な屈折を抱え込むようになったため、ややニヒリスティックな響きが強まっている。ちなみに前項でも触れたように〈葉巻はいかが〉ではロイ・ハーパーにボーカルを委ねているが、フロイド特有のスタジオ・ワークもあってか、ハーパーの歌も「フロイドの声」に近しい仕上がりとなっていて、軽く聴き流すとウォーターズかギルモアが歌っているような「匿名性」を持ち得ている。

しかし、その後の『アニマルズ』（77年）、『ザ・ウォール』（79年）、『ファイナル・カット』（83年）と作品を重ねるにつれて、「フロイドの声」による神通力は色褪せていく。というか、実態としてはウォーターズが作詞作曲を手掛けてそのまま自ら歌うトラックが多くなり、音そのものもハード・エッジな剥き身のロック・サウンドに変化したためだろう、力んだウォーターズの歌声が良くも悪くもあからさまに聴こえるようになっていく。これは、彼のコンセプト・アルバムへの執着がどんどんラディカルになり自我の主張が過熱した結果、ギルモアとライトのボーカルが疎外されてしまったことに起因する。

そして、決定的な対立を経てウォーターズが脱退した後の『鬱』(87年)以降、バンドが2014年に終焉を迎えるまでは、ギルモア独りがリード・ボーカルを取る時代が続くのである。

キング・クリムゾン《個性で押し切る歴代の単独ボーカル》

これまたピンク・フロイドとみごとな対照をなすのだが、ボーカル・パフォーマンスにおいて、キング・クリムゾンは常に単独ボーカルを基軸としている。その理由というか必然性としては、ともかく展開も音圧も転調もMAXグレードで激しいクリムゾン・サウンドに埋没しないだけの個性と声量が必須となるため、それに応える力量を備えた単独ボーカルに委ねるのがベスト、という判断なのだろう。

『宮殿』と『ポセイドン』で主役を張ったグレッグ・レイクは、ほどよい重量感のある声色でいながら気品ある透明感を持ったボーカルで、楽曲のクライマックスではメリハリ豊かにシャウトもできて、しかも泥臭くならないという画期的なパフォーマンスを貫いた。『宮殿』一作だけで、クリムゾンのみならずプログレッシブ・ロックにおけるボーカルの理想形となったのだ(次に移籍したELPでも、その力量を遺憾なく発揮した)。

シンフィールドの詩句の咀嚼力も素晴らしく、従来のロック楽曲では見たこともない高踏的なレア・ワードづくめのリリックをクールかつ歯切れよく歌い上げたセンスは、あらためて超一級品だと思う。なにしろ〈~スキッツォイド・マン〉の出だしからして《Cat's foot, iron claw/Neuro-surgeons scream for more/At paranoia's poison door／Twenty first century schizoid man》という調子であり、これを深みのある抑揚でアグレッシブに歌いこなしたレイクは天晴れだ。

続いてボーカルを任されたのは、かつてフリップのバンド仲間だったゴードン・ハスケルだが、正直なところクリムゾンの歴代ボーカリストとしては厳しいものがあった。『ポセイドン』で唯一歌った〈ケイデンスとカスケイド（Cadence and Cascade）〉はコンピ盤『虹伝説（Frame by Frame: The Essential King Crimson）』（91年）編集の際、エイドリアン・ブリューのボーカルに差し替えられてしまったほどだし、『リザード』では、表題組曲のイメージを決定づける〈ルーパート王子のめざめ（"Prince Rupert Awakes"）〉をジョン・アンダーソン（イエス）に託さざるを得なかった。

とはいえフリップは、個々のポテンシャルを適材適所に引き出す手腕を遺憾なく発揮し、『リザード』の他楽曲ではハスケルの茫洋としたボイスを逆手にとってモンスターの呟き声のような不気味さの演出に成功。特に〈サーカス（Cirkus: including "Entry of the Chameleons"）〉と〈ハッピー・ファミリー〉ではハスケルの声を迷宮ゴシック・ホラーの道化師というべきものに仕立ててしまった。

レイクと並んで特筆すべきは、『アイランズ』を歌ったレイモンド・ボズ・バレルである（クリムゾンでのクレジットは「ボズ」のみ）。彼は、もともとブルースやソウルへの傾倒が強かったのだが、フリップのプロデュースによる巨大ジャズ・プロジェクト「センティピード」への参加をきっかけに、フリップがその声のポテンシャルに惚れ込んでクリムゾンのオーディションに合格。多くのバンドを渡り歩いたツワモノとして知られた経験値を活かし、シンフィールドの最高傑作群をまさに珠玉といえるボイスで歌いこなした。レイクほど歌詞の解釈力が高かったわけではないが、直感的に歌の本質を掴み取るのに長けていたとしか考えられないハマりっぷりだ。

たとえば〈フォーメンテラ・レディ〉はレトリックだらけの象徴的な韻律詩なのだが、妖しさと凛々しさを両立させた硬質な透明感が圧倒的で、ボズの声がポーリナ・ルーカスのエロティックなソプラノへと変容していくような——宇宙の陰と陽が溶け込んでいくようなこの楽曲のミラクルを生み出した。さらに〈レターズ〉のはかない前半から一転、激情的な後半へ雪崩れ込む歌唱も凄みにあふれ（原曲の〈Drop In〉を歌ったレイクを明らかに上回っている）、〈レディーズ・オブ・ザ・ロード〉の歌い出しでは、脊髄にねっとり張り憑いた背後霊の囁きのような、あるいは薄膜を隔てた平行宇宙の住人の呟きのような、隠微な歌いっぷりがたまらない。表題曲も含め、楽曲に求められる4つのペルソナをみごとに使い分けたボーカルは、クリムゾン史の中でも記念碑的とさえ言える。

『太陽と戦慄』（73年）、『暗黒の世界』（74年）、『レッド』（74年）の3作でリード・ボーカルを取ったのがジョン・ウェットンだ。当初こそ、レイクやボズに比べると「叙情的な深みや翳りが弱い」などと囁かれもしたが、インプロビゼーション命のクリムゾン絶頂期にふさわしい強さを持ったボーカルだ。何よりも、ダンディーで洒脱なオーラを漂わせながら、シンフィールドよりも現代小説的なテイストのパーマー・ジェイムスの歌詞をすかっと歌いこなすキャラクターとして、じつに巧みな役作りをしていた。

特に〈放浪者〉の乾いた叙情性、〈イージー・マネー〉でしたたかな女ギャンブラーの生き様を歌い上げた粘っこさ、〈偉大なる詐欺師（The Great Deceiver）〉の伊達男っぽいペルソナ作りなど、自在性にも優れていた。何より、痛烈なアタック感にあふれたこの時期のライブで、バンドの巨大な音塊に負けないタフな歌いっぷりは賞讃するしかない。

そして5代目エイドリアン・ブリューだが、じつは『ディシプリン』（81年）から『ザ・パワー・トゥ・ビリーヴ』（03年）まで6作品でボーカルを担っている。作品数で見ればバンド史上で突出した多さだ。

ブリューは、「エレファント・ギター」に象徴される独創的なギミックを多彩に仕掛ける腕利きギタリストとして定評があるため見過ごされがちだが、ボーカリストとしても面白い持ち味がある。けっこう張りと伸びがあって、ライブでも安定したパフォーマンスを見せつける人だ。彼の場合、自ら作詞も手掛けるので、自分が歌いやすいように言葉をセレクトできるアドバンテージがある。そしてナンセンス・ワードやアナグラム、隠語、尻取りゲームなどを連発する言葉遊びが好きで、フリップも面白がって自由にやらせてきた節がある。

〈エレファント・トーク〉、〈インディシプリン（Indiscipline）〉、〈プロザック・ブルース（ProzaKc Blues）〉など枚挙にいとまがないが、彼のギターとのエキセントリックな相乗効果により、後期クリムゾンにシュールな黒いポエジーを生み出すことに貢献した。「クリムゾンから気品が失われてしまった」と嘆く向きも多いにせよ、「深紅の王」をモダンにアップデートして21世紀のトレンドにアジャストさせた、と評価することもできる（だから嫌いだと忌避するクリムゾン信者も多数ではあるが）。


2014年以降、ライブ展開に専念しつづける新生クリムゾンではジャッコ・ジャクスジクがボーカルを取っている。正統派UKプログレの流れを汲む汎用性の高いボーカリストであり、個性を全面に押し出した歴代の先輩たちとは異なるが、オールキャリアでバンドのレガシィを演奏する現在のクリムゾンではハマリ役だ。なにしろ、〈〜スキッツォイド・マン〉も〈エピタフ〉も〈アイランズ〉も〈イージー・マネー〉も〈インディシプリン〉も相応に歌いこなせるわけで、その意味では国宝級の個性派かもしれない。

CONCLUSION［浮き彫りになる真実］

ボーカル表現に関して言えば、フロイドもクリムゾンも、初期のバンド事情やサウンド特性の成り行きに応じてスタイルをアジャストさせてきた、という認識が妥当だろう。

どちらも、出発点にはシド・バレットとグレッグ・レイクという、当初めざした世界観を鮮烈にコンプリートさせる卓越した「声」があった。しかしどちらも、2作目に至ってその命脈は途絶えてしまい、新たな「声」を模索せざるを得なかった。そしてフロイドは、「内部人材」の3人が作品を重ねるごとにスキルに磨きをかけて変幻自在なボーカル・フォーミュラを確立したのに対し、クリムゾンは、常に外部人材をスカウトして単独ボーカルによる「個の力」にこだわり続けた。それぞれが、自分たちの音楽の世界観にふさわしい最適解を求めた結果、対照的なフォーマットに辿り着いたわけだ。バンド・サウンドと詩的世界を両立させる「最適解のボーカル」という視点を意識して2大バンドを聴き込むのも一興だろう。

[5] レコーディング特性

ピンク・フロイド《あらゆる手法を注ぎ込んだ音の異空間》

ロジャー・ウォーターズは1973年の『狂気』発表後、Zig Zag Magazineのインタビューにおいて、バンドのサウンド特性について象徴的な答えを語っている。

「俺たちの音楽は、いとも簡単に何らかのビジョンを思い起こさせることができる。ジョン・ケージやシュトックハウゼンを聴いている時、音楽は全てきしむ音と泡みたいなもので、何か光景を想像するのは難しい。それは、ハード・エッジでリアルな抽象絵画みたいなものだから。だけど俺たちの音楽は、知性とは無縁、ストレートにエモーショナルな反応を引き起こす装置なんだ」

そう、フロイドのレコーディング技術とは、この「何らかのビジョンとストレートにエモーショナルな反応」を引き起こす装置を生み出す戦略的なテクノロジー体系だった。

サイケデリック・バンドとしてデビューしたピンク・フロイドは、第1作『夜明けの口笛吹き』からレコーディングに実験的要素をふんだんに注ぎ込んでいた。67年当時、ビートルズやフランク・ザッパなども同様の趣向を凝らしていたが、あらためて検証するとフロイドも負けていない。

アルバム冒頭から、宇宙飛行士の交信音（？）やマシーン・ノイズが飛び交い、全編に笑い声や会話がインサートされ、〈パウ・R・トック・H〉では擬音エフェクトや怪鳥の鳴き声（？）まで聴かれる。ミュージック・コンクレートやピアノ内部奏法など現代音楽のメソッドも無邪気なまでに取り入れ、これにジェット・マシーン、エコー・マシーン、テープ逆回転などが加わってやり過ぎ感さえあるのだが、アナーキーかつアグレッシブなミクスチャーぶりはぶっ飛んでいて痛快だ。その狂騒がバレットのメルヘン的ダーク・ファンタジーとしっかり嚙み合い、結果的には当時、ポール・マッカートニーをも驚嘆させた異世界の誕生を導いたわけだ。レコーディング・スキルという点では、本作で獲得したノウハウが「プログレッシブ・フロイド」へダイレクトに繫がっていく。

もうひとつ特筆しておきたいのは、リック・ライトの貢献である。第1作からマルチ・プレイヤーぶりを発揮し、ピアノ、オルガン、タック・ピアノ、ハモンドオルガン、ハーモニウム、チェレスタなどのキーボード類をはじめチェロ、バイオリン、ビブラフォン、パーカッションまで奏でている。そして作を重ねるごとに、エクスペリメンタルなサウンド・クラスターを自在に操ると同時に、パイプオルガンからハーモニウムなどの古典的楽器をも使いこなして、イマジネイティブな厚みと彩りをフロイドの音空間にもたらしていく。シンセサイザーやメロトロンの音響処理センスも卓越している。プログレ界にありがちなキーボード速弾きの不毛なテクニック争いに早くから見切りをつけ、「ソノリティ（響かせ方）」を徹底して探求したライトのクレバーさには、あらためて敬服せざるを得ない。

バンドは、『神秘』でもヌケの良いダイナミックな音像を構築し、ティンパニなどを含むドラムの3次元的な奥行き感もフロイドのサウンドスケープを拡張。また、のちのちフロイドの「秘伝の技」ともなる多様なエコー処理が冴え始めた。

こうしたテクニックは、『ウマグマ』ディスク2や『原子心母』アナログ盤B面での実験的トラックにおいて磨きをかけられ、精度を高めていく。ここでもライトの〈シシファス組曲〉や〈サマー'68〉の成果が抜きん出ているし、全員共作による〈アランのサイケデリック・ブレックファスト〉では、ミュージック・コンクレートを「フロイドの白日夢」醸造の有効ツールとして仕上げることに成功。この手法が『狂気』などで大きく開花していくことになる。

そして〈原子心母〉でも、フロイドのレコーディング技術は新たな筋力を獲得する。ロン・ギーシンに仕上げのアレンジメントを委託したイマジネイティブなオーケストレーションが、強靭なグルーヴを会得しつつあったバンド・サウンドと混交して摩訶不思議な音宇宙が産み落とされたのだ。

ちなみにギーシンという人は、当時のソロ作品を聴いても大都市の片隅によくいるアバンギャルド・ポップ志向のアーティストであって、ジャズやエリック・サティ、電子音楽、アンビエントまで渉猟しながらビデオ・インスタレーションにも手を出すなど、あまり節操のない音楽性だった。それが〈原子心母〉では、聴き手の胸を抉るスケール大きな決定的旋律をけっして陳腐化させることなく荘重なブラス・アンサンブルに仕上げ、チェロや混声コーラス隊もメリハリのきいた良質パフォーマンスに導いている。これだけの革新的オーケストレーションを成し遂げられたのは、やはり大元のバンド・アンサンブルに強くインスパイアされたからにほかなるまい。

つまり、フロイドがギーシンに助けられたのも確かだが、ギーシンもフロイドに助けられて一世一代の最高傑作を生み出せたと考えるべきだ。そして何より、約24分という長尺を通して、バンド・サウンドとギーシンのオーケストレーションがこれ以上の最適解は無いというレベルで共振し、共鳴しているのが画期的なのだ（プログレ勃興時代は、ナイスやムーディー・ブルースをはじめクラシックとの融合が盛んに探求されたが、〈原子心母〉を超えるものは皆無である)。

この奇跡的な音響バランスを成立させるうえで、当時エンジニアとして頭角を現しつつあったアラン・パーソンズの手腕も大きかった。なにしろ、ウォーターズとギーシンの強引な「音源キャッチボール」に折り合いをつけて、最適解のミックスに着地させたのだから。


その後のフロイドは、映像作品『ライヴ・アット・ポンペイ』でも証明したように、4ピースのアンサンブルが比類のないマジックを生む境地にまで到達したわけだが、中でも〈エコーズ〉は、この境地を100%無菌状態でパッケージングしたスタジオ・ワークが秀逸で美しい。

何よりもまず、冒頭のビーコン・トーン(ソナー音)で聴き手は釘付けになる。一瞬でフロイドの術中に嵌まるのだ。もともとこれは、ライトとギルモアがボーカル・ハーモニーのセッションをしていた際、レスリー・スピーカーを通して響いてきたピアノ音だったという。偶然発見されたものだが、これもライトの貪欲な探求心が生んだ副産物だろう。この超大曲の冒頭5分は、歌詞の通り(［3］詩的表現の項を参照)中空を浮遊するアルバトロスの舞よろしく、意図的に超スローモーなテンポになっていて、このビーコン・トーンとの相乗効果で聴き手はドラッギーな催眠術にかかってしまう。あとはもう、フロイドのなすがまま。寄せては返す白日夢の大波に翻弄されながら、脳髄を心地よく痺れさせてくれる合法ドラッグに酔い痴れるのみだ。

ちなみに〈エコーズ〉は、ほどほどに多重録音はかけられているもののライブでの再現性が極めて高く、メンバーも自信を持ってパフォーマンスしたそうだ。そのレコーディングでは、各パートの音像定位の決め方が素晴らしく、奥行きの深い異空間がどんどんメタモルフォーズしていくさまは何度聴き込んでも唸ってしまう。シークエンスに応じた音の転位の入れ替わり方が壮快で、まさに建築学的に綿密な設計が尽くされた宇宙的スケールの白日夢だ。

しかも本曲のタイトル通り、エコーのかけ方がもう神業というか、全てのインストゥルメントについて個別に残響設計が施されているのが圧巻。思いっきりエコーをかけた楽器と残響ゼロに抑えた楽器とのコントラストが効いている。とりわけラスト4分のタイミングで、極彩色のエコーに包まれた愉悦のカオスから、すうっとライトの生声が立ち上がる瞬間は鳥肌ものだ。サウンドスケープ全体が有機生命体となって蠕動していくような快感をもたらしてくれる。

そして『狂気』だ。本作は、レコーディングの1年前には早々と全曲が仕上がって何度もライブ演奏されていたため、スタジオではソングライティングに四苦八苦することなく、音作りに集中することができた。また、アラン・パーソンズが再びエンジニアを務めたことも大きいだろう。

結果、たとえば〈走り回って〉のように、当初のライブ・バージョンからまったく別物へ進化したケースもある。この曲は当初〈The Travel Sequence〉という仮タイトルが付けられ、ライブではギターを軸としたジャム・セッション色の強いものだった。しかしライトの発案で、当時出回り始めたモジュラー・アナログ・シンセEMS SYNTHI-AKSがフル活用されることになり、「エレクトロニクスのフーガ」といった装いに生まれ変わった。このシンセは、いかにも「電気」というイメージの歯切れ良いアタック感の音を出すのが特徴で、痛快なインパクトのサウンド・クラスターを生み出すことができた。これをL－Rに振り切った鳴らし方で全面にフィーチャーした結果、地球をジェット機で飛び回るようなせわしない疾走感が生み出された。50年も前のアナログ・シンセなのに、確信犯的に使いこなされているので、いま聴き込んでもまったく古びた感じがしない。

そして作品全体では、ウォーターズによるメタフィジカルな詩句にリアリティを生み出すため、これまでのフロイド音響工学の集大成ともいえる「エコーの秘術を尽くした3次元的にヌケの良いサウンド・メイキング」が徹底して施された。

パーソンズ自身、ビートルズの『アビイ・ロード』や『原子心母』で培ったノウハウの全てを注ぎ込んでいる。特にSE（効果音）編集はもう職人芸の領域で、笑い声や会話、爆発音、振り子時計の音、飛行機のジェット音、心臓の鼓動（ニック・メイスンのドラムを加工）など、フロイドの「お家芸」を総動員した手腕はおみごと。そもそも当時はサンプラーというものが無かったため、録音した音をひとつひとつ手作業で間合いを設定しつつテープ編集したわけで、〈マネー〉冒頭のレジスター音はなんと編集に30日かかったという逸話もある。

このように人材にも恵まれて、『狂気』はレコーディング・テクノロジーにおいてもフロイドの極点となり、「ありふれた日常」と「月の裏側」が瞬時に入れ替わって心の闇を剥き出しにされるような、恐るべきサウンドの異空間が顕現することになったのである。

キング・クリムゾン《一作ごとに最適サウンドスケープを設計》

「1969年のクリムスケープ（＝〈クリムゾンのサウンドスケープ〉を意味する造語）が荒涼として作り込まれていたのに対し、1973/74年当時のクリムスケープはより暗くインプロヴァイズ主体であった」

これはライブ作品『ザ・ナイトウォッチ —夜を支配した人々—（The Nightwatch Live at the Amsterdam Concertgebouw November 23rd 1973）』（97年）のライナーにおいて、フリップ自ら記したコメントだ。ここに象徴されるように、彼は「クリムスケープ」なる造語まで駆使して、作品ごとに最適なサウンドスケープを探求し、設計していたことがわかる。

クリムゾンの場合、ギター、ベース、ドラムというロック的インフラを持ちつつ、多様なインストゥルメントのレイヤーを複雑に織り重ねて恐ろしく凝縮度の高い音像を創り出していた。そのため、少なくとも『太陽と戦慄』期（73～74年）までのレコーディング技術では再現性が低く、その凄さをレコードに刻みつけるのは困難を極めた。もちろん、当時のエンジニアたちも相当に頑張ってはいたのだが、最多でも16程度のトラック数では、音圧においても音数においても突出したクリムゾンのサウンドを臨場感豊かにパッケージングするには限界があったのだ。フリップが探求した「クリムスケープ」の真相は、或る意味、バンド誕生から40年間も濃い霧に覆われていたとも言える。

その濃霧は、新たなミレニアムを迎えた時代に晴れ渡ることになる。フリップが素直に心からの謝辞を捧げているように、キング・クリムゾンのスタジオ・レコーディング作品は、バンド誕生40周年の2009年にスティーヴン・ウィルソン（ポーキュパイン・ツリー主宰：プログレ分野を中心にロック神話時代の傑作の本質的音響を引き出す凄腕エンジニアとしても定評がある）の手による神業的リミックスが行われ、本来持っていたソノリティが鮮やかに立ち現れることになった（50周年の19年に新たなステレオ&5.1chサラウンドミックスもリリースされたが、40周年盤のマイナー・アップデート版と考えて良い）。「スティーヴン・ウィルソン・ミックス（以下SWミックス）」の登場によって、クリムゾンのスタジオ作品は、初めて全貌を現したと言っても誇張ではない。

まず『宮殿』だが、核戦争がもたらした「ニュークリア・ウィンター（核の冬）」のごとき寂寥とした終末感に覆われた暗黒空間の音像は衝撃的だった。何やら見てはいけないもの、聴いてはいけないものに遭遇してしまったやばすぎる狼狽は、当初の録音バージョンからも十分に伝わってきた。けれども、5.1サラウンドを駆使したデジタル・リマスターのSWミックスによって、寂漠とした暗黒空間が3D的に拡張され、伝説のクリムゾン・メンバー4人のプレイが、唖然とするほどの臨場感で迫ってくるものに化けたのだ。

ギターやサックス、フルートなどのリード・パートは鳥肌が立つほどのインパクトを持ち、ジャイルズのドラミングの立体化効果は凄まじく、壮麗なフィル・インの一音一音がL－Rをめいっぱい使って駆け巡る。メロトロンのインパクトも強烈で〈エピタフ〉のイントロなど広大無辺の暗黒宇宙に弾き飛ばされるような迫力だ。その中でレイクの「終末のうた」が、より馥郁さと高貴さを膨らませつつ響きわたる。オリジナル・レコーディングにずっとつきまとっていた「くぐもり感（リスナーはこれを自分のオーディオ装置の限界だと思い込まされていた）」が壮快なまでに解消されてしまった。

本作とほぼ共通するフォーメーションだった『ポセイドン』でも同様のSWミックス効果を感じるが、もともとの音が持つ衝撃力の凄みゆえに、『宮殿』は、今まで濃霧の中でモンスターの影を見ていたのが、ついに霧が晴れ渡り、目の前にモンスターの巨体が迫ってくるような畏怖を抱き、圧倒される。これが本来、フリップたちが意図していたサウンドスケープなのだ。

『リザード』も同様だ。いや、むしろSWミックス効果は『宮殿』を上回るかもしれない。本作は、フリップがクラシック狂詩曲の構成をしたたかに参照しながらアバンギャルドなジャズ・オーケストラ的手法を取り入れたもので、キース・ティペットのピアノやエレクトリック・ピアノ、メル・コリンズ、マーク・チャリグ、ニック・エヴァンスらの管楽器が入り乱れながら重層的なサウンド・テクスチャーを展開し、そこにフリップのギターやメロトロン、オルガン、VCS3シンセサイザーなどが斬り込むカオスな洪水状態の、いわばプログレ・カレイドスコープな様相を呈した代物だった。とんでもない音作りが為されていることは当初から体感できたが、しばしば訪れるクライマックスでは各楽器の音色が混濁してしまい、もたついた印象さえ持ってしまったものだ。こうしたハンディキャップのために『リザード』は、クリムゾンの作品ランキングにおいて長らく低位に甘んじてきたところがある。

ただ誰よりもウイルソンが本作を熱愛していたため、このミックスには執念すら感じられ、生誕約40年を経てようやく「血も凍るホラーと高雅なファンタジーが融合した超絶技巧サウンドの闇迷宮」という全貌を現した。

前半の3曲は、音楽でここまで人間の根源的な恐怖を表現できるのだという未曽有の証明であって、かつてH・G・ラヴクラフトが探求した『クゥトゥルー神話体系』のような闇と狂気が渦巻いている。〈サーカス〉におけるフリップのディストーション・ギターの大波、続くフラメンコをサイケデリック・トリップさせたような生ギターのパッセージが、SWミックスによって偉大なるウィザードの必殺技と化して鳴り渡る。〈インドア・ゲームズ〉ではサックス群の重層的なアンサンブルが、蝿の王ベルゼバブを讃える悪鬼の軍楽隊のように襲いかかる。そして〈ハッピー・ファミリー〉の衝撃的なVCS3シンセサイザーのイントロから激しくイコライジングされたゴードン・ハスケルのボーカルに雪崩れ込むパートは、もはや「血も凍る」のレトリックでは物足りないほどのインパクトを持った。また中間部のコレクティブ・インプロビゼーション的な管楽器群の狂乱が、重低音ベースとシンセの織りなすリフによって疼くようなグルーヴを獲得していたことが鮮明に浮かび上がる。オリジナル盤では「混濁していた迷宮」が、一つ一つの袋小路が3D的に鮮明化したことで「臨場感あふれる迷宮」と化し、完全にゴシック・ダーク・ファンタジーの闇に取り込まれてしまう錯覚に襲われるのだ。

そして約23分の超大作〈リザード〉は4部構成のラプソディとなっているが、ここでもSWミックスの効果は絶大だ。冒頭の序曲〈ルーパート王子のめざめ〉では、70年にはくぐもっていたジョン・アンダーソン（イエス）のボーカルが、もともと意図されていたはずの水晶が砕け散るような高貴な絶望感をまとって暗鬱に輝く、という絶妙なソノリティを獲得した。さらに素晴らしいのは、続く〈ピーコック物語のボレロ（Bolero – The Peacock's Tale)〉。典雅なボレロ・ビートに乗って、ロビン・ミラーを迎えたオーボエ・コンチェルトの調べとフリー・ジャズの淫靡なセッションが交錯しながらフュージョンしていくサウンドスケープが、唖然とする解像度で立ち現れる。クライマックスの〈戦場のガラスの涙（The Battle of Glass Tears)〉にしても、フリップが設計していたカタストロフィックなサウンドスケープが壮絶な破壊力を剥き出しにする。

これこそが本来の『リザード』なのであり、ロック／ジャズ／クラシック／現代音楽などいずれのモチーフにも瞬時にアクセスし、それらのフォーマットを自在に混交させながら、魔術的なレベルの「音像の空間転位」を成し遂げていた事実が、SWミックスによって決定的に証明されたのだ。

『アイランズ』では、すさまじい重力波で時空に亀裂を生むようなコントラバスの暗鬱な旋律がようやく本来のソノリティを手にした（オリジナル盤では重低音がやや割れ気味に響いていた）。そして〈船乗りの話〉、〈レターズ〉、〈レディーズ・オブ・ザ・ロード〉での激情的なピークが痛快なまでに全貌を現した。「太古から未来に至る人間精神の七転八倒」を描くというサウンド・デザインが本来はどんなものだったのか、有無を言わさぬ証明になっている。

バンド編成はもとより、クリムゾンが目指すサウンドスケープをがらりと転換した『太陽と戦慄』では、乾いた空気感の中で展開される「フリップの設計図に基づく構築的インプロビゼーション」の実相が明らかにされた。とりわけ〈太陽と戦慄 パートI〉中間部での超絶メタリックなアンサンブル――インプロ的リックによって構成され、コンセプチュアルな意図が全てのプレイに宿った核融合的アンサンブル――の破壊力がどんなものだったかを痛感させてくれる。ジェイミー・ミューアまでが揃った5人編成でのライブを体験できた期間はごくわずかだったわけだが、SWミックスでは、その凄絶なライブを疑似体験できるインパクトを獲得したのだ。

続く『暗黒の世界』と『レッド』は、もともとライブ・パフォーマンスに限りなく近しい音作りだったため（今では広く知られたように、『暗黒の世界』では約7割がライブ音源で構成されている）、SWミックスではその音像のダイナミズムをストレートに増幅させる処理が施され、音像の突破力が大きくビルドアップされた。『ディシプリン』以降の作品についても、ほぼ同様と言ってよい。

このように、クリムゾン作品の多くは、SWミックスによって本来のレコーディング特性を浮き彫りにされた。

ここで鮮明になったのは、フリップのサウンドスケープ設計がいかに卓越していたか、という事実である。

全ての作品で設計を大きく変えたわけではないが、クリムゾン全史を通じて、少なくとも『宮殿』期（69年）／『リザード』期（70年）／『アイランズ』期（71年）／『太陽と戦慄』期（73年）／『レッド』期（74年）／『ディシプリン』期（81年）／『スラック（95年）』期と7つのモードを創り上げていた。フリップは、まず作品のコンセプトを決めると、それにふさわしい楽器編成やソングライティング、そしてソノリティ（鳴り響かせ方）を設計していったのだ。前述したように、作品ごとにゲスト・ミュージシャンを含めて大胆不敵にフォーメーションを変えていたのは、デザイン実現のための方法論に過ぎないのである。

サウンドスケープの設計図ありきでレコーディングするという方法論の極致を堪能できるのも、キング・クリムゾンの大きな魅力である。

CONCLUSION［浮き彫りになる真実］

以上のように、スタジオ・レコーディング特性という視点から考察しても、「一貫して音響テクノロジーが生み出す各種エフェクトを徹底探求したピンク・フロイド」に対し、「作品ごとにサウンドスケープ設計を変えて超絶アンサンブルを封じ込めたキング・クリムゾン」というコントラストが浮かび上がる。

どちらも緻密なプランニングを大きな拠りどころとしていて、サウンドの属性はまったく異なっても「プランありき」という姿勢は、まさにプログレッシブ・ロックの際立った特質を象徴している。こうした両バンドのレコーディング・スタンスは、２０２０年代においても極めて示唆的であり、今日のアーティストたちのレコーディングは、或る意味で「フロイド型」と「クリムゾン型」の混交で成り立っているとも考察できるのだ。

［6］ライブ特性

ピンク・フロイド《ビジュアル・エフェクトと融合した「ライブ・モンスター」への進化》

ピート・タウンゼントは『夜明けの口笛吹き』を聴いて、「ピンク・フロイドのライブはこんなものじゃない」と語ったという。ライブ覇王ザ・フーのリーダーがそうコメントしたのだから、初期フロイドのライブには相当なインパクトがあったに違いない。

オーディエンスと共に濃密な時間を共有するライブという空間では、アーティストのあらゆる特質が剥き出しになるものだ。好むと好まざるとに拘らず、ライブとはやはり大いなる試練と薫陶の場であって、そのアーティストの本質を見極めるのにうってつけなのである。そしてピンク・フロイドほど、ライブという場をしたたかに賢く利用して、さらに巨大なモンスターに変容したアーティストはいない。

確かに彼らは、67年のデビュー当時からライブには定評があった。インスト大曲〈星空のドライブ〉を30分以上にわたって演奏することも珍しくなく、さながら「ロンドンのグレイトフル・デッド」といった趣のサイケデリック・トリップを得意とした。バレットのギターも売りものの一つだった。

その後、ギタリストがギルモアに代わったが、彼はすぐに適応力の高さを発揮し、バレットのスタイルをも継承しながら、持ち前のブルース・フィーリングをフロイドのエクスペリメンタル性に溶け合わせて独創のスタイルを築き上げていく。『ウマグマ』ディスク1では、長尺曲4トラックのライブが収められているが、バレット脱退後の大きな空洞を埋めるべく全員がひたむきにスキルを磨いた成果が結晶し、スケール感豊かで自信あふれるプレイが展開されている。とりわけ、全員が「演奏」と「音響」の両極をフレキシブルに行き来しながらフロイド独創のグルーヴ・マジックを紡ぎ出していくさまは圧巻だ。

実際、このライブ盤があるからこそ、『ウマグマ』は良質のエンターテインメント作品として楽しめるわけで

（スタジオ盤はフロイドの歴史を紐解くうえで重要だが、どちらかといえば「エクスペリメンタルの記録」という意味合いが強い）、「超絶テク・フェティシズム」とは絶縁しながら、それでいてプログレッシブ以外の何ものでもないサウンドスケープを構築しているのだ。

続いて『原子心母』をきっかけに、ロン・ギーシンのアレンジメントから自立したライブ・パフォーマンスを探求する必要に迫られ、個々の演奏筋力とトータルなバンド・グルーヴがビルドアップされた。またこのころから、ロジャー・ウォーターズのプランニングによってライブの空間演出も進化し始める。彼は、早くからリキッド・ライトやストロボを効果的に用いて「顔のないミュージシャン」を演出したり（こうした匿名性は、バンドのボーカル特性とみごとに合致する）、巨大なライティング・システムを導入して大規模ライブでもオーディエンスを魅了する空間を創り上げていく。

フロイドのライブを語るうえでも、やはり『狂気』の時代に深くフォーカスする必要がある。クオリティとセールスを両立させたこの金字塔によってバンドの表現スキルはピークを迎えていたが、さらに究極的ライト・ショーという最終兵器を加えたことで、破格かつ無敵のスペクタクル・モンスター・バンドへと化けたのだ。

本作のワールド・ツアーでは、70年代から急速進化したレーザー・ライトショーの導入効果が大きい。ステージには半円形の巨大ドーム・セットが組まれ、その中心には真円形のスクリーン、ドームの外周にはリキッド・ライトを仕込んだ大型パネルが何十枚も組み込まれている。レーザー・スキャナーによるビーム反射、光解析システムによるホログラム効果、静的ビームによる空間造形などが駆使され、バンドの演奏とシンクロしながら円環状の光、観客席を突き刺す光線の乱舞、空間全体を優しく包み込む光、さらに会場全体が爆発するような白熱光のエフェクトもあれば、ステージ上のバンドが爆炎に襲われるエフェクトもある。

そして真円のスクリーンには、〈走り回って〉、〈タイム〉、〈マネー〉などビジュアル性の強い楽曲でイメージ映像やCG映像が映し出され、それらがスタジアム全体を突き刺すレーザー・ビームの3次元ダンスと混交していく。巧みなスモークの効果も加わって、重層的な極彩色の光に包まれた、まさに異次元ワールドが立ち現れる。スタジアム全体が、巨大銀河が連なる宇宙のグレートウォールにもなるし、地球と月と太陽がめまぐるしく入れ替わるようにも見えるし、半円形ドームが巨大な瞳孔にもなるし、脳内のニューロン・ネットワークにもなるし、原子核に乱舞する素粒子の宇宙へ引きずりこまれたような感覚にもなるという、『狂気』に不可欠な世界観が多層的に現れては消える幻惑的な仕掛けなのだ。

オーディエンスはたちまちフロイドの複合アート空間に同化させられ、その陶酔感の中でシンガロングの大合唱が始まる。そしてクライマックスの〈狂人は心に〉から〈狂気日食〉に至って、「中毒性あふれる、ちょっとデンジャラスな快楽」が大津波となって押し寄せるのだ。80年代から90年代にかけて、レーザー・テクノロジーやCGなど関連技術の進歩と共に、この空間はさらにモンスター化していく。

ここで重要なのは、フロイド・サウンドの特性である白日夢のようなサイケデリック・アンビエント音響やブルージーなグルーヴ感あふれるビート、ビートルズを巧みに学習したキャッチーなメロディーなどが、レーザー・ビームやCGなどの視覚効果設計ときわめて相性が良い、という点だ。空間デザイナーや照明オペレーターたちは、フロイドの音楽に乗ってさぞかし気持ちよく仕事ができたはずだ（ぶっちゃけた話、これがキング・クリムゾンだったら、激烈に変化する楽曲展開や変拍子の洪水にシンクロさせる視覚効果を設計するのはなかなか厄介だし、たとえ可能だとしてもオーディエンスが悪酔いしてしまって快感どころではなくなるだろう）。結果論ではあるが、フロイドの音楽は最先端の空間演出テクノロジーとのこのうえない親和性に恵まれていたと思う。

スタジアム・ライブへのフロイドのこだわりは、『炎』リリース後、まるで燃え尽き症候群の虚しさを埋め合わせるかのように、巨大オブジェの創造へエスカレートしていく。75年、ロンドンにレコーディング・スタジオ《ブリタニア・ロウ》を作った際、彼らのステージ・セットをプロデュースし、ワールド・ツアーのさまざまな機材を調達する会社《ブリタニア・ロウ・プロダクションズ》を設立したのだ。

そして、ヒプノシスの人脈を通じて出会った造形デザイン・チーム《フィッシャー・パーク》(＝建築家マーク・フィッシャーとエンジニアのジョナサン・パークが主宰)に、「アニマルズ・ツアー」のメイン・オブジェを依頼。フィッシャーとパークの2人は建築専門学校の出身でありウォーターズたちと同世代でもあったため阿吽の呼吸で通じ合うところがあり、フロイドの独創的な巨大ライブを進化させるうえで大きな役割を果たしていく。

ここに、あの巨大豚をはじめ、「父」などを戯画化した人間たちのバルーン・オブジェが誕生した。巨大豚にはヘリウムが充填され、〈ピッグ〉の演奏中に観客の上空を飛び回り、最後に爆発炎上するという新趣向のスリルを生んだ。フロイドのライブ空間に次々と出現した奇想の巨大オブジェ群の大半が、このチームによって生み出されたものだ(当時は実現しなかったが、鋼鉄製のピラミッドやタワーをステージ上空に組み上げるプランまでトライされた)。

そして80年2月から始まった『ザ・ウォール』のワールド・ツアーに至って、フロイドと《フィッシャー・パーク》とのコラボレーションはクライマックスを迎える。80年8月、ロンドンのアールズ・コートで行われたライブでは、例によって壮麗なライト・ショーが展開される中、このコンセプト組曲の演奏に合わせ(最初はアメリカナイズされたフロイドのクローン・バンドまで登場する)、ステージ上にはオーディエンスとバンドを隔てる巨大な壁がみるみるうちに積み上げられ、完全にバンドは壁の向こうに消え去り、ショーの前半が終わる。

そして後半では、壁の頂上に立ったギルモアが歌う〈コンフォタブリー・ナム〉をクライマックスとしながら壁の前に現れたフロイドの演奏が白熱し、最後は巨大な壁が次々と崩れ落ちる……。「ロック史上で最も野心的ないい見世物」と賛否両論を呼んだライブであり、ここまでくるとコミカルな印象さえ持ってしまうのだが、ウォーターズのコンセプト執着の過熱化が生み出した壮大なドラマとして驚嘆せざるを得ないものだ（このような「世界のカリカチュア化」も、ウォーターズの意図するものだった可能性はある）。ともかくフロイドのライブ空間は、超絶にして孤高というしかない次元まで驀進し続けた。

ザ・ローリング・ストーンズやデヴィッド・ボウイ、Ｕ２、ケンドリック・ラマーなどを筆頭に多くのカリスマ・アーティストがステージ・セットやライト・ショーを巨大化し、エンターテインメントとしてのライブ・ショーを進化させてきたのは事実だが（《フィッシャー・パーク》はストーンズやＵ２ともコラボしてステージ・デザインを革新した）、ピンク・フロイドが本質的に異なるのは、ライブ空間を「自分たちの音楽そのものを進化させる装置」としてしまったことだ。それは、サウンドとビジュアルを完璧に融合させ、インテグレーションさせた複合アートなのだ。

むしろ、ライブ演出＆エフェクトが融合することでピンク・フロイドの音楽は真に完成した、と言うべきなのかもしれない。もちろんスタジオ作品としてのフロイドの音楽も完成しているのだが、ライブのスペクタクルによって異なる次元に到達する。粗暴な例えかもしれないが、映画『ダンケルク（Dunkirk）』（17年）のように、２次元の平面スクリーンで見ても圧倒的に面白いスペクタクル映画を、ＩＭＡＸの３６０度全球３Ｄシステムに変換上映することでさらに面白さと臨場感が増幅される、といった趣向に近いのではないか。ピンク・フロイドのライブとは、そのような意味でロック史に屹立する比類なき巨大モニュメントなのである。

キング・クリムゾン《求道的かつ破滅的な超絶インプロビゼーション・ライブ》

「私にとって、スタジオ・アルバムは〈ラヴレター〉で、ライブは〈ホットなデート〉だ。キング・クリムゾンは常にホットなデートで、アルバムの出来がどんなに良くても、ライブ・パフォーマンスにおけるバンドのパワーとは比べものにならない」

２０１９年４月、ロンドンで開かれたキング・クリムゾン50周年の公式記者会見で、ロバート・フリップはこんな決定的発言をしている。これこそ、彼のライブ観なのだ。

また、ライブ盤『ザ・ナイトウォッチ〜』のライナーでは、「『クリムゾン・キングの宮殿』は69年におけるグループのひとつの光景にすぎない」、「怪物的なライブを繰り広げる生き物は、74年の『レッド』まではそのパワーをレコードで表現できずにいた。『レッド』にしても、その激烈さのほんの一部を披露しているにすぎない」とも記述している。

前項で触れたようにクリムゾンのスタジオ作品は、09年以降のSWミックスに至ってようやく本来持っていたソノリティの凄絶さが発掘された。しかし、その事実を以てしても、やはり「ライブのパワーとは比べものにならない」と、フリップは断言しているわけだ。

『宮殿』を生み出した第1期キング・クリムゾンは、１９６９年４月９日にロンドンのスピークイージーでライブ・デビューし、同年12月14日のサンフランシスコ、フィルモア・ウェストで終焉を迎えた（この日、マクドナルドとジャイルズが脱退を宣言）。わずか８ヶ月あまりの期間だったにもかかわらず、数えきれないライブ神話を生み出した。

今日に至るまでフリップが自ら運営するDGMレーベルから当時のライブ音源が多数リリースされているが、『宮殿』収録の5曲に加えて、〈A Man, A City〉＝〈冷たい街の情景（Pictures of a City)〉原曲、〈Mars〉＝〈デヴィルズ・トライアングル（The Devil's Triangle)〉原曲、〈Drop In〉＝〈レターーズ〉原曲、以上が早くも披露されているのに加え、〈Get Thy Bearings〉（ドノバンの楽曲）、〈Travel Weary Capricorn〉、〈Mantra〉などのライブ用楽曲も多く演奏していた。

その多くはマクドナルドのサックスとフリップのリードを前面に打ち出したアバンギャルド・ジャム・セッション風に展開され、この時期にフランク・ザッパが得意としていたモンスター・ジャムの牙城を脅かすようなスリリングなプレイが続く。

これらの音源の生々しさに、SWミックスで出現したスタジオ盤の立体化サウンドスケープを掛け合わせて想像力を逞しくすると、いかにとんでもないライブだったか、「『宮殿』は69年におけるグループのひとつの光景にすぎない」というフリップの言葉が頷けてしまう。ライブゆえに多重録音は無いので音のレイヤーは少ないが、スタジオ的な音像バランスは二の次にしたアグレッシブなプレイが連発されるので、サウンドスケープの厚みや音圧はスタジオ盤を超えている。

フリップ、マクドナルド、ジャイルズは、次の瞬間にぶっ倒れてもかまうものか、行き着くところまで翔け続けてやるという勢いの鬼気迫るプレイだし、その間隙を縫うようにクールでメロディアスなレイクのベースが疾走する。そして彼の歌も、スタジオ盤以上のオーラを発散させる（この人のボーカルは、ライブでも声量と音程が安定していて、しかもその熱量が増していた）。フリップが「69年のクリムゾンは〈良き妖精〉の魔法をかけられていた」と繰り返し発言し、ジミヘンが「世界一のバンドだ」と絶賛した理由が実感できる。

このように神がかった領域にあったマクドナルド、ジャイルズ、レイクの3人が抜けた後、72年にかけてのバンドは、純粋な演奏スキルこそ一歩譲るものの独特の迫力とグルーヴを持ち、ライブ空間に強烈なインパクトを生み出していたことは間違いない。

その破壊力は当初、あの劣悪な音質で知られる『アースバウンド』（72年）で印象づけられた。『宮殿』での精緻な演奏フォーミュラを木っ端微塵にしたフリーキーさの〈21世紀のスキッツォイド・マン〉は、原曲に仕込まれていたインテリジェンスを抹殺し、狂気そのものを無防備に曝け出してしまった点で破格だ。このテイクこそ、のちのパンクやオルタナ、グランジの直系の祖先という印象が強い。また、〈ピオリア（Peoria）〉や〈アースバウンド〉はブルースの沼にはまり込んで悪酔いしたようなバンドの生態が不穏なまでの迫力を生み、18分超えの長尺曲〈グルーン（Groon）〉は、サイケデリック・トリップしたアバンギャルド・ブルースのごとき破滅的な凄みにあふれる。

〈サーカス〉のライブ・テイクも凄い。コリンズのサックスとウォーレスのドラムが暴れまわり、もともとのフリー・ジャズ風味にスワンプ系ブルースがどろどろ混濁したようなグルーヴに乗せて、ボズの声がシュールにシャウトする。ブラックなフィーリングで暴走する3人に、もともとブルースと距離感のあるフリップは当惑しつつも持ち前のエクスペリメンタルな感性で応酬。スタジオ盤『リザード』の精緻に作り込まれたゴシック建築を肉切り包丁で解体していくような、なんとも得体の知れないスリルが渦を巻く。そんな摩訶不思議な迫力によって、この時代のライブも再評価が進み始めている。

そして、『太陽と戦慄』期でフリップは、ライブの可能性を極限まで突き詰めるために、従来よりも1人多い5人編成、しかも打楽器を2人（ブルーフォードのドラムとミューアのパーカッション）にするという英断に踏み切った。またサックス奏者ではなくバイオリン奏者（クロス）を選択したのは、より繊細でニュアンスに富んだ音を取り入れることで、静と動、陰と陽、太陽と月などの暗喩的コントラストを強調しながら、インプロビゼーションの幅を広げるためだったと思われる（サックス的な厚みのある音はシンセサイザーで代替できるとも考えたのではないか）。

フリップ自身、ギタリストとしての語彙は『宮殿』期の何倍にも膨らみ、自在性と攻撃性はひとつ上の次元にあった。そこに、前のバンドでは飽き足らず心ゆくまで真剣勝負を堪能したいと望んだブルーフォードとウェットン、フリップとのジャムで真のミュージシャンシップに開眼したクロス、デレク・ベイリーらUKフリー・ジャズの尖鋭集団カンパニーで腕を磨いてきたミューア――フリップの新たなコンセプトに共鳴した至高のラインアップが揃ったのだ。

この5人編成が存続したのは、ミューアが脱退するまでのわずか10ヶ月ほどだったが、『宮殿』クリムゾンと並び立つ伝説的なライブが数多く展開された。絶対的な表現コアを設定したうえで、インプロビゼーションを極限まで追求するという姿勢は、69年のクリムゾンさえ超えている。実際、鳴らされたサウンドスケープも破格で、『宮殿』期のバンド・サウンドは構築的なパートとジャム的なパートが分離しがちだったのに対し、『太陽と戦慄』期では、構築的なインフラのうえで多様なインプロを展開するという高難度の境地を達成した。

ミューア脱退後も、彼のパーカッション・スキルを貪欲に学習したブルーフォードの進化によって、4人編成でのインプロビゼーションはむしろ凄みを増した。この時代のライブ音源は多数リリースされてきたが、やはり『ザ・ナイトウォッチ―夜を支配した人々―（The Night Watch)』（97年）と『ザ・グレート・ディシーヴァー〜ライヴ1973-1974（The Great Deceiver)』（92年）の2大傑作に行き着く。当時のフリップは、「大半は暴走しすぎて空中分解したライブで、まれに暴走が美しく着地したライブがあった」といった発言をしているが、それは、あまりにも理想が高すぎたからに他ならない。

あえて言うなら、『ザ・ナイトウォッチ』は「美しく着地したテイク集」であり、『ザ・グレート・ディシーヴァー』は「空中分解したテイク集」なのかもしれない。確かに前者の卓越した完成度は息を呑むほどだが、むしろ後者の破滅的なスリルのほうに惹かれる瞬間も少なくない。そもそも「空中分解した」というのはフリップの絶対的スタンダードから見てのことであり、例えば後者には〈イージー・マネー〉が4テイクも収録されているが、その全てで異なる方法論のインプロが仕掛けられ、カタストロフィックな妖しい美しさに輝いている。

ライブにおいてクリムゾンは、その後もさらなる変容とアップデートを続けていく。『ディシプリン』に始まる時代、フリップはビル・ブルーフォードと立ち上げたプロジェクトに、以前から親交のあったエイドリアン・ブリュー（G／Vo）とトニー・レヴィン（B／Stick）を迎え、超個性派同士のツイン・ギターを軸にアフリカ系ポリリズムやディスコ・ビートまでも大胆に導入したフォーミュラを創造する。

そのライブは理屈抜きにひたすらスリリングで痛快。さまざまなエフェクトを飛び道具のように使いこなすブリューと、涼しい顔をしてエッジが立ちまくったリフや高雅な趣のフレージングを無尽蔵に繰り出すフリップ。スタイルは両極端なのに、それが絶妙に絡み合って鳥肌立ちっぱなしのエクスタシーだった。さらにブルーフォードのシモンズ・ドラムとレヴィンのチャップマン・スティックが渾然一体となり、巨獣が咆哮しながら疾走するごときグルーヴを生み出していた。

続く90年代には、さらにトレイ・ガン（B／Warr Guitar）とパット・マステロット（Dr）が加わり、《ヌーヴォ・メタル》を標榜するダブル・トリオと化した。新作『スラック』を出し、ひたすらアンサンブルの絶対強度を追求した時代だ。フリップは偏執狂的なまでの精度で神技を続け、ブリューは名刺代わりの「エレファント・ギター」だけではなくスライド・ギターやギター・シンセを使いこなした流麗なプレイも連発。そしてレヴィンとガンの2人は無双のリズム・キープを果たしながら、しばしば己の最終兵器（スティックとウォー・ギター）を使ってギター以上の豊かなフレーズを解き放つ。結果、まるで4本のリード・ギターが天空で舞い踊るかのようで、もはや「世界最高峰のエレクトリック弦楽四重奏」と形容するしかない。

そこにブルーフォードとマステロットのWドラムが猛威の限りを尽くすのだから、ただもう絶句である。強靭なビートに貫かれた楽曲も圧巻だが、ノンビートのフリー・フォームでの6人の撃ち合いというか、バトルしながらじわじわ融合していくケミストリーも至福である。飛び道具満載のエンターテインメントという視点では、この「ダブル・トリオ・クリムゾン」が絶対無敵かもしれない。

05年から約9年の休止期間を経て、14年に復活したキング・クリムゾンは、「トリプル・ドラム／ダブル・カルテット」というフォーメーションを発明した。この時点からスタジオ新作へのこだわりを捨て、歴代クリムゾンのキラー・チューンを厳選したセットリストに、ライブの場で生まれた新曲を加えるというスタイルを追求する。

ちなみにトリプル・ドラムというフォーマットは、けっして過剰ではない。ドラマー3人とレヴィンが連動することでビート・メイクに無限ともいえる振れ幅が生まれ、４人全員が展開に応じてリード・ドラム／リード・ベースとしても機能し、そこにフリップとジャクスジクのギター、コリンズのサックスやフルートなどが縦横無尽に掛け合わされ、フィボナッチ数列のように増殖していく。クリムゾンの楽曲には〈エピタフ〉や〈アイランズ〉のように叙情性を極限まで濃縮したもの、〈スターレス〉のように叙情性と暴虐性が鬩ぎ合うもの、そして破壊力抜群の《ヌーヴォ・メタル》系という3つの極が存在するが、最新型クリムゾンは、この無双の方程式を駆使して全ての極に対応できるのだ。

こうして展開されるライブは、「キング・クリムゾンという壮大なレガシィを渉猟する尖鋭的オーケストラ」の様相を呈し、21年の来日公演においてもなお輝きを増していた。正直、発狂寸前まで驀進し、狂気の深淵を見せつけるテンションという点では、『宮殿』期や『太陽と戦慄』期に一歩譲るものの、いわばオールマイティに半世紀余りのレガシィの全てをパフォーマンスできるライブ・バンドという点で、測り知れない価値を持っている。

このようにキング・クリムゾンは、50年以上の歴史を通じてバンドのフォーメーションそのものを何度もゼロ・リセットしながら、常に極限テンションのライブをまっとうし続けてきた。これほど、いつの時代も他に類を見ない超絶ライブを最適のフォーメーションで展開し続けるバンドは他に存在しない。

CONCLUSION［浮き彫りになる真実］

ライブについて考察を掘り下げていくと、もしかしてこのテーマこそ、２大バンドの最大の相違点かもしれないと痛切に思う。

ピンク・フロイドは、自らの表現領域を進化させる最終兵器として視覚エフェクトをぶっちぎりで鍛え上げ、ライブの場で新次元の「フロイドスケープ」を生み出した。

キング・クリムゾンは、ライブこそ至高の表現空間と位置づけ、ひたすら音の訴求力と破壊力を極め続け、世界最高レベルの「クリムスケープ」をいくつも開発した。

これだけ両極端に振り切ったアプローチでありながら、どちらも「究極のクオリティにして唯一無二のライブ」に辿り着いた。この両極のフォーミュラも、今日のロック／ポップ・ミュージックにおけるライブ・パフォーマンスの神聖なる雛型となっているのは間違いない。

[7] フォーメーションの変遷と求心力

ピンク・フロイド《歴代メンバーわずか5人――それでも最後は分裂した》

シド・バレット、ロジャー・ウォーターズ、ニック・メイスン、リチャード・ライト、デヴィッド・ギルモア。以上5人。

ピンク・フロイドをめぐる興味深い事実のひとつに、歴代メンバー数の少なさがある。厳密に言えば、「ピンク・フロイド」のバンド名に落ち着く前後のバンド黎明期、他に3人ほど出入りしたミュージシャンはいるにせよ、彼らはピンク・フロイドのバンド史にほとんど貢献していないので除外しておく。

バレットは『神秘』制作時にはメンタルの変調が露わだったため、ライブ中心にギター・パートを引き受けるギルモアを早くからバンドに迎えていた。そのため、バレットを失った後でも4ピースのバンド・フォーメーションとしては大きな問題がなかったのでメンバーを補強する必要がなかったわけだ（ソングライティング面ではバレットの穴を埋めるため多大な労苦を必要としたが）。

そもそも、バンドとしてはバレットの音楽的レガシィをリスペクトしたうえで、どのように新生フロイドへ方向転換するかを模索していったわけだから、シド・バレットというアーティストを肌で感じた人間でなければ、バンドの一翼を担って「狂気のエンタメ化」に邁進するのは困難であり、正規メンバーはおいそれと代替しにくい、という認識もあったのではないか。学生時代からの親しい友人同士、という絆を意識していた面もあるだろう。

またフロイドのサウンドスケープは、４人の持ち味を活かしながら、個々のプレイのシナジー効果を生み出して独自のバンド・グルーヴを生み出すものだから、その「ツボ」を心得たメンバーでなければ成り立たない。とても一朝一夕で新参メンバーがアジャストできるものではなかったとも言える。

そして何より、バレットの喪失という巨大な空洞を埋めるためには、否応なしに残された４人は結束せざるを得なかった面もある。大曲〈神秘〉では新生フロイドとしてやっていける手ごたえを掴んだし、『ウマグマ』や『原子心母』におけるエクスペリメンタルへの大胆な挑戦は作品セールスにも繋がった。『おせっかい』ではその自信が不動のものとなり、全員がそのパフォーマンスに心から納得した。

もちろんその間、作詞に悩んだギルモアがウォーターズにアドバイスを求めたところ、冷たく拒まれてしまい、以後ギルモアは85年のウォーターズ脱退までほとんど作詞に手をつけなかったというエピソードもある。しかし現実問題として、全てが美しく厚い友情で結ばれていたなんてことはあり得ないわけで、特にシーンの最前線でクリエイティビティを競うバンド活動では少なからず軋轢が生まれるのは当然のこと。こまかな諍いはあったとしても、ニック・メイスンが「見たこともない高原に登った感じだった」と回想する『狂気』までのフロイドには、疑いようもなく充実感と高揚感がみなぎっていた。68年からの5年間、ウォーターズの主導権が日に日に強まっていたにせよ、それによって有無を言わさぬ結果が出ていたのだから、彼らの結束には揺るぎなく、輝かしいものがあった。

ギルモアさえも当時のウォーターズについては、「ロジャーは、偉大と言えるほどの意欲と権威を備えていた。そんな存在がいてくれるのは、いつでも間違いなくいいことだよ」と語っていた。

ところが、『狂気』の成功は彼らの想像を絶する巨大スケールに膨らんでしまい、〈葉巻はいかが〉に描かれたように、全員が有頂天で舞い上がった直後、激しい虚しさに襲われた。のちにメイスンは、「次に何をすべきかわからなかったから、すぐ苦しみ出した。それまで全く存在しなかったような、バンド内の意見の食い違いが露わになってしまったんだ」と語っている。

その後、バンドは2年半の試行錯誤の果てに『炎』を生み出したものの、この傑作に漂うニヒリズムがバンド全員の虚ろな心を雄弁に物語っている。ここから85年12月のウォーターズ脱退まで、まさに「茨の10年」が始まった。ウォーターズ自ら「10年間の血まみれの地獄だった」と回想しているくらいだから、彼の妄執に振り回された3人にとっては、さらに悪夢だったはずだ。

ウォーターズは、その虚しさを埋めるためにひたすらコンセプト・アルバムの創作に精魂を傾けるようになり、もともと持っていた左翼的ニヒリズムをあらわに打ち出した作品を連発していく。『アニマルズ』〜『ザ・ウォール』〜『ファイナル・カット』と突き進むにつれて、彼の幼少時代のトラウマがモンスターと化した世界観が先鋭化した。その中で『ザ・ウォール』は全世界3000万枚超えという、これも圧倒的なセールスを記録したものの、ウォーターズの「独裁政治」は過熱化し、79年にはライトを解雇。残ったギルモアとメイスンも、『ファイナル・カット』制作時には「日雇いセッション・ミュージシャン」のような使われ方をされていた。

こうしてみると、ウォーターズには求心力が欠けていたというよりも、或る意味で求心力がありすぎて、プラスもマイナスも貪欲に呑みこんで周囲を疲弊させてしまったのではないか。以後、85年の騒動を経てけっきょくウォーターズのほうがバンドを去る形となった。作品の中では冷徹な洞察力を誇ったフロイドでさえも、ロック・スターに襲いかかる「巨大な成功がもたらす空虚感」に食い殺された、と言えるのかもしれない。

キング・クリムゾン《歴代総数22人――「唯我独尊」でも変化に対応》

クリムゾンのフォーメーションを語るうえで不可欠となるのが、1969年以来めまぐるしく変わり続けた歴代メンバーの顔触れだ。ご存じの方も少なくないだろうが、ここであらためて整理しておきたい。

歴代の正規メンバーはロバート・フリップ（G）を筆頭に、イアン・マクドナルド（Sax／Fl／Key）、グレッグ・レイク（Vo／B）、マイケル・ジャイルズ（Dr）、ピート・シンフィールド（Words）、メル・コリンズ（Sax／Fl）、ゴードン・ハスケル（Vo／B）、アンドリュー・マカロック（Dr）、ボズ（Vo／B）、イアン・ウォーレス（Dr）、ジョン・ウェットン（Vo／B）、デヴィッド・クロス（Vn／Fl）、ビル・ブルーフォード（Dr）、ジェイミー・ミューア（Perc）、エイドリアン・ブリュー（Vo／G）、トニー・レヴィン（B／Stick）、トレイ・ガン（B／Warr Guitar）、パット・マステロット（Dr）、ジャッコ・ジャクスジク（Vo／G）、ビル・リーフリン（Dr／Key）、ギャヴィン・ハリソン（Dr）、ジェレミー・ステーシー（Dr／Key）――以上22人に及ぶ（『宮殿』以前に参加していたジュディ・ダイブルとピーター・ジャイルズは除く）。

これだけでもすごい数だが、歴代の作品にはその存在を抜きにして語れない重要パートを担ったゲスト・アーティストたちがいる。まずはキース・ティペット（Pf）に始まり、彼のバンド・メンバーであるマーク・チャリグ（Cort）とニック・エヴァンス（Tb）、さらにジョン・アンダーソン（Vo）、ロビン・ミラー（Ob）、ポーリナ・ルーカス（Sop）、ハリー・ミラー（Cb）、リチャード・パーマー・ジェイムス（Words）の8人がいる。さらに『レッド』では、脱退していたマクドナルド、コリンズ、クロスがゲスト参加で感動的な名演を披露した。また、本作の3曲に登場するノンクレジットのチェロ奏者も重要なので、合わせて12人となる。

なぜこれほどメンバーを入れ替え続けたのか？　その理由は大きく2つある。

第一に、フリップの表現衝動が新しい次元を求めて、バンド・コンセプトを一新するフェーズが何度も生じ、そのたびに最適人材をスカウトする必要があったことだ。『アイランズ』期での人材オーディションでボズとウォーレスを獲得し、『太陽と戦慄』期ではウェットン、クロス、ブルーフォード、ミューアの4人を獲得した。また80年代にブルーフォードと立ち上げたプロジェクトには、旧知の間柄だったブリューとレヴィンを巻き込み、初めてUSロック系人材との混成による『ディシプリン』が誕生した。

その後は、フリップ自らが主宰した「ギター・クラフト（ギタリスト養成講座）」のOBであるトレイ・ガンや、「21stセンチュリー・スキッツォイド・バンド」（クリムゾンの初期楽曲を中心にライブ活動を展開したトリビュート・バンド）からジャクスジクを補強するなど、周辺の人材ネットワークから効率よくリクルーティングしたことも多い。

もう一つの理由は、そのつどの現実的なバンド事情によるもので、人間関係の不和や軋轢、あるいはフリップが求めるレベルに達しなかったなどの要因で、離脱や解雇が相次ぎ緊急補強を迫られたことだ。

特に『ポセイドン』から『リザード』にかけてはストレスフルで、『アイランズ』でメンバーを固定させるまでは「自転車操業」に近い状態が続いた。さらに、その『アイランズ』期のメンバー3人も、ミュージシャンとしての音楽観やアティテュードの大きな食い違いが明らかになったことで袂を分かつしかなくなった（コリンズ、ボズ、ウォーレスは、それぞれ卓越したスキルを持っていたものの、音楽観という点ではフリップとまったくそりが合わず、次第にコミュニケーション不全のマイナス連鎖が蓄積し、ついにボズとウォーレスはステージで破壊活動に走るなど、信頼関係がことごとく崩壊していった）。さらにこの時期は、バンド誕生以来の盟友だったシンフィールドさえ解雇する事態になったわけで、フリップがバンド運営に最もエネルギーを消耗した時代でもあった。

しかしフリップ御大、20代頃までは知性が勝ちすぎて頑なというか、我が強すぎて周囲が辟易して疎遠になってしまう一面もあったが、歳を重ねるにつれて丸くなり、メンバーから厚いリスペクトを受けるまでになっていく。謙虚さと誠実さも深まっていき、02年には自らコリンズに国際電話をかけ、かつての非礼を詫びて、またやり直せたら嬉しいと語ったこともあった。その後、両者の距離は徐々に縮まり、14年にコリンズは晴れてクリムゾンへの復帰を果たす。

そして今では、全員がクリムゾンでプレイできることを無上の歓びとしながら献身的なまでにアンサンブルの練磨に励んでいるのだ。80年代以降のフリップは、その天才とバランスの取れたリーダーシップを確立していったとも言える。

CONCLUSION［浮き彫りになる真実］

アーティストの本質を語る時、バンドのフォーメーションはあくまで二次的な属性ではあるが、バンドを長期間にわたり存続させるうえで「2つの大いなる雛型」になっているのは確かだろう。

10年単位のスパンで創造的な音楽活動を続けようとする場合、キング・クリムゾンの方法論は、ひとつのケーススタディを示していることは間違いない。ただし、なかなか覚悟が要るオペレーションなので、果敢に志すアーティストは多くないだろう。

一方でフロイドのバンド変遷史は、多くの長命バンドが歩む道なのだが、ウォーターズのように、リーダーがビジネス感覚は抜きにして自らの信念（＝コンセプト・アルバムの飽くなき探求）を貫こうとした場合、バンドとしてどんな回答を見出すかの「大いなる教訓（反面教師の側面も）」として示唆に富む。けっきょく、ビジネスマンとしてクレバーだったギルモアが「ピンク・フロイド」というブランドの覇権を手に入れたわけだが、こうしたシリアスな「分かれ道」では最適な解というものはないような気がする。

［8］究極の体験ストーリー

これまで書き連ねてきたことの総まとめとして、2大バンドの「究極の表現コア」、つまり絶対的な表現特性をふまえ、彼らの音楽の体験ストーリーといったものを掘り下げてみたい。2大バンドそれぞれを至高の存在たらしめているものが、受け手の感性の中でトータルにどう体験され、どう受容されていくのか、そのエクスタシーのシミュレーションである。

ピンク・フロイド《じわじわと脳細胞を侵す「プチ狂気」の快楽中毒》

1 「ミル・フィーユ」サウンドとの遭遇

フロイドとの出会いの第一印象は、なんとも耳に心地よいハイパー・ブレンドな音像だ。周到に表現レイヤーの薄膜を何枚も織り重ねたような、まるで本来の意味の「ミル・フィーユ（＝「千枚の葉」）」のような表現ワールドである。

いわば、サイケデリック×ビートルズ風ポップ×ブルース×R&B×トラッド・フォーク×エレクトロニクス（トランス）×ファンク×ミニマル×アンビエントのミクスチャーといったところか。フロイドは、これらの音楽マテリアルを自在に参照するスキルを磨き上げたことで、ユーザー・フレンドリーとさえ言えるサウンドスケープを成就させた。

時折、〈ナイルの歌〉や〈ユージン、斧に気をつけろ〉、〈吹けよ風、呼べよ嵐〉、〈ドッグ〉などハード・エッジなサウンドもちりばめられているが、おおむねエバーグリーンな親しみやすさを持った音像で、キャッチーなコンテンポラリー・ロック、あるいはイージー・リスニングなポップという風体でリスナーに寄り添ってくる。

あまりにさりげなく練り上げられているため見過ごされやすいのだが、よくよく考えるとじつに巧妙というか、驚異と言うしかない。これによって、フロイドの音世界とのファースト・コンタクトは、じつにスムーズに成し遂げられる。もちろん適度なスリルも随所にまぶされているから、飽きることがない。

2 「心のハードル」が下がり、溶解する

こうしたサウンドスケープの中で展開されるボーカルのトーンも柔和というか、アノニマスなハーモニーで包み込む楽曲が多く、結果的にリスナーの「心の垣根」を低くさせる。トータルな印象としては、「これがプログレ？ これがアバンギャルド？ なんだ、意外に聴きやすいじゃん」といった具合に、聴く前に身構えていた警戒感や緊張感を解きほぐし、ガードは次第に下がっていく。歌詞も、ストレートでわかりやすい日常語が中心だから、「難解なのでは？」という先入観がじわじわ解凍されていく。

ちょっといろんなポップ・ミュージックを聴き込んだ「うるさ型」のリスナーであれば、「ああ、こんな感じね。生真面目にバランス良く作り込んでいて、まあ好感持てるし、いいんじゃない？」といった、まさに上から目線の優越感に浸ることもできる。平たく言えば、油断を誘ってしまう音楽なのである。これこそフロイド流の「リスナーを落とす手練手管」であって、音像にも歌詞にも仕掛けられたトラップによって目くらまし効果が生み出されていくのだ。

かくして、「心の垣根／心のハードル」は大きく引き下げられ、しだいに溶解する。結果、リスナーの感性はほとんど無防備になり、ひとりひとりの「心の闇」にすうっと近づくことができる。熟練のカウンセラーや臨床心

理学者も真っ青になる神技ではないか。

しかもそれは、けっして「騙す」ということではなく、「気持ち良く落とす」ということだ。これは、リスナーもしくはオーディエンスを「落とす手練手管」として、あらゆる意味でエポック・メイキングと思えるのだが、これまで特に指摘されてこなかった。この点、後のプログレ・アーティストたちよりも、幅広いロック＆ポップのアーティストたちのほうが、巧みにフロイドのメソッドを参照し、「落としのテクニック」を磨いてきたようにも思える。

3　狡猾さを持った弱毒性ウイルスの侵食

ここからが肝心なのだが、そのサウンドスケープの中には、弱毒性の快楽ウイルス、あるいはドラッグとでも言うべきものが充満していることだ。「心の垣根」を雲散霧消させたうえで、あらわになった聴き手の「心の闇」に甘美なウイルスが侵入するのである。

フロイドというバンドは、シド・バレットという存在によって狂気の強烈なイニシエーションを授かったため、残された自分たちのやり方で狂気をどう描き切るかに心血を注いだ。とはいえ、正真正銘のマッドネスの世界へ行ってしまったバレットの二の舞になっては元も子もない。そこで試行錯誤の果てに発明したのが、バレットの狂気のDNAを純粋培養しながら、その狂気に対する免疫力をも高めつつ、狂気の世界を擬似体感できるサウンドスケープ・シミュレーター、とでも言うべき世界だ。

このウイルスの作用としては、［2］演奏特性の項でも触れたように、この世界を成り立たせているフレーム（＝リスナーが意識の中に醸成している日常生活のパラダイム）を、甘美な痺れ感覚と共にじわじわと緩め、犯し、揺さぶり、ついには綻びを作り出す。

しかも、パノラミックなサウンドスケープを持った超大曲と、その狭間に奏でられる、「日常のだまし絵」のような一見ありふれたポップ・ソングが共鳴し合う、二段仕掛けの周到さなのだ。

4 脳細胞が「プチ狂気」の快楽に囚われる

このウイルスは「これこそ、人間が内面に抱え込んだ本質的なトラウマなのだ」とリアルに体感させる威力を持っている。けれども、バレットの純正狂気を何万倍にも希釈した毒性なので、リスナーもフロイド自身も、けっして本物の狂気に憑りつかれたりしないし、人格破綻を招くこともない。

ウイルスに感染した後、受け手が体験するのは、「エンターテインメントとして気軽に楽しめる狂気」、あるいは「メンタルの火遊びを楽しめるバーチャル・ワールド」だ。そこでは、もともとの日常生活の位相とは角度がほんの少しずれている。それによって、リスナーの脳ニューロンのシナプスはささやかな変調を起こし、じわじわと膨らんだ「心の闇」のタガが外れて解き放たれ、悪夢というほどではないが、日常世界がクィアに歪んだ夢幻が立ち現れる。

それは、ちょっとアブないけど、いい感じの刺激的快楽として満喫できる「プチ狂気」だ。自らの音楽を「知性とは無縁、ストレートにエモーショナルな反応を引き起こす装置」と豪語したウォーターズの思惑通り、ポップ・ミュージックがもたらす蠱惑的なエンターテインメントとして、最高水準のクオリティを獲得している。

5 反復されるコンビニエントな快楽中毒

そして、この「プチ狂気」はクセになってリピート再生せずにはいられなくなり、やがて快楽中毒の症状を引き起こす。

そこには、「言葉の力」もひそやかに作用している。シド・バレットという人間への愛憎に満ちたノスタルジアが渦巻くフロイドのヴァースには、独特の翳りあるポエジー（詩情）があふれ、何気ない日常語を執拗なまでに積み重ねる手法によって「プレーンな語り口の呪術」を受け手にかける。それは、心の屈折や亀裂へいともたやすく沁み込んで、心地の良い「フロイド中毒症状」を引き起こしていく。

例えば、〈そして（And）〉と〈誰も（No One）〉を執拗に繰り返しながら呟くファルセット・ボーカルが白日夢のような酩酊状態へ誘う〈エコーズ〉。日々の生存に欠かせないタームをめぐるオブセッションを周到に植えつける〈タイム〉や〈マネー〉。さらに、わずか80秒の間に25行もの「おまえ」への激しい呪詛が囁かれ、ぞくぞくする快感に溺れていく〈狂気日食〉など。

ひとりひとりの個性はあえて封印して匿名性の中に韜晦するボーカル・スタイルが、この快楽をさらなる高みへ押し上げる。メンバー3人の声が蕩けるように溶け込んだ「フロイドの声」は、聴く者のエモーションの歪みへの浸透性がとてつもなく、中毒性の高い甘美な麻薬以外の何ものでもない。

かくして、累計2億5000万枚を超えるフロイド作品を購入したリスナーと、彼らの家族や友人たちを含めた延べ10億人は下らないはずの快楽中毒者が、地球上に蔓延していったのだ。

6　時間軸さえ溶け出す酩酊トリップへ

フロイドのマジックを解き明かすうえで、もう一つ重要な因子は、時間をぼかす——時間軸を混沌とさせる作用だ。空間を歪ませ、時間を蕩けさせるという意味において、「量子力学的サウンドスケープ」と言ってもよいかもしれない。

そこには、フロイドの音響力学というか、ウォーターズやメイスンの建築工学的知見を活かしたサウンドスケープの造形マジックが寄与している。超大曲〈エコーズ〉や最高傑作『狂気』で展開される各インストゥルメント・パートの音像定位の極め方、日常空間からわずかに地軸をずらしていくような音像のメタモルフォーズ、楽曲のシークエンスに応じて定位を大胆にチェンジさせる音響設計などが積み重ねられて、受け手はいつしか、自分がどの時代のどの日時を拠りどころにしていたのか、認識が朧げになる。

フロイド音楽の起点は、クリムゾンとは対照的にいわゆる「現代」というか「今この時」がほとんどなのだが、この量子力学的なサウンドスケープに引き込まれていくと、その時間軸がみるみるうちに朦朧としていくのだ。しかも、全ての作品においてエコーのかけ方が絶妙で、全てのインストゥルメントやデバイスについて、「エコーのレイヤー」がきめこまかく「ミル・フィーユ」となって織り重ねられているので、サウンドスケープそのものが有機生命体と化して蠕動していくような、悪寒とも快感ともつかない五里霧中感覚に呑み込まれていく。

結果、ゆるぎない時間軸に貫かれていたはずの日常生活のロードマップは溶解し、太古から古代／中世／近代／現代／未来が侵食しあい、色彩のマーブリングのように溶解した世界が立ち上がっていく（これは、クリムゾンの「時空転位作用」――或る時代から別の時代へワープしていく作用――とは異なり、時間軸そのものを溶解させ匿名性の濃霧に包み込んでいく作用だ）。こうした時間溶解作用も、フロイドの「コンビニエントな狂気と快楽」を膨張させていく。

そこは、たとえようもない虚脱感と解放感が表裏一体で押し寄せる世界であり、底知れぬエクスタシーの深海へ沈み込むようなひとときが顕現するのだ。

7　ライブ空間での視覚&五感増幅へ

そしてフロイドの「狂気の快楽中毒」は、音楽のみの領域にとどまらない。「無敵の視覚エフェクト」と究極合体したライブの場で、この快楽中毒はさらに増幅する。

もともとスタジアム・ライブというエンターテインメント空間は、そこに集まった数万~10万人スケールのオーディエンスが興奮しやすい特性を持っている。彼らは、陶酔と熱狂と歓喜を求めてやって来るのだし、そこで鳴らされる巨大音響が、さまざまなテクノロジーが複合化されたビジュアル・エフェクトと渾然一体化することで、同行した友人や家族はもとより、まったく見知らぬ観客同士でも刹那的な一体感が生まれ、アドレナリン全開の集団狂騒状態が誘発される。

ピンク・フロイドは、そうした現象をどこまで利用していたかは不明だが、自分たちが探求したサウンドスケープに最適なビジュアル・エフェクトをビルドアップしつづけた結果、世界中のオーディエンスの潜在的な欲望にアジャストした「極上のエクスタシーに誘う複合アート」を創り出すに至ったのだ。

そこで立ち現れる重層的な極彩色の異次元ワールドでは、「コンビニエントな狂気のサウンドスケープ」の快楽中毒が、まさしく五感全てで享受されるものへと化けていく(ライブ空間では、聴覚に加えて視覚・触覚・嗅覚・味覚の全てが動員される)。その意味において、『狂気』以降に開発され、歳月と共にアップグレードされていったスタジアム・ライブこそが、ピンク・フロイドが生み出す快楽中毒の究極点と言えるだろう。

キング・クリムゾン《狂気の奈落へ突き落される禁断のエクスタシー中毒》

1　苛烈なインパクト＝大量の劇薬を浴びる

クリムゾンのサウンドスケープにあっては、「手軽に&気軽に体験する」というアプローチは困難を極める。それは、まさにピンク・フロイドとは真逆で、いきなり劇薬を浴びる/強毒性のウイルスに侵される、という体験にほかならないからだ。

繰り返すが、フリップがそのキャリアの最初にめざした境地とは、「ジミ・ヘンドリックス(ロック史上空前絶後の天才ギタリスト)×ベーラ・バルトーク(古典と最前衛をつなぐエモーショナルな巨匠作曲家)」である。そんな美学を探求し続けた天才コンポーザー&アレンジャーが、その時々の表現コンセプトに応じて最適化したバンド・フォーメーションを編み出し、持てるスキルの限りを尽くして生み出したサウンドスケープが展開されるのだから、その音楽は「劇薬」にならざるを得ない。

本章で詳述した〈21世紀のスキッツォイド・マン〉、〈サーカス〉、〈フォーメンテラ・レディ〉～〈船乗りの話〉のメドレー、〈太陽と戦慄 パートI〉をはじめ、現代人の苦悶と錯乱の生体反応を情け容赦なくスクイーズ・アウトする〈レッド〉、アンチ・ロマンの鏡に映った自分自身の錯乱オーラが氾濫する〈セラ・ハン・ジンジート(Thela Hun Ginjeet)〉、未来のインダストリアルな狂熱の中で凄絶なカタストロフィーが押し寄せる〈ヴルーム・ヴルーム〉など——いずれの楽曲においてもリスナーは、冒頭から大量の劇薬を全身に浴びるというクリムゾン流の洗礼を受ける。絶対的な支配力を持つサウンドスケープに、たちどころに服従せざるを得ないのだ。

2 動から静へ／静から動へ：激しい中毒症状

クリムゾンにおいて顕著なのは、動から静へ、そして静から動へ、サウンドスケープが激しく変転することだ。多くの平均的プログレ・アーティストたちが、同一のモチーフに執着して延々とその変奏フレーズを5分も10分も引っ張るのに対して、クリムゾンは長尺曲においても、潔いほどめまぐるしく音像を切り替えていく。

この大胆かつ果敢なモード・チェンジは、やはりバルトークの影響ではないだろうか。怪物的な暴虐性が鳴り響く「動」のパートと、喜怒哀楽の襞に沁み込んでいく叙情性があふれる「静」のパート、その両極を自在に行き来しながらダイナミックに変容していく音像を浴びせられると、リスナーの感性は大きな振幅で揺さぶりをかけられ、当初のショック状態から解放されるどころか、その衝撃はますます強まり、狂気という名の強毒性ウイルスに脳内を蹂躙されて、「心の闇」の扉が一気にこじ開けられてしまう。

しかしこれが、ほどなく、痺れるような快楽に様変わりしてしまい、引き返すことのできない中毒症状に犯され始めるのだ。

3 音のメエルシュトレエムに自我が分裂＝錯乱の自己像と向き合う恐怖、そして快楽

クリムゾンのサウンドスケープでは、駆使される音楽的語彙が尋常ではない。フリップ自身の素養はクラシックの古典から20世紀以降の現代音楽にあるが、10代後半からプロのバンドマンとして活動する中でジャズやロックンロールの薫陶も受けていた。彼が自認するように、ブルースの土壌には縁遠いのだが、そのつど、メル・コリンズやイアン・ウォーレス、ジョン・ウェットン、トニー・レヴィンなどブルースに精通したメンバーから補完した。結集した精鋭たちが、フリップの卓越したサウンドスケープ設計のもとに変幻自在のアンサンブルを生み出すことで、ロック史上でも無双の濃縮度を持つ「音のメエルシュトレエム（巨大渦巻）」が引き起こされるのだ。

一つの作品の中で、リスナーは何度もこのメエルシュトレエムに呑み込まれ、強い中毒症状に犯されたまま脳細胞のニューロンに激震が走る。そして、鏡に映った「もう一つの自己像＝心の闇に隠し持っていた妄執を曝け出した自我」を見せつけられ、まさしく「21世紀のスキッツォイド・マン」と化して心が分裂していく。この錯乱はクセになり、意識の表面では当惑や狼狽が芽生えるものの、やがてこれがマゾヒスティックな快感に転換し、脳内には多量のβエンドルフィンが分泌されて多幸感の大波が押し寄せる。

なぜかといえば、人類の苦悶や錯乱を灼けつくようなリアリティで見せつけられることで、受け手は「これが人類の真実なのだ」という覚醒に至り、ゆるぎない確信を得たという屈折した達成感に包まれるからだ。重苦しい真実ではあるが、狂気の氾濫の果てに辿り着いたビジョンとしての貴さに深く共鳴してしまうがゆえなのだ。

或る意味、アルチュール・ランボーが唱えた《見者（voyant）》のように、人間の大いなる錯乱の本質を見抜く境地（＝天才と呼ばれる表現者にしか見えない境地）を共有できた達成感、とも言える。そう、われわれは、キング・クリムゾンという劇薬的な快楽中毒に溺れることで、はかない刹那ではあっても「天才のビジョン」を擬似体験できてしまうのかもしれない。

4 「インプロ万華鏡」が快楽中毒をリピートする

しかし「揺さぶり」は、これだけではない。超絶インプロビゼーションの嵐が待ち構えている。ひと口にインプロといっても、キング・クリムゾンにおけるそれは、ロックやジャズにおける一般的なスタイルとは明確に一線を画す。

つまり通常は、定型で演奏される前半パートと後半パートがあって、その真ん中にコード進行くらいしか決めごとを設けず自由にジャムるセッション・パートが置かれ、そこではプレイヤーたちが得意のフレーズをぶつけ合ったり、交互にソロを取っていく、といった流れである。思い思いに「楽曲を崩す／解体する／拡散する」方向で演奏スキルをお披露目するわけだ。

しかしクリムゾンのインプロは「楽曲を崩す」のではなく、むしろ逆のベクトルであって、その場で「一期一会」の定型パートを新たに創造する試みなのである。すなわち、その楽曲のメイン・モチーフをふまえながら、ライブの場で楽曲のエッセンシャルな要素を組み立て直し、その場限りで一度だけ「リインカーネーション（輪廻転生）した楽曲」を生成してみせるのだ。『太陽と戦慄』期のライブで何度もトライされた〈イージー・マネー〉のインプロなどはその典型である。結果、一瞬の気の緩みも許されない、恐ろしく密度の濃いインプロビゼーションが生み出され、リスナーは何度も繰り返し中毒症状に溺れていくことになる。

5 狂気を増幅させる「汎音楽的インパクト」

そしてもう一つ特筆すべきは、クリムゾン特有の多様な音楽性が生み出す「汎音楽的インパクト」だ。世の中に「多様な音楽性」を持ったバンドやアーティストはいくらでもいるが、多様な音楽のそれぞれの核心まで踏み込んでその究極奥義を全て自分のものにしてしまえるアーティストなど、そうそういるものではない。疑いもなくその領域に達してしまったロバート・フリップという天才は、最終的に「いつでも、どんなスタイルにも変化でき、どんな楽器も自在に使いこなせる《汎音楽的スタイル》をマスターした。結果、彼がその奥義を実践する瞬間は、いつも例外なく美しい必然性に満ちている。

彼の中には、無尽蔵ともいえる音楽的語彙をマテリアルとして、超絶的なコンポージングとサウンド・デザインの才覚によって体系化した「高速CPIと巨大容量メモリで構成された壮麗な音楽アーカイブ」が構築されている。それは、瞬時にあらゆる音楽フォーマットの核心へ自在にアクセスできる超神速のプラットフォームだ。

そこから生み出される比類のない「汎音楽的インパクト」は、常套的な音楽展開に慣らされた受け手の感性を根底から揺さぶり尽くす。それが繰り返されることによって、私たちひとりひとりの内面に潜む「心の闇＝狂気」がますます増幅されていくのだ。

6 「時空の転位」から禁断のエクスタシーが

クリムゾンのサウンドスケープでは、時間軸というか人類が辿ってきた時代の諸相＝太古／古代／中世／近代／現代、そしてこれから辿るであろう近未来／超未来に至るフェーズが鮮明に立ち現れ、リスナーは、その諸相を何度も転位＝タイムワープさせられる羽目になる。加えて、空間的な瞬間ワープもある。まさに、「時空の転位」に翻弄されることになるわけだ。

その究極は『アイランズ』と『太陽と戦慄』であるが、『宮殿』や『レッド』にしても、数千年の時間軸を行き来するのだし、『ディシプリン』や『スラック』では現代と近未来／超未来との時空転位がランダムに繰り返されるような眩暈感に襲われる。

そこでは、太古から未来へつづく救いがたい人類の錯乱と苦悶の一大サーガに巻き込まれたような幻想が生み出される。しかもそれは、整然とした一方向の時間軸ではなく、たとえば「太古→現代→中世→超未来→古代→近未来」といったランダムな転位なのだから、何度体験しても恐るべき緊張感と虚脱感に包み込まれてしまう。

しかしそこには、世界の不条理のカオスを切り裂いて、ありのままの人類の生態を見極めてやるという意志力があるのも確かであり、聴き手は一連の「時空転位」に翻弄された果てに、揺るぎない真実を見届けてしまったというカタルシスに達し、その先では、まさに禁断のエクスタシーに耽溺することになる。時空を揺るがすエナジーもまた、クリムゾンの神技の一つなのだ。

7　全人類の「錯乱と苦悶のサーガ」に耽溺する

半世紀余りのバンド史を通じて至高のパフォーマンスを繰り広げるクリムゾンだが、とりわけ14年から始動した《恐怖の七頭獣》を標榜する新生クリムゾンは、ライブ・バンドとして特別な境地に到達した。クリムゾン体験の究極ストーリーを、毎回変幻自在に組み替えるオールタイム・ベストなセットリストによって3時間余りの超濃密パフォーマンスとして具現化するのだ。

彼らは今や奇跡のメソッドに到達した。2大ソリストであるロバート・フリップのクラシック（＋現代音楽）と、メル・コリンズのブルースが完全無欠のケミストリーを起こし、2人に共通するルーツ＝ジャズを増幅装置にして全時代の楽曲に新たな生命力が吹き込まれる。随所で勃発する、しなやかなダイナミズムを持ったモンスター・ジャムこそが、一期一会のインプロビゼーションを導き出し、「時空転位」という究極奥義をオーディエンスの眼前で見せつけるのだ。

しかも、トリプル・ドラムの中枢であるギャヴィン・ハリソンとベースのレヴィンがいかなるインプロ・モードにも対応するビートを創り、そこに他のメンバーがフレキシブルに感応して斬り込むので、変幻自在にして盤石のグルーヴが生まれる。結果、〈エピタフ〉（69年）から〈ラディカル・アクションⅡ〉（15年）のように何十年も隔たった楽曲同士が核融合を起こし、不可分の連続体となって壮大な「クリムゾン組曲」が誕生する。その瞬間に得られる巨大なエクスタシーはとほうもない。

これほど壮大なスケールで世界80億人の錯乱と苦悶をまるごと引き受けリアルに奏でられる存在は、ロック界はもちろん世界のあらゆる音楽ジャンルを見渡しても絶無だ。しかもそれは、太古から現代を経て遥かな未来まで、ゆうに一万年を超えるタイム感で貫かれた叙事詩であり、叙情詩でもある。そんな「狂気の一大サーガ」は、キング・クリムゾン中毒の大いなる桃源郷に他ならない。

CONCLUSION［浮き彫りになる真実］

受け手をいかに「反復性の高い快楽中毒」に陥れるか？ あからさまな言い回しだが、プロフェッショナルな表現者として目指すべきことの本音は、間違いなくここにある。そして、ピンク・フロイドもキング・クリムゾンも、まったく対照的なアプローチでありながら、どちらも完璧にこのミッションをまっとうしてみせた。

このようにストーリー立てて考察してみると、あらためてその対照性に驚くばかりだが、受け手を「いかに落とすか」というスキルについては、どちらもまさしく神技と言うしかないレベルにある。いったん彼らの術中に嵌まってしまえば、そこから抜け出すのは容易ではないし、そもそも抜け出そうとも思わなくなるだろう。この圧巻ともいえる「究極の体験ストーリー」は、２０２０年代の今日でもなお繰り返し参照し、深く学習するバリューがあることは言うまでもない。

第5章

プログレ好き日本人に捧げる究極討論!!

大鷹俊一 × 高見展 × 茂木信介

すべての始まりは、1960年代のサイケデリア!? バンド・メンバーたちから訊き出した意外なトピックも織り交ぜながら、2大バンドの知られざる素顔から2020年代のいま聴くべき価値まで。本音をぶつけ合った激白座談会！

オールキャリアを俯瞰する中、2大バンドの本質を再発見

茂木「さっそくですが、今回長文のアーティスト論をそれぞれご執筆いただいて、あらためて認識した2大バンドの面白さや偉大さについてお聞かせください。まず大鷹さん、キング・クリムゾンいかがでしょうか？」

大鷹「はい、やっぱりこれだけ長いスパンにわたって活躍した偉大なアーティストをしっかり見直せる機会を得られて、大変ありがたかったですね。僕はリアルタイムでクリムゾンの各時代を見てきていますから、そこで好き嫌いも含めてつどつど評価していたわけで、それはそれで妥当なものだったと思うんですが、いま2022年という地点から振り返ってみると、浮かび上がってきた全体像は想像した以上に面白かった。もちろんクリムゾンという存在は、いわゆるメンバー的変遷を含めて常に解体と再構築みたいなものを繰り返し続けてきたグループなので、面白いのは当然なんだけれども、やっぱりそこに時代性とか、このグループの核であるロバート・フリップのその当時の年齢や状況を重ね合わせていくことで、思っていた以上の面白さを突き詰めて考えることができたので、自分としては非常に刺激的でした」

茂木「高見さん、ピンク・フロイドいかがでしたか？」

高見「なんとなく思っていたことではあるんですけど、フロイドは、確認すればするほどクリムゾンとかイエスとかジェスロ・タルとかの対極にあるバンドなんだって良くわかりました。基本的にキング・クリムゾンが行ってることは物凄いプロ集団で、だからこそ解体と再構築というものが成立するんですけど、やっぱりピンク・フロイドは、はっきり言えばど下手なところから始まったのに、それが何やらいつのまにか凄いことになっちゃったっていう（笑）。そもそもシド・バレットが物凄く作曲の才能があったので最初から注目されてヒットもしたんだけど、やがてシドがいなくなってしまい、友達同士から生まれたバンドが自分たちなりに試行錯誤しながらいろんなテクニックも磨いて一つの世界観を作っていく、そういう意味でポスト・パンクなバンドだったんだなって、よくわかるんですよ。実際そういうアンダーグラウンド・シーンから出てきて、もちろん凄く長いスパンで続いたバンドなんですけど、ピンク・フロイドの本質みたいなものは、やっぱりシドに始まってシドに終わるっていうかね。シドがいなくなった後もずっとやってるんですけど、そのエモーションを極めて仕上げたのが『炎～あなたがここにいてほしい』だったのかなと。その時期までずっとシドという存在にがんじがらめになっ

ていたっていう一つの道筋が見えてきて、今回あらためて感慨深かったですね。もちろん、その後も凄くインパクトのある作品をしっかり作っていくんですけれども、なんか『炎』を作り終えて、いったんバンドが変わっていく。そこから『アニマルズ』以降は、ある意味プロのロック・バンドになっていく感じがする。トータルなキャリアを検証してみると、そういう印象が鮮明になってきてとっても面白かったです」

茂木「最初はど下手って言われましたけれども、それはまあプログレ全般の高度なテクニック水準に照らし合わせてということで（笑）。とはいえ、初期からライブでは非常に話題になっていたわけですよね」

大鷹「ま、サイケデリックの盛り上がりみたいなものとシンクロした部分があって、ライブでは独特の勢いを打ち出していく。そこがフロイドの一つの核ではありましたよね。視覚効果も含めてイマジネーションをどんどん広げてインパクトを生み出す点において、この時代のバンドとしては突出してましたよね。その中心にいたのがシドですから」

茂木「そうしたバンドのありようにおいては、ほんとにクリムゾンと対照的ですよね」

大鷹「フロイドはまずグループありき、バンドありきの一体感があったわけですよね。でもクリムゾンは、ファーストの後ですぐバンドが解体しちゃうじゃないですか。そこから、ロバート・フリップにとって究極のバンドを求める旅が始まるんだけど、そこがやっぱりクリムゾンを論じるうえで一つの重要な核なんじゃないかと思いましたね。そのへんから、両バンドの対照性みたいなものが凄く現れてくる気がします」

これほどの「両極」に振り切れた真相をめぐって

茂木「そうですね、そこが一番の本題といいますか、この2大バンドのいろんな要素を比べれば比べるほど、あらゆることが対照的というか両極端ですよね。お二人に聞きたいのは、そもそも、プログレの頂点にいるこの2大バンドがなぜこれほど両極端になったのか、なかなかすっきりした説明は難しいのかなと思いつつも、ぜひお聞きしてみたい気持ちがあって。高見さん、いかがでしょう？」

高見「要するに、いわゆるプログレの中でピンク・フロイドはなぜプログレなのかというと、とにかく実験を恐がらなかったことが大きいんだと思う。スタジオでのいろんな作業においても、最初の頃はEMIのハウス・プロデューサーくらいしか雇ってなくて、何をやっているのかケチをつける人もいなかった。だから、好き放題で物凄くめちゃくちゃなことをしてたんじゃないかなと。そういう思いつきをどんどんやっちゃって、それをすぐテープで繋げて形にしちゃうから。あらゆることを平気でいくらでもやってたし、それが許される環境を持っていたわけですよ。そこがフロイドの革新性だったと思います。でもキング・クリムゾンが作り出していった革新性というのは、物凄くテクニカルのところで、非常に技量が求められるような領域だし、音楽に対する深い知見が必要になっていくものですよね。だから、どっちが良いのか悪いのかじゃなくて、事実としてフロイドとクリムゾンはまったくベクトルが違っていた。そして70年代に入っていくに従って、多くのアーティストが新しいものを求めていくわけですけど、この両バンドが抜きん出てあそこまで行けちゃったのは、そこへのドライブ感っていうか情熱が物凄く強くて、強いだけにベクトルが真逆だから、もともとの違いがどんどん大きくなっていったんだと、そんな風に思うんですよね」

茂木「その最初のベクトルが何でこんなに違ったのかっていうこと、説明つきますかね？　私自身はっきりわからないんですけど」

高見「それはもう、大鷹さんもおっしゃってましたが、フロイドは要するにバンドが友達ありきなんですよ。友達同士のノリで、どうやったら刺激的なことができるかって突っ走っていった。でもクリムゾンの場合、もともと友人関係もあったりはしたけど完全なプロ集団だったから、そうした仲間意識が要らないわけですよ。だから音楽的に目指すものを生み出すために何が必要とされるのか、それがわからない時期は、フリップ自身があっさりバンドを止めちゃうとかね。やっぱりそういう求道的な姿勢に徹したところがある。両バンドのそもそもの姿勢とか、求めてるものとかが、まったく違うんじゃないかな」

茂木「大鷹さん、いかがでしょうか？」

大鷹「僕がすごく気になっているのが、サイケデリックに対するスタンスの違いなんです。特に初期の作品ではテーマというか姿勢が両極端になっている部分があって、それが、すごく大きいんじゃないかと思うんですね。たぶんクリムゾンって一番サイケから遠ざかっていたし、そういうものに否定的だったというか、距離を置いてたことがはっきりしてるバンドですよね。だから、サウンドなりアンサンブルを作る時に自己陶酔的だったり曖昧だったりする要素をどんどん排除していった。逆にピンク・フロイドは、サイケの殿堂のようなＵＦＯクラブとかにどっぷり浸かっていて、あの頃の音源が映像も含めて残されてますけど、まさにこれぞサイケデリックみたいな世界です。その中でどういう風に自分たちの音楽性を広げていくかみたいなことだった。もう、スタートの第一歩の最大の違いがそのまま反映してるところが、この両極端な姿を解き明かす一つのカギなんじゃないでしょうか」

茂木「70年代にかけて両バンドのアイデンティティが確立されていったわけですが、確かにいまおっしゃったサイケデリック・シーンとの距離の取り方、これが全ての始まりだったわけですかね？」

高見「まさにそういうことなんじゃないでしょうか。やっぱりクリムゾンはまったくサイケに染まってないですし、まあ、おそらくロバート・フリップなんかは非常にまやかし的なものにしか見なしてなかったんでしょうね（笑）。実際、サイケデリックの盛り上がりは1、2年くらいですぐ下火になっちゃうわけですから」

大鷹「ロンドンは特に早かったですよね、あっという間に終わっちゃってね。リンゴ・スターなんかは68年頃、ロンドンではもうサイケなんか無理だよって発言していましたからね（笑）」

高見「だけど、ピンク・フロイドは逆にサイケがなかったらバンドとして成長できなかった。最初はけっこうでためなことをやってたんだけど（笑）、そこできっかけをつかんで台頭していった。その前はビート・ロックとか、R＆Bのコピー・バンドをやっていてちょっとずつオリジナル曲を打ち出していたんですが、そこの技量が例えばローリング・ストーンズとかスモール・フェイセズとかそういう人たちと張り合えるかっていったら無理だったろうし。だけど、このサイケデリック、そしてアンダーグラウンド・シーンのど真ん中にいたことで、単純に必要にかられて凄く長い時間を演奏しなきゃならなかった（笑）。もう1曲最低15分くらいやらないと持たないんですよ。それをやっていくうちにいろいろ即興、といってもいわゆるプロ的な即興じゃなくて、物凄く効果音的なものを取り入れた即興なんかができるようになった。で、それがすごく受けたわけです。そういうサイケがなかったら、絶対にあり得なかったのがフロイド。そこが大きな違いですね」

大鷹「そうですね、だからアメリカのバンドにしてもいわゆるサイケのグループにはブルースのベースが大きいんだけど、それに比べるとクリムゾンはブルース的な要素っていうのは極端にないし、わかりやすいゾーンからまったく外れていく。特にクリムゾン以前のジャイルズ・ジャイルズ＆フリップでやってたことは、あの捻じれたユーモアの感覚なんか、まさにいまフリップがトーヤとやってること（Toyah & Robert's Sunday Lunch）と重なってたりします。だから、それぞれが持ってる資質とかスタートラインの違いっていうのは、その後の活動の中でずっと純粋培養されてきたっていうか、そのまま素直に突き詰めていったんだなって実感しますよね」

シドだけがドラッグに溺れた理由は永遠の謎

茂木「高見さん、サイケデリック時代のピンク・フロイドっていうと、さっきの話のように、どうしてもシド・バレットという人に集約されてくるところがあって、特にサイケデリックのムーブメントにフロイドがどっぷり浸かっていって、その中で、シド・バレットのみがＬＳＤに溺れていった。他のメンバーはそんなに溺れてないんですよね。そのへんの実態は、どんな感じだったんでしょうか？」

高見「それが、はっきりわからないんですよ。わかってたら、ロジャー・ウォーターズなんかもインタビューの中できっとそういう話をしてるはずなんですけどね」

大鷹「僕は、ニック・メイスンがいまやってるプロジェクト（ニック・メイスンズ・ソーサーフル・オブ・シークレッツ）の関連でインタビューした時、彼が言うには、シドはＬＳＤ以外にもＳＴＰっていうメチル・アンフェタミン、アシッドの10倍くらい強い薬物をやっていたんじゃないかと。そのくらい激しく溺れてしまったみたいですね」

高見「完全にシドは常習化してましたからね」

茂木「それってシドとしては、当時バンドの実質的なリーダーだったし、フロントに立ってバンドを一身に背負っているみたいな、そういうプレッシャーがあったりした影響なのかなって思うんですが」

高見「それはあったかもしれないですね。『炎』でロジャー・ウォーターズが作った曲〈葉巻はいかが〉は、音楽業界がどんどん若いアーティストを甘やかしてつぶしていくっていうようなことを歌っているんですけれども、そこには、シドはそうやって薬づけにされたんだっていうニュアンスの歌詞もあるから、やっぱりそういう業界特有の体質に流されたのかもしれない。毎晩フロント・マンとしてやっていくプレッシャーの中でついつい気晴らしでドラッグに逃げちゃったところもあったでしょうし」

大鷹「ニックにインタビューした時、彼はシドが辞めた瞬間、ようやく新鮮な空気が吸えた気がした、って言ってるのね。それくらい、他のメンバーにとっては大変だったし、いろんな奇行の話はいっぱい出ていますよね。バンドにおいてリーダーであり、ソングライターでありっていう、そんな芯がいなくなるっていうのは、とんでもなく大変だったんだけれども、残ったメンバーにしてみれば、そういう重しというか負担の部分が去ってくれた安堵感も生まれて、新しい展開を考えることができたんだと思いますね」

茂木「そこが非常にアンビバレントな状況というか、アーティストとしてはすごく尊敬するけど、一人の人間としては恐ろしいというか、どうしたんだこいつはっていう。そんな両面に引き裂かれていた他の3人、そして後から入ったデイヴ・ギルモアもちょっと体験したんでしょうけど、良くも悪くもそういう異常な体験をしたことが、のちのバンドの一種のエネルギーになったんですかね」

高見「『炎』くらいまでは、常にそこを忘れたいとか、そこからもうちょっと違うところに行きたいとか、なんかそういうものに駆られてるところはあったかなと思う」

大鷹「そうですよね。だから『炎』が出た時びっくりしたのは、やっぱり今になってもこんなにシドのことにこだわるんだっていうね。それはありましたよね」

高見「そこはもう、自分たちの中でずっとシドのことを打ち消してたんだけど、やっぱりもう打ち消せないみたいな、バンド全員の心の叫びみたいなものじゃないかな」

大鷹「まあ、ようやくシドのことを書けるくらいに余裕が出てきたってことでもあるんだろうけどね」

茂木「余裕と同時に、『狂気』が売れすぎた燃え尽き症候群の中で空っぽになってしまって、次は何に向き合うのか悩んだ末に、あらためてシド・バレットっていう存在に真正面から向き合わざるを得なかった。そういうところもあるかもしれないですね」

『アニマルズ』はラブ・ソング〈翼を持った豚〉に着地する

茂木「『炎』でシドへの向き合い方が一区切りして、その後の『アニマルズ』以降、ウォーターズの独裁体制が露骨になっていくわけですよね。そういう風に振り切れてしまった背景とか必然性とか、それってどういうことなんでしょう?」

高見「『アニマルズ』ではまず、『炎』で使えなかった曲を使うんですよね。要するにそれだけ消耗しちゃってる状況で、ほんとの新曲を作れないままアルバムを出すことになるんですけど、この時ロジャー・ウォーターズは結婚してるんですよ、上流階級の人(英国貴族のキャロライン・アン・クリスティー)と。それで結局このアルバムは、〈翼を持った豚〉という曲のパート1とパート2で全体が挟まれているんだけど、この2曲がすごいラブ・ソングなんです。その間にもろに社会批判の曲が〈ドッグ〉、〈ピッグス(三種類のタイプ)〉、〈シープ〉とあって、どれだけ自分たちが非人間的なことを強いられているか、社会は、特に資本主義社会はこれほど醜いんだってアジテーションしてるんですよね。で、そこにどうしてラブ・ソングが来るのかっていうことなんだけど、これを読み解いていくと、《僕はやっと君の愛がわかるような人間になれた》と、言ってしまえば他愛のない内容なんです（笑）。ただ、それは真ん中にある3曲で自分がいかに非人間的でダメな人間なのかを突き詰めた末に、このラブ・ソングで愛を自覚できたんだっていうそういう物語に組み立てられているんです。とにかくロジャーにとっては、彼女のために作りたかったアルバムなんですね。で、そのことによって彼の独占欲がエスカレートしてしまった。〈シープ〉という曲があるんですけど、これは〈ドッグ〉ほどではないにしてもデイヴ・ギルモアが物凄く重要な役割をしているし、この頃から貢献度に疑問符がついていたリチャード・ライトもこの曲ではけっこう存在感があって、みんながいろんな音を掘りこんで膨らみを持たせていくというピンク・フロイドらしい曲になりかかってるんです。だけどロジャーは、そこをすごく軌道修正しちゃって、まったく誰にもクレジットを渡してない。この曲ではベースをデイヴに弾かせているし、最後に激しいギターのパートがあるんだけど、ロジャーはそこをどうしても自分で弾きたい、自分が書いた曲なんだからって弾いてしまうし、楽曲のクレジットもロジャーだけにしてほかの誰にも渡さなかった。たぶんこのアルバムに関しては、完全に彼女に捧げるものと決めてかかって臨んでいたからだと思う。ただ、よく歌詞を読んでいくとあんまり底は深くないんですけどね（笑）」

茂木「まあ、アニマルズ（動物たち）っていう発想自体がジョージ・オーウェルの『アニマル・ファーム（動物農場）』の借用で底が見えやすい感じもありましたよね」

高見「そうなんだけど、でもその中で〈翼を持った豚〉だけは違うんですよ。全体的な印象としては確かにオーウェル的になったかもしれないけど、『アニマルズ』には《君のお陰で僕は変われた、変わることができた》っていうテーマがあることは確かで、これってよく考えると、なんか『ザ・ウォール』と同じような感じなんですね。ピンクっていう人が、最後にやっと壁を打ち壊して優しい人間になりましたっていう話とね。それにしてもこの時代に大変だったのは、『狂気』のツアーでバンドが物凄く稼いだ天文学的な額のお金を全てファンドに預けてたんだけど、そのファンドが運用に失敗して資産が全部なくなっちゃったんです。しかも商取引した記録は残ってるから、その投資額のじつに83％くらいの税金が発生するという恐ろしい状況だった。そのままでは完全にバンドもマネジメントもみんな破産しちゃうから、とにかく次は売れるアルバムを作ろうと。だからロジャーが俺の言うことを聞けって言って作ったのが『ザ・ウォール』なんですね」

茂木「そういうすったもんだの末に、リチャード・ライトは解雇されたんですよね」

高見「そうなんですね。リチャードはプライベートでも奥さんとうまくいってなくて鬱状態になっていたし、みんな税金を払えないからヨーロッパへ移住したり、レコーディングはアメリカでしたりと、凄く不安定な状態になってしまった。そんな中で、初めての外部のプロデューサーとしてボブ・エズリンを呼ぶわけですね。いままでバンド自身でずっとプロデュースしてきて、その中でリチャードはけっこういろいろ意見を言えたほうだったんだけど、『ザ・ウォール』では自分の役割がどんどん狭められるんじゃないかって危惧するようになって、彼は共同プロデューサーでやらせろって主張した。だけど、実際にやらせたらぜんぜんうまくいかなかくて、そこにボブ・エズリンがしゃしゃり出てきてしまった（苦笑）。しかもリチャードは、プロデュースってとこにずっとこだわってたから、ぜんぜんプレイで貢献できなくてみんな怒り始めてしまったんですね。それで解雇されてしまったわけです」

『狂気』の先で、繰り返しがきかなかったフロイドの方法論

大鷹「『アニマルズ』とか典型的だけれども、ピンク・フロイドは70年代の相当早いうちから文明批評みたいなことをやるようになって、このバンドのパブリック・イメージの一つになりましたよね。その象徴的なものとして、『アニマルズ』みたいなアルバムが出てくると非常にわかりやすかった。作品としての出来不出来は別問題としても、ピンク・フロイドっていうものが発した文明批評っていう大きなタームから見ると凄くわかりやすくて。それこそ『狂気』でファンになった人も安心して聴けるフロイドの世界でした。で、またサイケの流れに戻っちゃうけど、ヒッピー世代がどういう動きをするかっていう典型的なパターンのような感じで、『アニマルズ』の文明批評にしてもロジカルに突き詰めて攻めていくようなものじゃなくて、もっとふわーっとした直感的なものですよね。ただ、ある種エスタブリッシュメントなものに対する批判は絶対あるわけだし、そこに端を発した文明批評としてちゃんと機能している。それはよく言われるように、パンクの時代になってフロイドが時代遅れの恐竜だなんて批判されたりしてプレッシャーを感じたことへの反動だったという一面があるかもしれない。でも、ピンク・フロイドっていうグループが最初から持ってる大きな方向性みたいなものには沿っていたと思うんです。だからヒッピー感覚のわかりやすい文明批評を貫き通

したのが、ピンク・フロイドっていうバンドの面白さなのかなっていう気がするんですよね」

茂木「なるほど。私自身としては、『アニマルズ』や『ザ・ウォール』っていうのはコンセプト的な方法論としてわかるし、絶妙なさじ加減のエンターテインメントだとは思うんですけど、ただやっぱり、あの『狂気』で作り上げた、快楽的なんだけどその中で凄いシリアスなメッセージを成立させるっていう、それまでに築いた方法論をみんな捨てちゃったのが本当にもったいないなって。その捨てちゃった原因っていうのが、ウォーターズの彼女なんでしょうかねえ（苦笑）。それとまあ、やりつくしてしまったっていうこともあるんでしょうけど」

高見「そうなんですよ、その方法論は、あそこまで行き着いちゃった以上、おそらくもう繰り返しがきかないんですよね。偶然の産物って言ったら言い過ぎですけど、ある時期までは偶発的なジャム・セッションでこんな音が出てきちゃったみたいな（笑）、それが物凄く収斂されて凝縮されたバージョンとして『狂気』に仕上がってくるんですよね。で、その勢いがあるまんま、『炎』とか曲がりなりにも作れた。だけど、本人たちは本当に疲れちゃってるわけですよ。だから、やり方を変えざるを得なかったところがあったんじゃないですか。ただ、どんなことをやってもわかりやすいことをやるっていうのがフロイドの魅力としてあるので、大鷹さんもおっしゃったように、文明批評をやるにしてもエンターテインメントとして成立できるものをやるっていうのがピンク・フロイド。で、とにかく『ザ・ウォール』はどんなことがあっても成功させなきゃならなかったわけですし」

茂木「経済的事情も含めて（笑）」

高見「でも、そういうテーマ性をあそこまで貫いたっていうは、なかなか大したものだと」

茂木「その執念は凄いですよね」

高見「そう、そこを貫いてるところが、やっぱりプログレとしての矜持なんでしょうね」

茂木「ちなみに、その後の『ファイナル・カット』ってどう位置づけてますか？」

高見「あれはもう、他のプロジェクトをそのまま流用したものであって、とにかくロジャーは、フロイドとして早く片をつけて次に行きたかったんだと思いますよ」

「俺はクリムゾンじゃない！」がフリップ先生の口癖

茂木「それでは大鷹さんお待たせしました、キング・クリムゾンについてお願いします。クリムゾンの初期、『宮殿』

の頃よく言われるのは、ロバート・フリップはそんなにイニシアチブを取れてなかったんじゃないかと。確かに演奏面でも作曲面でもイアン・マクドナルドの方がウエイト高そうだっていうところはあるんですが、やっぱりコンセプト的にはフリップが仕切っていたと思うんです。彼の口癖でもありますが、『ブルースはリスペクトするけど、ブルースだけでは絶対に音楽的なボキャブラリーが足らないんだと。だから、ジミ・ヘンドリックスとバルトークを融合させたところにこそ俺たちの音楽はあるんだ』みたいな、そういう確信を持っていましたよね。また『宮殿』のジャケット中面に《An Observation by King Crimson》っていう、これはキング・クリムゾンが冷徹に世界を観察した作品なんだぞっていう、そういう宣言を書き込んだのがフリップでもあるわけで。最初からいろいろ裏でイニシアチブをとっていたのは、やっぱりフリップなんじゃないかって気がするんですけど。そこのへん、どうでしょうか？」

大鷹「僕も基本的にはそうだと思いますよ。ある時期までずっと、ロバート・フリップは『俺がクリムゾンじゃない』って言ってるじゃないですか、誰が見てもあなたしかいないのに、『俺は違う』みたいな（笑）。どんな時期でも、俺が全てを仕切ったリーダーなんだとは公言しないですよね。いまの最新型クリムゾンですら、自分はリーダーであろうとしてるみたいな言い方をする。確かにどの時期の作品を聴いても非常に効果的なギターとか、緻密な構成の中で重要な役割はするんですが、例えばそれこそジミヘンじゃないけれども、一人のリーダーとして全てを支配した演奏を貫くっていう感覚ではない。全てにおいて絶対的にアンサンブルが基調、その中で何をやるか、最大の効果を発揮するかみたいな、そういうことを延々と追求している人なんですね。そのための駒じゃないけど、ピースとして最上の形で人材が集まったのがファーストの『宮殿』。で、あそこで一つの頂点へ行ってしまったことが70年代前半のクリムゾンの悲劇というか、困難な道が始まったと言われたりもします。ただ聴く側がみんな、あれがスタートでなおかつゴールだってしちゃうと、こんなつまらない話はないわけです。スタートがあれほど完璧なものだったからこそ、その先がどんどん面白くなったんだっていう風に捉えていくのが、クリムゾンとの正しい向き合い方なんだと思います」

茂木「『アイランズ』の時代までは、フリップもある意味バンドの自転車操業っていうのか、良くも悪くも天才的に仕切っちゃうんですけど、けっこうその場しのぎでミュージシャンを使う。それが『太陽と戦慄』になってからは、ほんと戦略的にバンドを編成できるようになったのかなって思うんですが」

大鷹「まさに、この本のタイトル『究極対決』って面白いなと思うのは、73年に『狂気（The Dark Side of the Moon）』が出て、クリムゾンの場合は邦題ですけど『太陽と戦慄』も出た。どちらにも月と太陽っていうものが含まれていて（『太陽と戦慄』ではジャケットに月と太陽が描かれている）、これほど示唆的な話はない。実際にこの2枚のアルバムは両バンドの象徴的な作品であって、フリップにとっても確信を持ってバンドを切り回せるようになった大きなマイルストーンと言っていいですよね」

茂木「フリップがそうした戦略的なバンドのプランを作るうえで刺激になったのが、70年代前半のソロ活動をはじめ、よりいろんなアーティストと出会い、いろんな刺激を受けてコラボをやってと、そこのへんの意味合いが大きかったんでしょうか？」

大鷹「そうですよね。特にジャズ・ロック的なものとかそのへんをうまく取り入れられないかと探求したり、『リザード』なんかの中世ファンタジーみたいな世界を掘り下げるとかも一つの挑戦でしたよね。そういう風にして考えると、一貫して挑戦がフリップのある種のテーマという気がします。見方によっては、凄く難しい人のようなイメージばっかり作られて凝り固まっちゃってる感じだけど、意外とシンプルというか適当というか雰囲気任せのところもある（笑）。失敗も恐れないんですよね。神格化している人から見ると、何々との関係性なり、どんな意図を持ってそういうところに行ったのかなり、緻密に解き明かそうとするんだけれども、そうやってロジカルに根拠を探ろうとすると、どんどん変な迷路に入っちゃう。で、フリップ自身もむにゃむにゃとわけのわかんないこと言って煙に巻くじゃないですか（笑）」

茂木「確かに、けっこう面白キャラですよね」

大鷹「そのへん、聴く側もケースバイケースで使い分けて接する、みたいな作法が必要なんじゃないかな（笑）」

全ての物語を圧縮させたフリップの《メタル》論

茂木「そして大鷹さんが今回掘り下げられた《メタル》論、これは刺激的で画期的だなって凄く感銘を受けました」

大鷹「そうですね。フリップが《ヌーヴォ・メタル》って言いだした時に、ファンがみんな何じゃい？って、また変なこと言い出したぞって（笑）。それで来日した際に僕がインタビューした時、フリップ自身が言うには、それは〈21世紀のスキッツォイド・マン〉の時からの一貫したテーマなんだって。どうしても僕らはメタルって言うと、いわゆるヘヴィ・メタルとかのイメージが先にできちゃってるから、そこから離れるのがなかなか難しかったりするんですけど、それとはまったく違った、音の持つ強さとか鋭さとか訴求力みたいなものを、フリップは思い描いているんでしょうね。それをどういうバンドの形態で、どういうメンバーでやるかは別にしても、ずっとそれを追い求めてきたんだと思いました。そういうフリップの描くメタル観が一貫して追求されてきたからこそ、クリムゾンというのはブレずにここまで来たんだなと思いますす」

茂木「そのシンボルになった曲が〈スターレス〉。確かにあの曲は、その中に深い物語を孕んでいて、それを全部圧縮させたのがフリップの《メタル》なんでしょうね。いま大鷹さんがおっしゃった強さ、鋭さ、訴求力とか、そういう音の強さが絶対的に強靭なんだっていう意味において」

大鷹「普通バンドって、5年もやってればだいたいやれることはやり尽くしちゃうよ、みたいに言われますけど、いろんなバンドを見ていてもそれは真実だなって思う。その限界を乗り越えたU2みたいな形は珍しいんでしょうし。そうやって考えると、通常はあるところで臨界点に達して終わっちゃうみたいなものだから、フリップが70年代、80年代、そして90年代へとどんどんやることを変えていったのはある種正直なものであって、それを貫き通した中に《メタル》という軸が秘められているからこそ、クリムゾン伝説みたいなものが朽ちることなく続いて、世界中のファンに伝承されていくという構造ができた。それは、やっぱり稀有な例ですよね」

茂木「その中で、フリップ先生のプログレ認識としては、クリムゾンはプログレじゃないんだぞと。あれだけ確信を持って変わっていったバンドであり、いい意味で時代時代のトレンドにも対応しつつ独自の音を追求していったわけだから、70年代に作られてしまった固定観念としてのプログレとは呼ばれたくない、っていうことなんでしょうか？」

大鷹「いわゆる、日本で言われるような『プログレ』で括られたくないっていう気持ちはわかりますよね。とはいえ、フリップなんかの言う構築性みたいなものとか、ある種の論理性で貫かれたサウンド構造みたいなものとかは、日本人好みではあるでしょうね。例えばアメリカであれば、フロイドの緩やかな文明批評なんか凄く受け入れられやすいんだけど、そのまま日本で大歓迎されるかっていうとちょっと違うかもしれない。その点、クリムゾンのロジカルで悲劇的な文明批評なんかは特に日本人のセンチメントに合っていたのかなと。ただどうしても日本では、プログレっていう枠の中でフロイドやイエスやELPとかそのへんの人たちとまとめて括られやすいので、クリムゾンがその中の一つになってしまうのは嫌なんだっていう気持ちなんでしょうね。その感覚はわかる気がします」

茂木「なるほど。で、ちょっと脱線した話なんですけど、フリップ先生ってクリムゾン作品のタイトルが、日本でいろいろ誤訳されてるのを凄く気にしてますよね。『ポセイドンのめざめ』にしても『太陽と戦慄』にしても」

大鷹「あれは究極ですよ！」

茂木「『太陽と戦慄』は、ジャケットのビジュアルをふまえて、ニュアンスを直感的に捉えているところもあるのかなって気もするんですが」

大鷹「あれはもう、邦題のつけようがないですよね（笑）」

高見「直訳すると『雲雀の舌の煮凝り』とかですからね。英語だとちょっとぞっとする感じもあるんですが、日本語にすると呑み屋で出てくるお通しみたいな印象にもなっちゃいますから、扱いにくいですよね（笑）」

茂木「だからフリップ先生、日本に非常に熱心なファンがいることは評価しているんですが、一方で自分たちの作品が歪められて誤解されていないのか、みたいな不安もあるようですね」

大鷹「だからもう、彼としては〝しょうがない〟（＝クリムゾンの楽曲〈しょうがない～ハッピー・ウィズ・ホワット・ユー・ハヴ・トゥ・ビー・ハッピー・ウィズ：Happy with What You Have to Be Happy With〉の邦題）って、言いたくなりますよね（笑）」

茂木「さすが！　それが落ちですね（笑）」

面白いと思えば「プログレ」もフラットに楽しむ若いリスナー

茂木「ところで、いま2020年代から見るフロイドとクリムゾンの位置づけといいますか、彼らのプログレDNAって言うのか、フロイドのDNA、クリムゾンのDNA。これは現役のアーティストに脈々と受け継がれているんじゃないか、新世代のアーティストがどのくらい意識してるかどうかは別にしてもプログレDNAっていうのは確固として広がっているんじゃないかって思うんです。よく言われることですが、特にこの10年くらいでストリーミングが爆発的に普及して、新世代のアーティストがあらゆるジャンルのあらゆる時代の音楽にフラットにアクセスできるようになって、何のこだわりもなくピンク・フロイドとビリー・アイリッシュを一緒に聴いて、自分なりのかっこいい音楽作っちゃうとか。そうした時代の中でフロイドとクリムゾンのDNAっていうのは、音楽的なバックグラウンドとして凄く拡散しているんじゃないかって妄想を巡らせたんですけれども。そういうことも含めて、2020年代にこの

2大バンドを聴く価値について、ぜひお聞かせいただきたいんです。高見さん、いかがですか？」

高見「うーん」

茂木「それは、こじつけだろうと（笑）」

高見「いや、なんて言うか、要するに、『プログレ』っていうのはある時期までは本当にオジさんしか聴かないものだったんですけど（笑）。それは英語でも『プログ』になるとやっぱりオジさんの専門分野になったりするんですよね。でもいま、イギリスとかオーストラリアとかでプログレ的なバンドが物凄く増えているし、僕はそういうものを聴くと、あるいは観たりすると、プログレ的でいいな〜って思ったりするんですけど、若い人はそんなことぜんぜん思わないわけですよ。そこがまさに茂木さんの言うプログレDNAで、深く静かに受け継がれてきたものだから、若い人はまったく意識してないんですよね。でも現実としてそういうバンドはいまもたくさんいるわけですから、当然キング・クリムゾンなりピンク・フロイドなり、別にいろいろプロパガンダしなくても自然と聴かれ続けていくものになっていくんじゃないかな」

茂木「フロイドやクリムゾンそのものも、自然に聴かれ続けていくと」

高見「どんなことがあっても、これだけ評価が高くて凄いことをやり遂げた人たちを、音楽好きなら無視して通ることはあり得ないので。そこは特にプログレっていう風に括らなくても実際に聴かれているし、聴かれているからこそ、いまも絶えずそういうバンドがいろいろ出てきているんじゃないですかね」

茂木「UK新世代のブラック・ミディとか、もろにクリムゾンの影響を受けてますし、スクイッドとかドライ・クリーニングとかブラック・カントリー・ニュー・ロードとか、エクスペリメンタルなのにポップな人たちは、まったく何のこだわりもなく自分たちの音楽をどんどん個性的にやっちゃって、それで受けていますよね。彼らも別に肩肘張ってフロイドやクリムゾンを聴いてるわけじゃないだろうから、まさにそんなスタンスでいいんだということですね」

高見「当然みんな、ツェッペリンだって聴いてるし、シックだって聴いてるかもしれないし、ほぼほぼ優れたアーティストは何でも聴いている。そういうところに、フロイドもクリムゾンもいるはずなので」

大鷹「一つ面白いなと思うのは、アルバムっていう聴かれ方がもう崩壊してるってよく言われるじゃないですか、世代によってはね。逆に考えるとそういう世代にとって、これからアルバムというものが面白くなっていくと思う。コンセプチュアル・アルバム、例えば40分で一つの世界を作るみたいなことが新鮮で面白いと思う、そういう価値観がまた蘇ってくる気がしますよね。アナログ・レコードが復活しているのも、ランダムにアクセスして一曲美味しいとこだけ聴けばいいっていう世界とはまったく真逆だから、むしろそこに面白さを発見している。そこから考えると、アルバムについても同じような構造がでてきるんじゃないでしょうか。ストリーミングであれなんであれアルバムっていうものを面白がる、20分なら20分の組曲世界を面白がるファンていうのは、絶えず繰り返し出てくる気がします。高見さんがおっしゃったように、クリムゾンにしてもフロイドにしても、もうスルーしてしまえるようなアーティストではないし。そういえば最近聴いたレッド・ホット・チリ・ペッパーズの新曲〈ブラック・サマー（Black Summer)〉の中で、『ダーク・サイド・オブ・ザ・ムーン』って言葉が出てくるんですけど、これがまた示唆的で面白かったですね」

茂木「『ダーク・サイド・オブ・ザ・ムーン』は、いろんな人に引用されますよね」

大鷹「それに、トム・ヨークがやってるようなエクスペリメンタルでアート性の高い世界はすぐ隣にあるわけだし、いまの世代のアーティストがクリムゾンとかをコラージュしたってぜんぜんおかしくないし、そういう意味でまたプログレ・ワールドが復権していくっていう構造はあるんじゃないでしょうか」

クリムゾンを聴き込んだ人はおのずとインフルエンサーになる！

茂木「それと関連して、2つのバンドの影響力の現われ方っていうのがまた対照的ですよね。フロイドの場合、なんといっても全世界で2億5000万枚以上アルバムを売っていて、ロックの歴代ミュージシャンの中でもベスト10の上位に入るような売れ方で世界に広がったわけです。対してクリムゾンは、まあ『宮殿』はそれなりに売れたし『ポセイドン』も意外に売れたらしいですけど、フロイドに比べれば一桁も二桁も違う。直接のセールス力というよりも、少数のコアなファンに深く突き刺さって、その人たちが一種のインフルエンサーになっていって世界中に隠れ影響力みたいなものが生まれたと思います。直接のセールス数字は小さくとも、強く影響を受けた人が何十万人もいて、その人たちから周りに拡散したんじゃないかって」

高見「それはもう確かに、昔からそういうものじゃないですかね。実際、必ず近くにいるんですよ、クリムゾンを聴き込んでる奴って。で、必ずそいつがインフルエンサーになっていくわけです（笑）」

茂木「(笑)。ブライアン・イーノの名言で、ヴェルベット・アンダーグラウンドのファースト・アルバムは世界で1万枚しか売れなかったけど、それを買った全員がバンドを始めたんだみたいな。本当か嘘かは別にしても、あれは名言だと思いますよね。クリムゾンはそれと似たような影響力なのかなと」

高見「やっぱり、クリムゾンを聴いちゃった人は、絶対インフルエンサーになりたくなるものですよね」

大鷹「いわゆるロック的なボキャブラリー、語法っていうのはこんなに豊かなんだよっていうのを、わかりやすく提示してくれたのがクリムゾンだと思います。それこそブルース・フォームが全てだったようなロック・アートが、プログレって言われる人たちがクラシックを取り入れたり、ジャズ的なアプローチをしたりみたいな、そういうものもひっくるめて、違う語法がこんなにあるんだってところを、クリムゾンが突出して示してくれたんだと思いますよね。そのインパクトが、ずっと続いているんだと思います」

茂木「確かにクリムゾンは音楽的語法、ボキャブラリーといいますか、そこは本当にめちゃくちゃ広げましたよね」

音響エクスペリメンタルを突き進んでも、フロイドはわかりやすい

茂木「その一方でピンク・フロイドは、音楽じゃない領域にまで踏み込んで、全ての音響、全ての音の出るものに対して貪欲に漁り尽くしたっていう感じがします」

高見「そうですね。でも音響的にいろいろやり尽くしてはいるんだけど、それでいて、けっこうベーシックなわかりやすいことをやってるのがフロイドなんです」

茂木「そうそう、頭でっかちの前衛にならないっていう凄さがありますよね」

高見「なんか全部、コップとかカトラリーとか、そういうものだけでアルバムを作ろうとしたこともあるんだけど」

茂木「何回も試みたっていう話ですよね」

高見「だけど、すぐ飽きちゃうみたいな（笑）」

茂木「フロイドらしいですよね」

高見「そこの発想は彼らの実験性から来るんですけど、やっぱり、最後はきちっとわかりやすいものを作るというのが彼らの真骨頂」

茂木「結果的に、仕上がる着地点のバランスがほんとに絶妙ですよね」

高見「やっぱりそういう体質なんです」

大鷹「あと音響っていうことで言えば、ライブの音響にフロイドほど早い時点からこだわったバンドっていなかったですよね。そのこだわりというか、音響空間を緻密に作り

上げるっていう姿勢の最終的な一つの完成形になったのが『狂気』だった。日本公演も含めて、リリースの1年以上も前から『狂気』をずっとライブでやっていましたが、それは当初、最終的にアルバムに収められたものとはぜんぜん違うものだったけれども、ライブの場でパフォーマンスし続けることで曲を練り上げたし、強くしたし、サウンドのアプローチみたいなものも完成度を高めていった。だから、あれほど完璧なアルバムになったっていうのが素晴らしいですね。それが、彼らの初期から持っていたライブ音響へのこだわりとパラレルになっていると思うんです」

茂木「ライブの音もそういう感じで凄く突き詰めたし、さらにビジュアルのエフェクトもとんでもない複合アートというのか、そういうところまで行き着きましたからね」

大鷹「どんどん肥大化していって、どうにもならないくらいのレベルまで突き詰めましたよね。ちょうどまた『驚異』がBlu-ray化されて出ますし、あれを観れば実感できます」

茂木「あらためて観ても、あの作品が30年前とは思えないアート性っていうのか、あの完成度の高さはとんでもないですよね」

大鷹「ある種のロックの極致といえば極致。計り知れないほどの予算をかけてライト・ショーから演出映像から全てものを突き詰めて、ここまでやるかみたいなところまでやり遂げてしまったわけだから」

高見「ある時代からは誰もがやってることなんですけど、一番最初にそれを極限までやっちゃったんですよね。それをもうシド・バレットの時代からやってた。そこがやっぱり、フロイドの際立った特殊性なんだと思います」

フロイドは、アルバム制作そのものがインプロビゼーションだった！

茂木「そこであらためて、表現者としてのシド・バレットについてお聞きしたいんですが。シドというアーティストの特質を語るとすれば、どういうことでしょうか？」

高見「シドは、どうしてああいうことになっちゃったのか、たぶん一番知りたかったのは、メンバーたち自身だと思うんです。みんなの目の前でおかしくなっていって、仲間たちをパニックに陥れる。でもその一方で、初期のシングルはどれもシドが書いていたもので、物凄く良くできたサイケなポップ・ソングになっていて立て続けにヒットを飛ばす。バンドはどんどん有名になっていくし、ライブでの即興的な演奏とかも率先してシドが組み立てていった。ほんとに偉大な天才だったし、彼のおかげでバンドが成功できたのは事実で、その点はロジャーたちも心から感謝していたわけです。でも、天才のまま生かせてくれない神様がいるっていうのか、あんなにおかしくなってしまって、人生っていうのはほんとにわからない。シドのことを考えるたびに、そういう不思議なものを強烈に感じてしまうし、そこに巻き込まれてしまったメンバーの複雑な心境はなかなか計り知れないですよね。だから、やっぱりある時期までのフロイド作品にはどれも、シドのそうした痕跡みたいなものがいろんな形で刻まれている。そこがピンク・フロイドの絶対的な魅力になっていることも確かですよね」

茂木「そうした痕跡の一つと言えるかもしれないんですが、ウォーターズが編み出した執拗に〈if〉とか〈and〉とかを繰り返す歌詞がありますよね。あのヴァースの呪縛力というか、あの呪いのようなインパクトは凄い発明だと思うんです。あの手法は、シドの感性の核心を受け継ぎながら、しかも本人は気が狂わないで冷静さをキープするテクニックとして画期的なのかなと思います」

高見「まあ、確実にそこは意識してやってることですよね。特に『狂気』に至ってとてつもない完成度になった。シドが呑み込まれていった心の闇をほのめかす表現を掘り下げ、聴き手がちょっと戦慄するような言い回しをする。そうしたレベルまでいかにして辿り着くか、そこは物凄くこだわって追求したんだと思います。でも実際にシドとずっと一緒に過ごしていた時代には、やりきれないほど屈折した思いがあったはずで、そこのトラウマが巨大だったからこそ、ロジャーたちはああいう表現を追い求めざるを得なかった、とも思えてくるわけなんです」

茂木「そうですよね。そのように切羽詰まった必然性があったからこそ、あの呪文のような執拗に繰り返す手法が説得力を持ったんでしょうね。結果的にそれは、恐ろしい世界をちょっとだけ垣間見せるスリリングなエンターテインメントとして絶妙な着地点を見出した。『狂気』が何年にもわたって5000万枚以上売れたのは、本当に必然なんだなってつくづく思います」

高見「やっぱり、そこに向かわざるを得なかった切迫感みたいなものが、あれほどの説得力を生み出したんでしょうね」

茂木「あとフロイドで面白いと思うのは、さっき高見さんもおっしゃってましたが、アルバムを作るプロセスそのものがインプロビゼーションなんですよね。『原子心母』のタイトル曲をロン・ギーシンに丸投げして編曲させたりとか。『狂気』にしても基本は凄く緻密に作ってるんだけれども、あそこにインサートされたいろんな肉声っていうのは、ウォーターズがアビイ・ロード・スタジオに遊びに来た人たちにいろんな質問をして即興的に録音したものですよね。これはもうある種のサンプリングであって、いい意味での遊び心っていうのか、ほとんど思いつきのような作り方に突っ走るのが物凄くインプロビゼーションだと思います。『作り方のインプロビゼーション』として、クリムゾンの『演奏のインプロビゼーション』に匹敵するというか、それほどの凄さなんじゃないでしょうか」

大鷹「確かに面白いですよね。ただそこには時代背景みたいなこともあって、あの頃は現代音楽からの影響を受けながら、そのへんになかった新しいものを作り出してやろうみたいな一種のトレンドがあったのは確かで、フロイドの場合まさにその典型だったんでしょうね。で、彼らはレコードのセールスっていう裏付けもちゃんとあるから、何でもできたっていう面があった。それも、やっぱりピンク・フロイドっていうバンドを作っていた大きな要素ですよね」

高見「フロイドがアビイ・ロード・スタジオでレコーディングしていた頃は、まさにもうスタジオを無制限に使えたんです。だから料金は発生しないんで、実験をどこまでも好きなだけやれたんですよ。それはなぜかっていうと、一番最初にレーベルと契約した時にそれを条件にしていて、そのかわり印税の条件なんかは低く設定されていたんですね。レーベル側も、将来性はよくわからないバンドだけど、ちょっと面白そうだからそういう条件を認めてやろうかって(笑)。そして、このことが結果的に凄く功を奏してスタジオでなんでもやれたわけなんですよ」

「『宮殿』から『レッド』までがクリムゾン」と決めつけたらもったいない

茂木「そしてクリムゾンについてなんですけど、『1969年から74年(=『宮殿』~『レッド』)までしかキング・クリムゾンとは認めないぞ』みたいな考え方があって、特に日本のプログレ・ファンにはそういう人が多いのかもしれません。かく言う私も、最近まではそういう傾向がありました(笑)。でもあらためて80年代以降を見直して、その後のクリムゾンの凄さや面白さも自分なりには再発見したつもりです。ただ、そこからさらに一歩進めた思考実験として、『むしろ80年代以降こそがクリムゾンの黄金時代だ』という考え方はあり得るものなんでしょうか?」

大鷹「最初のほうで言ったように、クリムゾンって一つの大きな流れだから、それをどこか一つのポイントだけ切り取って、これが最高でこれ以外は違うぞっていう見方を僕はしないし、それではつまんないなと思うんですよ。せっかくこれだけのものを残してくれて、いまも現在進行形な部分があるわけだから、そういう意味であまりにももったいないです。ただ完成度からいってファーストへの過剰な思い入れについては、ほんとにそれこそ『宮殿』で衝撃を受けて、一枚LPを買うのにとんでもない苦労をする時代に買った人間としてよくわかるんです。でも、だからこそ、いまでも大きな流れを丸ごと楽しめるっていうことを享受してほしいいし、僕も楽しんでいます。しかも最新型クリムゾンでは、何十年も前の楽曲がいまのメンバーによって斬新にアレンジされて生き生きと演奏されるっていう醍醐味がある。例えばローリング・ストーンズがずっと変わらないスタイルで〈ジャンピング・ジャック・フラッシュ〉や〈サティスファクション〉やるっていうのは、もちろん凄く楽しいいし、一つのロックの歓びですよね。でも、クリムゾンはそれとは違う楽しみ方を堪能できるわけだし、それがこんなに豊かなものなんだよ、っていうところはぜひ知っておいてほしい」

茂木「そうですね、この時代だけがクリムゾンだって決めつけるっていう虚しいことは、やめなくちゃね（笑）」

大鷹「ただ最初に『ディシプリン』が出た時の衝撃、あの衝撃はね、それはそれで絶対に忘れられないですよ」

高見「そうそう、かなり考えましたよね」

茂木「なんじゃこれは？って（笑）」

高見「かっこいいんだけど、これをどう、キング・クリムゾンって呼んだらいいんだろうって」

大鷹「僕なんかエイドリアン・ブリューが凄く好きだったし、彼の革新性もわかってました。でもわかるからこそ、ロバート・フリップとくっついたことの意外性というか、あれは想像もしなかった驚きで（笑）。ただディシプリンという言葉じゃないけど、『規律』という発想とか、フリップらしい論理の構築の仕方については納得してましたけどね」

これだけ理屈をこねるのは、日本人ならではの特権?!

茂木「そして2大バンドの両極性というか、両極端であることの話に戻るんですけれども、プログレっていうだけじゃなくて、ロック界全体を見渡しても、その全体の振れ幅の両極にいるんじゃないかなと思うんです。言うまでもなくビートルズやツェッペリン、デヴィッド・ボウイなんかにしてもみんな凄くエクスペリメンタルな面があってポップと両立させていた。そういう人はロックの王道にもたくさんいるんですが、方法論的に振れ幅が一番大きいところにいるのがロック全体の中でもこの2大バンドなんじゃないかと。高見さんどうでしょう、反論してください（笑）」

高見「っていうか、まあロックだからこそその振れ幅ですよね。ピンク・フロイドとキング・クリムゾンという体質のまったく違うものが、リスナーから見て同じジャンルの双璧をなしているのは事実です。それがあり得るっていうのが、やっぱりロックの特性でありダイナミズムであるっていうのかな。凄く確立された他の音楽ジャンルではあり得ないものなんでしょうね。クリムゾンっていうバンド自体にしても、その進化の仕方はやっぱりロックでしかあり得なかっただろうし、ロバート・フリップが常にロック・ミュージシャンとして活動していたっていうのは、おそらくそこに可能性を感じていたからなんだと思うんです。そういう意味で、この両極端のバンドがどちらも偉大なレジェンドとして位置づけられているのは、まだまだロックには豊かさがあるっていうのか、そういう可能性が広がっているジャンルであることの証明だと思うし、ロックならではの面白さなんだと思います」

茂木「大鷹さん、いかがですか」

大鷹「僕はいままでこういう風に考えたことがなくて、茂木さんからお話を聞いた時に、ああこういう捉え方もあるんだなと。あらためて自分で振り返ると、これは面白い構造であり構図だなって思いましたよね。メンバーとして名を連ねた人たちが『5人（フロイド）対 人数わからないくらい（クリムゾン）』（笑）に差があって、まったく同じ時期に出現していながらまったく違う歩みをして、それで同じようにプログレという言葉で括られる、という構造の面白さがあります。さっきも言った73年の『狂気』と『太陽と戦慄』が重なるというエピソードもあったりするし、考えれば考えるほど、2つのバンドが持ってるいろんな局面がロックならではのものを体現していて、しかもそこに魅力的な音楽がセットになっているわけですよ。非常にわかりやすいし、ある種の説得力もあるし、そして聴いて楽しいというこの対立構造。これは本当に面白いですよね。で、おそらくこういう風に発想するのって、世界中で日本人しかいないんだと思いますよ（笑）。アメリカの人にしてもイギリスの人にしても、たぶんわからないんじゃないかな。だからこういう面白がり方こそ、日本で洋楽を聴いてる俺たちの特権なんだみたいな、こういう言い方をしていいんじゃないかなとあらためて思いました（笑）」

茂木「鋭くまとめていただきまして、みごとにいい感じで着地しましたね（笑）。本日は、たくさんの有意義なお話、本当にありがとうございました」

第6章

厳選10枚対決！
ディスコグラフィー徹底比較

2大バンドそれぞれの10大傑作をセレクトし、そのバリューを徹底検証。大胆な視点からひとつひとつの作品の深い意味が浮き彫りになるよう掘り下げた。これは、両バンドの膨大なアーカイブへのスリリングな招待状だ。

一般的な基準として、アーティストのディスコグラフィーを掲載する際は、スタジオ録音盤の全作品を対象とすることが多い。しかし本書では、ピンク・フロイドとキング・クリムゾンという2大バンドを均等に分析するため、ディスコグラフィーも「10大傑作選」とさせていただいた。

これまで、ベスト・アルバム的なものを除くとフロイドは全15作品、クリムゾンは全13作品のスタジオ盤を発表しているが、どちらも10作品に厳選する中で、両バンドの比類ない魅力を十分に伝えることができたと思う。なお、フロイドでは『ウマグマ』のライブ盤、クリムゾンは2枚組ライブ作品の『音楽は我らが友』に言及している。やはりライブ・パフォーマンスの魅力を実感できる作品もあるべきだと思い、このようなセレクションとさせていただいた。

どちらのバンドも、オリジナル盤にさまざまなボーナス・トラック（オルタネイト・テイクやライブ音源など）を付けたデラックス盤が出ているし、ベスト盤やコンピレーション盤、さらに超豪華&超ボリュームのボックス・セットも数多くリリースされている。またライブ盤はもちろん、Blu-ray化されたライブ映像作品もふんだんに揃っている。各種の音楽系ECサイトを検索すればいろいろヒットするので、ぜひご堪能いただきたい。

また、まずはざっくりと音源を「味見」してみたいという方には、ウェブ配信サービスから入っていただくことをお勧めしたい。フロイドはほぼ全ての作品がストリーミングにアップされているし、クリムゾンは現在YouTubeでライブ作品を含む多くの音源にアクセスすることができる。そこで気に入った作品をCDやレコード、ダウンロードなどで楽しみ尽くせば良いと思う。コアな編集盤も含めればどちらも100作品以上の膨大なアーカイブがあるので、楽しみは尽きないはずだ。

The Piper at the Gates of Dawn　夜明けの口笛吹き

オリジナル・リリース　1967年8月

1. 天の支配 - Astronomy Domine
2. ルーシファー・サム - Lucifer Sam
3. マチルダ・マザー - Matilda Mother
4. フレイミング – Flaming
5. パウ・R・トック・H - Pow R. Toc H.
6. 神経衰弱 - Take Up Thy Stethoscope and Walk
7. 星空のドライブ - Interstellar Overdrive
8. 地の精 - The Gnome
9. 第24章 - Chapter 24
10. 黒と緑のかかし - Scarecrow
11. バイク - Bike

アバンギャルドでパンキッシュな原石

本作は、一般的イメージのプログレッシブ・ロックには当てはまらないとされている。しかしピンク・フロイドの大いなる原点であると同時に、より俯瞰的に検証し尽くせば、恐るべきプログレッシブさが発現された歴史的傑作にほかならない。

ここではシド・バレットの存在ばかりが言及されがちだが、本作リリース時までに、既にフロイドはＵＳのグレイトフル・デッドに比肩するぶっ飛んだライブを展開するバンドとして注目を集めていたわけで、個々のメンバーのポテンシャルにも高いものがあったことは明記しておきたい。

それにしても、サイケデリックなポップ・ソングを書かせたら無敵と謳われた通り、バレットの手腕が至るところで煌めいている。〈マチルダ・マザー〉や〈地の精〉の変態的なドゥーワップ、ボルヘスやホセ・ドノソなどのラテン系幻想文学を連想させる〈フレイミング〉や〈パウ・R・トック・H〉の酩酊感、〈黒と緑のかかし〉や〈バイク〉のジャグ・バンド的狂騒などがいかがわしく鳴動する中、エドワード朝メルヘン文学に触発されたといわれる奇想のリリックを歌い上げる。

しかも特筆すべきは、「フランク・ザッパ（マザーズ・オブ・インヴェンション）×インクレディブル・ストリング・バンド（ＩＳＢ）」とも形容すべきアバンギャルドで捻りの効いた音像だ。ザッパの過剰で猥雑なポップネスと、ＩＳＢのいかれたトラッド・フォークが、アビィ・ロードの交差点で正面衝突を起こしたような破格のケミストリーが沸き立っている。バレットのくねくねうねるギターを乗せたキンキーな宇宙的グルーヴの〈天の支配〉、妖しい音響エフェクトをふんだんにまぶした突然変異的ロックンロールの〈ルーシファー・サム〉と〈神経衰弱〉。そしてライブでは30分以上にも膨張した〈星空のドライブ〉は、ドラッギーな放蕩三昧のスピリットをところかまわずぶちまけながら突っ走るサイケデリア、とでも呼ぶしかない。そう、このぶっ飛びぐあいは明らかに「パンク」なのである。

たった1作ではあるにせよ、これは、シド・バレットという破格の奇想体が産み落とした巨大なモノリスであり、今以て得体の知れない輝きを放ち続ける。残されたメンバーは、新たなフェーズへ歩み出すためのインスピレーションの宝庫をもらったとも言えるし、とてつもなく忌まわしい重荷を背負わされたとも言える。しかし、こんな「クレイジー・ダイアモンド」の原石があったからこそ、次作でデヴィッド・ギルモアを迎えたバンドは（バレットも、その一部に寄与してはいるが）、否応なしに新たな自己存在証明を獲得するために、自らの表現衝動をビルドアップさせる茨の道を突き進むしかなかったのだ。

A Saucerful of Secrets　神秘

オリジナル・リリース　1968年6月

1. 光を求めて - Let There Be More Light
2. 追想 - Remember a Day
3. 太陽讃歌 - Set the Controls for the Heart of the Sun
4. コーポラル・クレッグ - Corporal Clegg
5. 神秘 - A Saucerful of Secrets
6. シーソー - See-Saw
7. ジャグバンド・ブルース - Jugband Blues

サイケとプログレが妖しく交錯する愉悦

シド・バレットが精神的な混迷を深め、制作途中で脱退するというアクシデントに見舞われたため、バンドのコアを失う危機的な状況の中で仕上げられた作品。結果的に、サイケデリックとプログレッシブの要素が危ういバランスで混じり合い、えもいわれぬ魅力を醸し出している。

冒頭の〈光を求めて〉（ウォーターズ作）は、前作〈星空のドライブ〉のベース・リフを発展させたイントロで強いフックを作った後、ギルモアを迎えた新しい4ピースでのアンサンブルを模索。アシッドな浮遊感と大きな起伏を生み出していて、全盛期のバンド・グルーヴの萌芽を見ることができる。対してライト作の〈追想〉と〈シーソー〉は、前作のメランコリックな児童文学的ファンタジーの香りを受け継いでいる。バレットのソングライティングの冴えをなんとか学習しようというひたむきさが好ましくもあり、サウンドもスペイシーな広がりを増している。

最初のめざましい収穫は〈太陽讃歌〉だ（バレットとギルモアを含む5人で録った唯一の楽曲）。ファルフィッサ・オルガンやビブラフォン、チェレスタを操るライト――既に良質な音響造形センスを見せつける――、そしてタム中心に豊かなフレージングを叩き出すメイスンの貢献によってミステリアスなサウンドスケープが生成され、作者ウォーターズが意味深な囁き声で歌う。フロイドが70年代前半に極める呪術的チャントの原点だ。このトラックは、のちにライブの場でどんどんパフォーマンスが強靭なものとなり、その果実は『ウマグマ』に収められた。曲名はウィリアム・バロウズの小説から拝借し、歌詞は唐王朝時代の中国の詩篇を英訳したものであるという、早くも貪欲な雑食性による「フロイド流サンプリング術」が感じられて頼もしい。

「プログレッシブ・フロイド」の大いなる聖典となった〈神秘〉――その画期性については、第4章などで詳述――だが、レコーディング工程の最後に新ラインアップの4人が個々の力量を結集させてこの大曲を作り得たことは、まさに「光を求めて」いた彼らの未来を灯す一条の光明となった。4部構成で戦争を描くという野心的な表現衝動も、黄金時代のクリエイティビティの萌芽となった。

メイスンが歌う〈コーポラル・クレッグ〉はジャンキーなサイケデリック・パンクの趣があってスリリングだし、バレットが歌う唯一の自作曲〈ジャグバンド・ブルース〉はインクレディブル・ストリング・バンドさながらにトラッドな叙情性が狂い咲くサイケデリアだ。本作がこの乾いた狂騒で締め括られているのは、まさにバレット時代の終焉を象徴している。過渡的な側面も多いが、初期フロイド史を飾る愉悦に満ちた作品である。

Ummagumma　　ウマグマ

オリジナル・リリース　1969年11月

DISC 1 ライブ・アルバム（Live Album）
1. 天の支配 - Astronomy Domine"
2. ユージン、斧に気をつけろ - Careful with That Axe, Eugene
3. 太陽讃歌 - Set the Controls for the Heart of The Sun
4. 神秘 - A Saucerful Of Secrets

DISC 2 スタジオ・アルバム（Studio Album）
1. シシファス組曲 - Sysyphus (Parts 1–4)
2. グランチェスターの牧場 - Grantchester Meadows
3. 毛のふさふさした動物の不思議な歌 - Several Species of Small Furry Animals Gathered Together in a Cave and Grooving with a Pict
4. ナロウ・ウェイ三部作 - The Narrow Way (Parts 1–3)
5. 統領のガーデン・パーティ三部作 - The Grand Vizier's Garden Party (Parts 1–3)

アンビシャスな実験を突き進んだ怪物作

リリース当時はライブ盤とスタジオ盤を組み合わせたLP2枚組で、全てのイメージ演出が巧みだった。奇妙な響きの作品タイトル（バンドの友人が作ったセックス絡みの造語らしい）と、ヒプノシスによるドロステ効果に捻りを効かせたジャケット（合わせ鏡の映像のようでいながら、一枚一枚メンバーの配置が変わっている騙し絵）と相まって、いかにも実験的で得体の知れないことをやっているバンド、という強烈な印象を生み出すことに成功している。一刻も早くバレットの呪縛から解放されるために、必死であの手この手を弄していたことが実感できるのだ。

ライブ盤は、ギルモアが参加した新編成でのバンド・グルーヴを鍛え上げていく「実験」を鮮やかに刻みつけた4曲で、いずれもパワフルなトラックだ。良い意味でコスト・パフォーマンスに優れていて、常人離れしたテクを持たなくても、これだけエッジの効いたダイナミズムを生み出せるのだ、という痛快なケーススタディになっている。バレット作の〈天の支配〉はスペイシーな壮大さを膨張させ、〈ユージン、斧に気をつけろ〉では、イコライジングされたウォーターズのシャウトが原曲の怪物的ドラマツルギーを200%引き出してみせる。そして〈神秘〉は、導入部のアブストラクトだった音響が、よりエモーショナルなベースとキーボードのインタープレイに変容し、フロイド宇宙の熱エントロピーが大きく高まった。メイスンのフレイジング・ビートは冴えわたり、ギルモアのギターは音響エフェクトに徹し、ライトのパイプ・オルガンを思わせるプレイが荘厳さを膨らませ、トータルで曼荼羅＝宇宙律を描き出すかのごとき強さにあふれる。この大曲も、緻密かつ骨太に進化した。

一方のスタジオ盤は、ライトの発案によって、ひとりひとりがコンポージングから演奏までを独力でこなしたトラックが並ぶ（ウォーターズのみ2曲）。あえて、ごまかしのきかない純粋培養環境を設定することで、それぞれの音楽力をビルドアップさせる野心的な実験と言えよう。それらが全て傑作に昇華されたかといえば、正直なところ「実験のための実験」に終始している時間帯も少なくない。しかし、5曲全てにおいて、身震いするようなスリルの瞬間があるのも確かだ。

のちにメンバー全員がこの作品を自己嫌悪的に、「惨事だった」、「恐ろしい代物」、「失敗した実験」などと回想することになるのだが、それも、本作を大いなる踏み台にして全員が別次元へ進化したからにほかならない。ロック全史を通じても屈指の実験作品であり、ここまでやりきったことは、間違いなく賞讃に値する。この作品があったからこそ、フロイドはモンスター・バンドになれたのだ。

Atom Heart Mother　原子心母

オリジナル・リリース　1970年10月

1. 原子心母 - Atom Heart Mother
   1) 父の叫び - I. Father's Shout
   2) ミルクたっぷりの乳房 - II. Breast Milky
   3) マザー・フォア - III. Mother Fore
   4) むかつくばかりのこやし - IV. Funky Dung
   5) 喉に気をつけて - V. Mind Your Throats Please
   6) 再現 - VI. Remergence
2. もしも - If
3. サマー'68 - Summer '68
4. デブでよろよろの太陽 - Fat Old Sun
5. アランのサイケデリック・ブレックファスト - Alan's Psychedelic Breakfast
   1) ライズ・アンド・シャイン - I. Rise and Shine
   2) サニー・サイド・アップ - II. Sunny Side Up
   3) モーニング・グローリー - III. Morning Glory

この宇宙的スケールの法悦は比類がない

本作の核心は、なんといっても約24分に及ぶ超大曲〈原子心母〉にある。その誕生プロセスは、いったん4ピースのバンド・サウンドのみで仕上げてはみたものの、どうにも何か決定的なものが足らないと全員が煩悶し、人づてに紹介された現代音楽家ロン・ギーシンに編曲を依頼。ところが、スタジオで一緒に議論しながら音をつけるのではなく、バンドが米国ツアーへ行ってる間によろしくやってくれと、まさに「丸投げ」でギーシンに託したあげく、かたやギーシンのほうは暗中模索で気の向くままにブラス・アンサンブルやチェロや混声コーラスを塗りたくっていった——という、なんともフロイドらしい場当たり的な即興性の産物ではある（『ウマグマ』同様、のちのち本作もメンバーからむちゃくちゃ唾棄されるのだが、誰のせいですかとも言いたくなる（苦笑））。

とはいえ、そんな制作プロセスやメンバーの思いを遥かに超えて、この大曲はどう考えても偉大なる歴史的傑作である。クラシック音楽のアプローチがロック・バンドの音像とこれほど有機的にぶつかり合って混交した例は絶無だ。しかも、プリミティブでパストラルな叙情性がサイケデリックなエモーションのうねりに呑み込まれ、正体不明な錯乱と苦悶の果てに宇宙的スケールの法悦へ昇華していくなどという楽曲は、ロックはもちろん、あらゆる音楽領域を見渡してもあり得ない。ジョン・ケージが創始した偶然性の音楽というものがあるが、そんな理屈が先走ってエモーションの欠落したアートよりも遥かに奥深い感動を生み出す「偶然性の音楽」だ（その意味では『ウマグマ』さえ上回る実験作かもしれない）。だからこそ本作は、全英1位という揺るぎない支持を獲得したのである。

アナログ盤ではB面を占めていた4つの小品は、4人がそれぞれにライティングした楽曲で（〈アランの～〉は4人の共作となっているが、実質はメイスンが主導権を握っていた）、『ウマグマ』のスタジオ盤に通じる構成ではあるが、ここでの演奏は全て全員参加でパフォームされている。前作での試行錯誤が活かされたことは間違いなく、どのトラックも魅力的なものに仕上がっている。訥々とした呟きの中にひそやかな狂気がひりひり疼く〈もしも〉、ひと夏の火遊びの回想から胸抉る白日夢のセンチメントが迸る〈サマー'68〉、ビートルズ的ポップをビザールに捻じ曲げた〈デブでよろよろの太陽〉と続き、最後はミュージック・コンクレート手法でのどかなソニック・ポエムを仕上げてみせた〈アランのサイケデリック・ブレックファスト〉で締める。のちの傑作群に比べれば素朴なフレーバーであるにせよ、フロイド流の「捻じれたポップ」の奥義がまぎれもなく垣間見えてくる。

Meddle　おせっかい

オリジナル・リリース　1971年10月

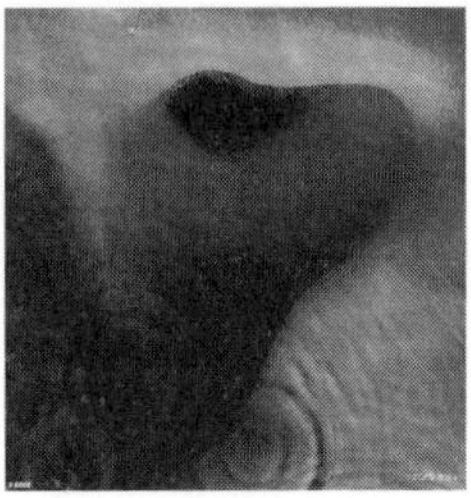

1. 吹けよ風、呼べよ嵐 - One of These Days
2. ピロウ・オブ・ウインズ - A Pillow of Winds
3. フィアレス - Fearless (including "You'll Never Walk Alone")
4. サン・トロペ - San Tropez
5. シーマスのブルース - Seamus
6. エコーズ - Echoes

「勲章」と「干渉」のジレンマを超えて

原題の「Meddle」は、「medal」（メダル＝目標達成の勲章）と同音語「meddle」（＝干渉・邪魔するもの）の語呂合わせと言われる。当時の彼らは、絶対領域はもうすぐそこだと確信していたものの、それを妨げるもろもろの事象――切り札を見出せない試行錯誤／スタジオ環境への不満／メディアの無理解など――に足を引っ張られ続ける苛立ちも抱えていた。そんな状況のシンボライズかもしれない。

じっさい、74年初頭に着手したものの、明確なテーマや素材を見出せず、複数のスタジオを転々としながら、新奏法のシミュレーションやマルチ・トラック機材のテスト、さらには手近にある日用品を使ったミュージック・コンクレート実験まで行った。最初の数週間は曲の影さえつかめず、一連のプロジェクトは自虐的に《Nothing》と名づけられたほどだ。しかしこれは、絶対領域へリーチする最後の「産みの苦しみ」だった。6ヶ月の悪戦苦闘の果て、ついに〈エコーズ〉が絞り出されたのだし、『狂気』に直結する重要なモチーフもいくつか発見されたのだから。

冒頭の〈吹けよ風、呼べよ嵐〉は、〈ナイルの歌〉や〈ユージン、斧に気をつけろ〉の作風を発展させたキラー・チューンだ。ウォーターズが考案した強烈なオスティナート・ベースラインをギルモアと2人で奏でることで、人の「心の闇」を鷲掴みにする不穏なグルーヴが生まれた

続く4曲は、彼らのルーツ音楽を巧みにブレンドしたクレバーなポップ感覚が結晶し、「数センチ軸足がずれた日常＝狂気の奈落へ沈む第一歩」が醸造されていく。スライド・ギターがラブ・ソングの空間を歪ませる〈ピロウ・オブ・ウィンズ〉、フックの効いたビートに乗って《怖れ知らずにも愚者は群衆に対峙する 微笑みながら》と歌われる奇妙なカントリー・バラッド〈フィアレス〉など、穏やかな日常にほんのりと狂気が宿る。洒脱なシャッフル・ジャズをまぶした〈サン・トロペ〉では、南仏の旅のひとコマが妖しい白日夢に蕩けていく。〈シーマスのブルース〉では、微笑ましい愛犬の鳴き声が日没後もやまないと歌われ、その後も延々と鳴き声が続いて得体の知れない不安が滲み出す。

そして本作のシグネチャー・トラック〈エコーズ〉は、「バンドが初めてピンク・フロイドになった」とメンバー自身が納得したモニュメンタルな超大曲だ。その魅力は第4章でつぶさに言及しているので、そちらに譲りたい（第4章［3］詩的表現、［5］レコーディング特性など）。〈原子心母〉で抱えてしまったもやもやした葛藤を、みごとに蹴散らしたバンド・グルーヴは非の打ちどころがない。これが半年間を費やした試行錯誤のブレイクスルーだと思うと、感慨もひとしおである。

Obscured by Clouds　雲の影

オリジナル・リリース　1972年6月

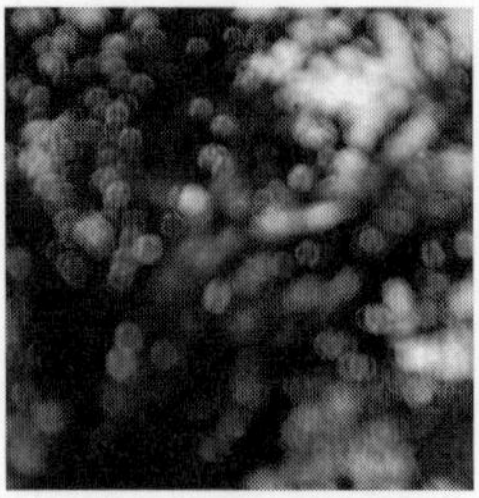

1. 雲の影 - Obscured by Clouds
2. ホエン・ユーアー・イン - When You're In
3. 炎の橋 - Burning Bridges
4. ザ・ゴールド・イッツ・イン・ザ… - The Gold It's in the...
5. ウォッツ - Wot's... Uh the Deal ?
6. 泥まみれの男 - Mudmen
7. 大人への躍動 - Childhood's End
8. フリー・フォア - Free Four
9. ステイ - Stay
10. アブソルートリー・カーテンズ - Absolutely Curtains

短編楽曲集として最高のマスターピース

フロイド第7のスタジオ作は、バーベット・シュローダー監督の映画『ラ・ヴァレ』のサウンドトラックとなった（同監督の69年作品『モア』に続いての起用で、正確には「準ＯＳＴ」の位置づけ）。前作の〈エコーズ〉で掴み取ったバンド・グルーヴが絶対的な自信となって、音のパワーもエッジも揺るぎないものに仕上がっている。独立した短い楽曲のみの作品集としてはフロイドの最高傑作と言って良い。

映画は、メルボルンのフランス領事の妻ヴィヴィアーヌが、ニューギニア奥地への探検隊に加わり、神秘的な谷に暮らすマプガ族と出会って偶発性に富んだ自己発見の旅を続けるという物語。70年代の欧米で熱病のように流行した「未知なる第三世界への憧れ」がテーマなので、シュローダー監督はまたもや、異界的なサウンドスケープを生み出せるフロイドの力量に期待したのだろう。

最初の2曲〈雲の影〉と〈ホエン・ユーアー・イン〉はインストで、ＶＣＳ3シンセとエレクトロ・ドラムが巧み。余裕たっぷりにエキゾチックなグルーヴを生み出している。その後は、後期ビートルズをフロイド流にディストーションしたような異形のポップ・ソングが続く。緩いテンポで白日夢へ誘う〈炎の橋〉、ルーズでキンキーなロックンロールを鳴らす〈ザ・ゴールド・イッツ・イン・ザ…〉、ＣＳＮ＆Ｙさながらの誠実そうなフォークの響きで幻惑する〈ウォッツ〉、そして、歯切れのよいブギーに乗ってハード・エッジなギターが快調に突っ走る〈フリー・フォア〉には、やがてウォーターズのライフワークとなる「戦死した父への屈託」がまぶされ、独特の翳りが芽生える、といった按配だ。

いずれも完成度が高く、うわべは小洒落た日常のアンセムにできそうなテイストなのだが、ひそやかに「心の闇」を粟立たせる細工が仕込まれている。そしてギルモア、ウォーターズ、ライトの歌はみごとに匿名性の高い「フロイドの声」に進化していて、強烈なオーラを発散する。

さらに〈泥まみれの男〉、〈大人への躍動〉、〈ステイ〉、〈アブソルートリー・カーテンズ〉あたりは、『狂気』を構成する各パーツのドラフトを描いたような趣があって刺激的だ

あえて『狂気』の制作を中断させてまでこの作品を引き受けたわけだが、フロイドとしてはしたたかにこの機会を利用して、次なる究極傑作をシミュレーションしたような企み深さまで感じてしまう。そんな詮索はさておき、ともかく作品として粒揃いなので楽しめる。『おせっかい』の前半で編み出した「甘美な毒を孕んだポップ・ソング」をさらに進化させたマスターピースだ。これによって、『狂気』の盤石の完成度は保証されたと言える。

The Dark Side of the Moon　狂気

オリジナル・リリース　1973年3月

1. スピーク・トゥ・ミー - Speak to Me
2. 生命の息吹き - Breathe
3. 走り回って - On the Run
4. タイム〜ブリーズ（リプライズ）- Time〜Breathe
5. 虚空のスキャット - The Great Gig in the Sky
6. マネー - Money
7. アス・アンド・ゼム - Us and Them
8. 望みの色を - Any Colour You Like
9. 狂人は心に - Brain Damage
10. 狂気日食 - Eclipse

誰でも届きそうで超えられない絶対領域

言うまでもなく、フロイドの究極到達点にしてロック史上でも屈指の完成度を誇る巨大モニュメントだ。その比類のなさについては本書の至るところで考察しているので、詳細はそちらに譲りたい（第4章［2］演奏特性、［3］詩的表現、［5］レコーディング特性、［6］ライブ特性など）。

ここであらためて強調しておきたいのは、「シド・バレット＝サイケデリック・フロイド」の時代を含め、累計8作目にして、ようやくこの高みに昇り詰めたことだ。『夜明けの口笛吹き』でバレットによって産み落とされた「光と闇」を、その狂気の天才が消え去った後にどのように受容し、どのように凌駕していったのか、まさに七転八倒ともいえる苦難の旅路の果てに、この作品に辿り着いたという事実だ。

そのフリーキーな発言や遊びとしか思われない実験ぶりに幻惑されて、ピンク・フロイドというバンドのキャラクターは誤解されがちである。しかし彼らは、一つの表現衝動に突き動かされながら武骨なほどに刻苦勉励を積み重ねたバンドだ。あまりに意味不明のエクスペリメンタル——キッチン用品のみで音楽を作ろうと模索したり——をやっているように見えるフェーズが散見されたとしても、それこそ生真面目に「誰もやったことのない／これまでどこにもなかった音楽」を果敢にトライしつづけたことの証左にほかならない。

キング・クリムゾンが第1作から奇跡的な完成度を見せつけ、その後は短期間でめまぐるしく音楽のコンセプトやデザインを変貌させ続けたのとは対照的に、ピンク・フロイドは不器用なまでに「一品料理」を貫き通したアーティストである。すなわち、個々の持ち味を練磨させながら王道ロックも非ロックも呑み込んだ4ピースのバンド・グルーヴ、匿名性の高いボーカリゼーションを極めた「フロイドの声」、あらゆる音響素材を最適のブループリントのもとにサウンドスケープ化するクラフツマンシップ、日常ワードの執拗な反復から醸造される「狂気快楽」の言語マジック——そうした唯一無二のスキルの集積が、バレットへの愛憎を起源とする「心の闇＝狂気」の探索と幼少期のトラウマへの屈託を混交させたウォーターズのコンセプトと完璧に噛み合ったところで、『狂気』は無双の完成度を獲得した。「一品料理」しか作らないマイスター・シェフが、積年の本懐を遂げたのだ。

いまどきの音楽好きZ世代なら、ハイスクール・バンドでも完コピできそうなサウンドにもかかわらず、『狂気』の本質は誰にも手が届かない不可侵の領域にある。まもなく誕生50周年（2023年）を迎えようとするのにまったく超えられていない、現在形で絶対王者として君臨するマスターピースなのだ。

Wish You Were Here　炎～あなたがここにいてほしい

オリジナル・リリース　1975年9月

1. クレイジー・ダイアモンド（第1部）
   - Shine On You Crazy Diamond (Parts I–V)
2. ようこそマシーンへ - Welcome to the Machine
3. 葉巻はいかが - Have a Cigar
4. あなたがここにいてほしい - Wish You Were Here
5. クレイジー・ダイアモンド（第2部）
   - Shine On You Crazy Diamond (Parts VI–IX)

二重の虚しさが産んだニヒルなスリル

フロイド全史を通じて最大の屈曲点だ。『狂気』の想像を絶する成功は彼らのメンタルを真っ白にした。単に巨万の富を手にした後の虚脱感だけではなく、ひたむきに絶対領域を求めつづけた末にこれ以上は考えられないものができてしまったことで、激しかった表現衝動が一気に萎んだ虚しさもあったはずだ。

それほどの「からっぽ」から何を生み出すべきか、再三にわたって試行錯誤された後（幻の日用品ミュージック・コンクレート作品『Household Objects』にも1年を費やした）、形を成したのは計約26分の超大曲〈クレイジー・ダイアモンド〉（長すぎるとの理由で2パートに分割）を中軸に、〈ようこそマシーンへ〉、〈葉巻はいかが〉、〈あなたがここにいてほしい〉の3曲を挿入したコンセプト作だった。

そんないわくつきの背景があるにせよ、本作のニヒリスティックなスリルはたまらない。「バレットだけに思いをはせた作品ではない」とウォーターズは力説するが、この「からっぽ」を埋めるためにバレットの魂を召喚しようとする虚しいオマージュが迸っているのは否定しようもない。そこに、これだけ儲けてもまだ貪欲に稼ごうとする音楽業界へのあてこすり、空疎なビジネス的社交関係から隔絶せざるをえない疎外感などがブレンドされて、「心の闇」に沁み込む甘美な毒薬が生まれた。しかしここでのフロイドは、もはや自制心に亀裂が入っていて、その毒薬を自ら浴びてしまうのだ。ニヒルな自滅感が美しい音楽として結晶していくさまには強く惹かれる。

中でも〈クレイジー・ダイアモンド〉では真骨頂の「泣きのギター」の独り舞台を得たギルモアが、リミッターが外れたように情感たっぷりのフレーズを畳みかけ、《若かったころ太陽のように輝いていたことを思い出してくれ》や《あなたは早く秘密に辿り着いてしまったあなたは月に向かって泣いた》のヴァースを引き立てる。

しかも、前作までにビルドアップされたバンドの筋力は、本人たちのモチベーション減退とは無縁にドライブするらしく、どの楽曲も圧倒的な厚みと奥行きを持つ。暗鬱なシンセサイザーの複層レイヤーが、呪詛に満ちたアジテーションを増幅させる〈ようこそマシーンへ〉、捻りのきいたブルース・ロックに血も凍る音響をまぶした〈葉巻はいかが〉にも惚れ惚れする。そして表題曲では、カントリー・フレーバーたっぷりのリリカルな音像が、《どれほどぼくはどれほどあなたがここにいてほしいと願っているだろう／ぼくらはまるで金魚鉢の中を泳ぐ2つのさまよう魂だ》と吐露するウォーターズの独白にひりひりしたリアリティを与える。「刹那のエモーションの呻き」を永遠にスパークさせ続ける、抗いがたい魅力を持った作品だ。

Animals　アニマルズ

オリジナル・リリース　1977年1月

1. 翼を持った豚（パート1）- Pigs On The Wing (Part One)
2. ドッグ - Dogs
3. ピッグス（三種類のタイプ）- Pigs (Three Different Ones)
4. シープ - Sheep
5. 翼を持った豚（パート2）- Pigs On The Wing (Part Two)

強いエッジの新境地、でも露呈した限界

ジョージ・オーウェルの社会風刺寓話『アニマル・ファーム』に触発され、さまざまな階層の人間を動物のキャラクターになぞらえて——エリート・ビジネスマン＝犬／資本家＝豚／酷使される労働者＝羊——、資本主義社会を批判したコンセプト・アルバム。ウォーターズの全権掌握路線になっての3作目だが、前作に続いてコンセプトの核を見出すのに苦労し、オーウェル作品を参照することで切り抜けた。また、当時勃興していたパンク・ロックへの回答、という意図もあったようだ。

結果、そのサウンドはアジテーションが強く意識されたらしくハード・ロック的なアプローチが多用され、ソングライティングでもリード・ボーカルでもウォーターズの独裁色が強まっている。結果、良くも悪くも、いろんな意味でフロイドの最もわかりやすい作品となったのは事実だ。

ウォーターズによる意味深なラブ・ソング〈翼を持った豚（パート1）〉と〈〜2〉の間に、いずれも強いエッジを持った10分越えの大曲〈ドッグ〉、〈ピッグス（三種類のタイプ）〉、〈シープ〉が展開される。最大の聴きどころである〈ドッグ〉は、何かにとり憑かれたようなウォーターズのボーカルが突っ走り、ギルモアのギターが激しく咆哮する。このカッティング・エッジが立ちまくったディストーション・フレージングは新境地だ。しかも、アップ・テンポのアコギ・リフで疾走するパート、ミディアム・テンポで懐の深いグルーヴがうねるパート、犬の遠吠えをコラージュしたノンビート音響が包み込むパートを入れ替える17分超えの構成美も秀逸だ。

とはいえ歌詞は、少々抽出すると、《クラブ御用達のネクタイ 固い握手 魅力ある眼差し 気やすい微笑み 欺く相手から信用されなくちゃな そしたら奴らがおまえに背を向けた時ナイフを突き立てるチャンスがやってくる》といった按配で、「エリート・ビジネスマン＝犬」に手向けるアドバイスとしては月並みなレベルだ。アウトロではウォーターズお得意の「Who was ……」の反復フレーズも飛び出して、そのパートはインパクト高いが、総体として『狂気』などに比べどうにも冴えが弱い。

続く〈ピッグス〜〉と〈シープ〉は組み立てが単調になり、ウォーターズの力んだ声が浮足立つ。もともとヘヴィなサウンドに乗ってシャウトするには向かない声質でもあり、催眠術をかけてせせら笑うような「フロイドの声」が消失しているのが寂しい。メイスンのドラムもライトのキーボードも、時折ツボを得たサポートはするものの、どのように妙技を発揮すべきかためらう感じの時間帯も散見される。新境地に挑んだ意欲作ではあるので、これまで蓄積したスキルの数々をもっとクレバーに応用してほしかったという思いが残る。

The Wall　ザ・ウォール

オリジナル・リリース　1979年11月

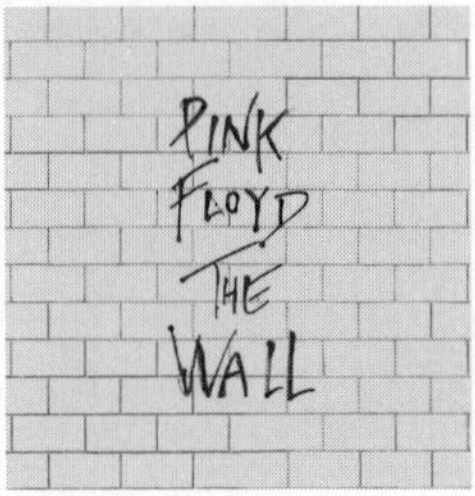

DISC 1
1. イン・ザ・フレッシュ？ - In the Flesh?
2. ザ・シン・アイス - The Thin Ice
3. アナザー・ブリック・イン・ザ・ウォール（パート1） - Another Brick in the Wall, Part 1
4. ザ・ハピエスト・デイズ・オブ・アワ・ライヴズ - The Happiest Days of Our Lives
5. アナザー・ブリック・イン・ザ・ウォール（パート2） - Another Brick in the Wall, Part 2
6. マザー - Mother
7. グッバイ・ブルー・スカイ - Goodbye Blue Sky
8. エンプティ・スペーシズ - Empty Spaces
9. ヤング・ラスト - Young Lust
10. ワン・オブ・マイ・ターンズ - One of My Turns
11. ドント・リーヴ・ミー・ナウ - Don't Leave Me Now
12. アナザー・ブリック・イン・ザ・ウォール（パート3） - Another Brick in the Wall, Part 3
13. グッバイ・クルエル・ワールド - Goodbye Cruel World

DISC 2
1. ヘイ・ユー - Hey You
2. イズ・ゼア・エニバディ・アウト・ゼア？ - Is There Anybody Out There?
3. ノーバディ・ホーム - Nobody Home
4. ヴィーラ - Vera
5. ブリング・ザ・ボーイズ・バック・ホーム - Bring the Boys Back Home
6. コンフォタブリー・ナム - Comfortably Numb
7. ザ・ショウ・マスト・ゴー・オン - The Show Must Go On
8. イン・ザ・フレッシュ - In the Flesh
9. ラン・ライク・ヘル - Run Like Hell
10. ウェイティング・フォア・ザ・ワームズ - Waiting for the Worms
11. ストップ - Stop
12. ザ・トライアル - The Trial
13. アウトサイド・ザ・ウォール - Outside the Wall

グロテスクに輝きつづける執念の超大作

ウォーターズのコンセプト・アルバム執着が極点に達した計80分超えのロック・オペラ。彼の渾身のエナジーが注ぎ込まれた恐るべき労作であることは間違いない。

ワールド・ツアー中の椿事（悪ふざけする観客に苛立った彼が唾を吐きかけ、のちにその行為を自己嫌悪した）をきっかけに、「ステージ前に壁を築いてこの嫌悪感を表すアイデアが稲妻のごとく閃いた」ことで、ウォーターズの妄執が蘇る。自らのトラウマである父親の戦死と母親へのコンプレックスに、バレットの幻影をミクスチャーさせたペルソナ＝ロック・スター「ピンク」を生み出し、彼が抱える巨大な疎外感を「壁」に仮託した。物語の始まりと終わりが円環状に繋がって実存的な苦悶が永遠にリピートされる構成の緻密さを含め、よくぞここまでと心から賞讃したい。これほど重苦しいテーマの作品が全世界3000万枚以上（＝元はWアルバムだったので1500万セット以上）も売れたわけだから、圧倒的な支持を得たのも事実だ。

しかしウォーターズ独りが音楽的な暴走を続け、かつて創造した「フロイドの絶対領域」から大きく乖離しているのは否定しがたい。サウンド的には前作のテイストを受け継ぎながら、きわめてオーセンティックなハード・ロックに終始する。全26曲のうち印象に残るのは、3ヵ所で変奏される〈アナザー・ブリック・イン・ザ・ウォール〉のコア・メロディ、『狂気』や『炎』の最良の瞬間を彷彿させる〈コンフォタブリー・ナム〉の浮遊感あふれる夢幻的サウンドスケープ、そして〈ウェイティング・フォア・ザ・ワームズ〉での主人公が狂気の奈落へ沈み込むグロテスクなドライブ感といったところか。

作品トータルでは、「生真面目な思想オペラのチープな劇伴」という印象で、ウォーターズの神経症的なシャウトを持て余してしまう。この種のコンセプト作としては、ピーター・ガブリエルによるジェネシスの偉大なるレガシィ『幻惑のブロードウェイ（The Lamb Lies Down on Broadway）』（74年）に及ばないし、フロイドをリスペクトしていたクイーンの劣化コピーのような時間帯が目立つ。

ウォーターズは、コンセプトのみにとどまらず、サウンド面までヒステリックな独裁制を敷いてしまった。ギルモアにはやや活躍の余地が与えられたものの、メイスンは明らかに不完全燃焼。ライトに至っては制作中にウォーターズの逆鱗に触れて解雇され、多くのセッション・ミュージシャンに紛れてひっそりとプレイしている。無敵の幻想性や快楽性を捨て去った音像では、マジックが生まれようもない。フロイドの凄さの本質とは何だったのか、ウォーターズ自身が忘れてしまったことが、この作品を微妙なものにしている。

In the Court of the Crimson King (An Observation by King Crimson)　クリムゾン・キングの宮殿

オリジナル・リリース　1969年10月

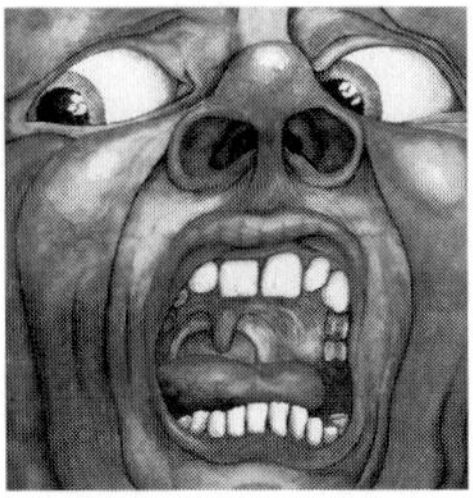

1. 21世紀のスキッツォイド・マン
   - 21st Century Schizoid Man (including “Mirrors”)
2. 風に語りて - I Talk to the Wind
3. エピタフ（墓碑銘）- Epitaph (including “March for No Reason” and “Tomorrow and Tomorrow”)
4. ムーンチャイルド - Moonchild (including “The Dream” and “The Illusion”)
5. クリムゾン・キングの宮殿 - The Court of the Crimson King (including “The Return of the Fire Witch” and “The Dance of the Puppets”)

奇跡が降りてきた永遠のマイルストーン

「奇跡」という言葉はあまり安易に使いたくはないが、ロック史上でも数少ない真正の奇跡と言うべきデビュー作だ。

もちろん、ロバート・フリップやイアン・マクドナルドなど最高水準のプレイヤーが揃い、ピート・シンフィールドという傑出した詩人&コンセプト・クリエイターを擁した布陣は、表現スキルでは十分な資質を備えていた。しかし、本作リリース時でフリップとマクドナルドは23歳、グレッグ・レイクは21歳という若さ。わずかに年長のシンフィールド（25歳）がドラマツルギーを決定づけていたにせよ、これほど老獪かつ達観した非の打ちどころのないコンセプトとサウンドスケープを20代前半の若者集団が創造してしまった事実は、奇跡と呼ぶしかない。フリップ自身も「良い妖精に創造的なパワーをもらった」と人知を超えた力の導きを仄めかしている。

象徴主義の影響が色濃いゴシック・ファンタジー的な詩は、さまざまな解釈が可能で「難解」ともいえるが、そのイメージ喚起力はとてつもない。冒頭の〈21世紀のスキッツォイド・マン〉では、世界が激動を極めた1960年代（＝21世紀の救いがたいカオスの種子が孕まれた時代）の破滅的な現実を前に「自我の狂おしい分裂（＝スキッツォイド）」が始まり、近未来の終末図を幻視した果てに時空は瞬間転位し、〈風に語りて〉の中世的叙情の中でもう一人の自分とのメタフィジカルな対話を続け、古代ローマ帝国の滅亡に巻き込まれたような〈エピタフ（墓碑銘）〉から、太古の夢魔の中でドッペルゲンガーの妖精が戯れる〈ムーンチャイルド〉、そんな夢幻を打ち砕く眩い陽光のもと、中世的な意匠を凝らした絶対王政の宮殿で得体の知れない「深紅の王」に捧げたフリーキーな祝祭を垣間見る（＝An Observation）という、果てもなく時空をさまよう妄想のラビリンスに呑み込まれていく。

とはいえ、この種のレトリックに満ちた言語表現そのものは、世界レベルの詩作や小説を見渡せば、さほど珍しいものではない。真に恐るべきは、この詩的世界を何倍にも増幅させたサウンドスケープを、無双の構成力と冷徹さで顕現させてしまったことだ。例えば、〈～スキッツォイド・マン〉が生まれた経緯を全員が語り合ったドキュメントを読むと、本当にひとりひとりのアイデアとスキルが迸り、激しくスパークし合って、このモンスター・サウンドへ結晶したことがわかる。間違いなく全員が主役であり、5人のクリエイティビティが融合して「良い妖精」へ化身したとしか思えない。時代全体の苦悶、あるいは全人類の錯乱を音楽で描き切るという神業——ロックはもちろんあらゆる音楽ジャンルで空前絶後——をデビュー作で成し遂げてしまった奇跡がここにある。

In the Wake of Poseidon　ポセイドンのめざめ

オリジナル・リリース　1970年5月

1. 平和 / 序章 – Peace - A Beginning
2. 冷たい街の情景（インクルーディング：トレッドミル42番街）
   – Pictures of a City (including “42nd at Treadmill”)
3. ケイデンスとカスケイド – Cadence and Cascade
4. ポセイドンのめざめ（インクルーディング：リブラのテーマ）
   – In the Wake of Poseidon (including “Libra’s Theme”)
5. 平和 / テーマ – Peace - A Theme
6. キャット・フード – Cat Food
7. デヴィルズ・トライアングル – The Devil’s Triangle
   (i) マーデイ・モーン – I. Merday Morn
   (ii) ハンド・オブ・セイロン – II. Hand of Sceiron
   (iii) ガーデン・オブ・ワーム – III. Garden of Worm
8. 平和 / 終章 – Peace - An End

波乱の中に見つけた次のブレイクスルー

クリムゾンの2ndは、『宮殿』の黄金ラインアップから瞬く間に3人（レイク／マクドナルド／ジャイルズ）が抜けるという苦境の中で制作された（とはいえ、レイクとジャイルズはサポート的スタンスでほぼ全面参加）。不遇の作品ではあるが、それでも「普通に素晴らしい傑作」である。むしろ、クリムゾン作品の中では最もとっつきやすく、入門編としてお薦めしても良いかもしれない（ちなみに各方面で指摘されるように、邦題の『～のめざめ』は誤訳で、『ポセイドンの航跡を追って』といったニュアンスが正しい）。

作品構成としては、特に前半で『宮殿』を踏襲した感は否めない。〈冷たい街の情景〉は〈～スキッツォイド・マン〉を、〈ケイデンスとカスケイド〉は〈風に語りて〉を、表題曲〈ポセイドン～〉は〈エピタフ〉を、それぞれ彷彿とさせ、完璧だった前作の黄金律に依存したバリアントという印象だ。とはいえ、〈冷たい街～〉での硬質な叙情性がクールに疾走していくスリルは新鮮だし、〈ポセイドン～〉の宇宙的なスケール感をぐいぐい広げていく力強さにも惹かれる。

またシンフィールドも前作より冷静な視点で、ポセイドン（＝ギリシア神話でゼウスに次ぐ力を持ち、海洋と大陸を支配する）の神話的世界を探査しながら、カオティックな現実世界に隠された秩序を見出そうとする表現ベクトルに向かう。真摯に平和を希求する詩篇を挿入しているのも、じつはラブ＆ピースが大好きな彼のヒッピー文化嗜好に根差したものだ。

本作で最大の収穫は、キース・ティペットのピアノが狂おしく暴れ回る〈キャット・フード〉だ。ティペットは、フリー・フォームな即興フレーズとリリカルに煌めく叙情的フレーズをかろやかに交錯させながらサウンドスケープに君臨し、そこにジャイルズの乾いたフレージング・ビートが煽情的に絡み合う。そしてフリップのアコギによる強烈なコード・ストロークがコントラストを際立たせる中、ナンセンス・ワード乱発で過剰消費社会を皮肉ったシンフィールドのポエトリーを、レイクが歯切れよくシャウトする。このカッコよくイカれたアプローチは、続く『リザード』の悪魔的な3連傑作（〈サーカス〉～〈インドア・ゲームズ〉～〈ハッピー・ファミリー〉）の素敵な雛型となっている。

また長尺インスト曲〈デヴィルズ・トライアングル〉は、ホルストの組曲『惑星』をあまりにも素直に参照してしまったマイナスはあるものの、組曲〈リザード〉のクライマックスをなす〝最後の戦い〟をはじめ、のちの「クリムスケープ」創造に繋がる新フォーマットの萌芽を感じさせる。波乱の時代にあっても、相応の果実はしっかり収穫されていたのだ。

Lizard　リザード

オリジナル・リリース　1970年12月

1. サーカス〜カメレオンの参上〜 - Cirkus (including "Entry of the Chameleons")
2. インドア・ゲームズ - Indoor Games
3. ハッピー・ファミリー - Happy Family
4. レディ・オブ・ザ・ダンシング・ウォーター - Lady of the Dancing Water
5. リザード - Lizard
   (a) ルーパート王子のめざめ – a. Prince Rupert Awakes
   (b) ピーコック物語のボレロ – b. Bolero - The Peacock's Tale
   (c) 戦場のガラスの涙 – c. The Battle of Glass Tears
      (i) 夜明けの歌 - I. Dawn Song
      (ii) 最後の戦い - II. Last Skirmish
      (iii) ルーパート王子の嘆き - III. Prince Rupert's Lament
   (d) ビッグ・トップ – d. Big Top

デモーニッシュにあらゆる過剰性が迸る

人間の破滅的な狂態を描くという視座は相通じるのに、その表現アプローチが『宮殿』とは180度まったく異なる傑作だ。これが同じバンドの手によって生み出されたことが、いまだに信じがたい。

『宮殿』は、狂った世界を冷徹に外側から「観察」していたのに対し、本作は、狂った世界にどっぷり心身を浸して前後不覚に悪酔いしているような不気味さがある。音楽的なエレメントにしても、ロック+前衛ジャズ+クラシック+現代音楽と共通するのに、アプローチはまったく好対照。『宮殿』が精緻に組み上げられたハード・エッジな交響詩であるのに対し、本作は持てる音楽ボキャブラリーの全てを大火鍋にぶち込み煮込んで炒めつくした狂詩曲だ（詳細は第4章［5］レコーディング特性=楽曲展開のディテール/第7章［2］構成力とストーリーテリング力を参照）。突き詰めれば、デモーニッシュな過剰性が氾濫する異形のマスターピース、と言うべきか（本作のアートワーク自体、全楽曲の物語要素を執拗に可視化した過剰性にあふれる）。

ここでもシンフィールドの詩は技巧的にいろいろ冴えていて、ロックのスタンダードを大きく逸脱した領域にあるが、つぶさに読み解いてみれば、そのモチーフは幼少時のサーカスの想い出だったり（〈サーカス〉）、英国伝統のナンセンス文学だったり（〈インドア・ゲームズ〉）、ビートルズ解散の顛末を茶化したようだったり（〈ハッピー・ファミリー〉）と、意外に他愛ないものを象徴派的レトリックで高雅な趣に仕上げたものだとわかるし、ところによっては韻律最優先で言葉を捻り出した節もある。組曲〈リザード〉にしても中世王国の覇権争いに巻き込まれた王子の悲劇を彼の才智で強引に韻文物語にしたような趣向だ。つまり技巧を尽くした言葉遊びの産物であり、シンフィールドは気まぐれに中世的な世界へ渉猟したわけだ。

だから『リザード』が異形の超絶傑作へ化けた背景には、フリップの手腕を認めないわけにはいかない。高度な言葉遊びをモチーフに、キース・ティペット一党との交流からインスパイアされたアバンギャルド・ジャズを貪欲に消化して、クリムゾン流マニエリスムが炸裂する一大狂詩曲に仕立て上げたのだ。シンフィールドの想像力に振り回されるようでいて、それを遥かな高みから見下ろすサウンドスケープを創るフリップは、異次元から襲来したウィザードにも見えてしまう。

おどろおどろしいギミックも満載だが、〈水の精〉から〈リザード〉組曲の前半にかけては、ため息が出るような美しい調べが淀みなく続くパートもある。濃密すぎる42分を、ぜひ「スティーヴン・ウィルソン・ミックス」でご堪能いただきたい。

Islands　アイランズ

オリジナル・リリース　1971年12月

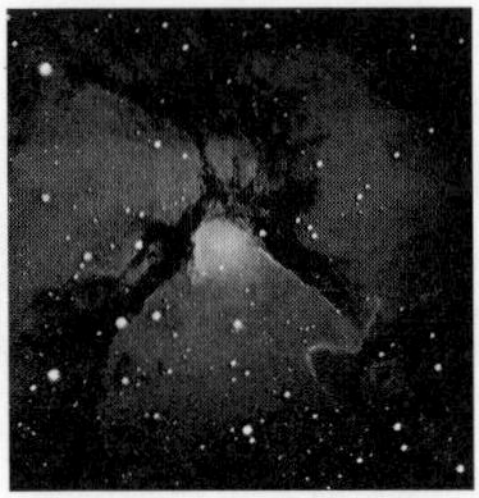

1. フォーメンテラ・レディ - Formentera Lady
2. 船乗りの話 - Sailor's Tale
3. レターズ - The Letters
4. レディーズ・オブ・ザ・ロード - Ladies of the Road
5. プレリュード：かもめの歌 - Prelude: Song of the Gulls
6. アイランズ - Islands

「汎音楽」の奥義を極めたロックの極北

ロック的な既成概念からあまりにもかけ離れていたため、リリース当時はメディアも困惑し、誰よりもフリップが長らく自己嫌悪的に語っていた。しかしこれは、間違いなく『宮殿』と『太陽と戦慄』に並ぶクリムゾン3大傑作の一つであり、なんぴとも寄せつけないロック表現の極北に君臨しつづけている。

『宮殿』も『太陽と戦慄』も、いかに高度な音楽が圧倒的インパクトで展開されているか、一度聴けばわかる。しかし本作は、クリムゾンらしいハード・エッジな音像の持続時間が短く、なかなかとっつきにくい。これを解き明かすキーワードは2つ、「汎音楽力」と「時空転位力」である（第4章［2］及び［3］など参照）。前者は、あらゆる音楽ジャンル、あらゆるインストゥルメントに対する距離をゼロにでき、いついかなる瞬間にも、どんな音楽スタイルにも変化できる力だ。そして後者は、「汎音楽力」のボルテージをMAXにしてサウンドスケープの時空を一瞬で変換させる力である。3大傑作ではいずれもこの2つが発現しているが、とりわけ絶対不可侵のレベルに到達しているのが本作なのだ。

たとえば、〈船乗りの話〉の前半は、スネア&タム中心の疾走するスイング・ビートに乗って、硬質なディストーション・ギターが翳りある旋律を奏で、そこにアルトサックスが執拗に抉り込むのだが、この2つの音色は渾然一体となって時空を歪ませ始める。ほどなくアルトがメランコリックな一節を奏でたかと思うと、茫漠としたドライブ感を叩いていたドラムが一転、硬質なリム・ショットによるミディアム・ビートへ変化する（茫洋→硬質）。するとギターは、ざらついたエコーを効かせた変則チューニングのコード・ストロークに変わり（硬質→茫洋）、2つの位相が瞬時に入れ替わり、時空が鮮やかに転位する。それは、巨鯨モビィ・ディックとエイハヴ船長の死闘の海から、月の裏側をいくつも横切る影との戦いの場へ、さらには白鳥座に巣くった巨大ブラックホールの淵にまでも転位するだろう。聴き手のイマジネーションをいかようにも刺激する音像なのだ。

〈レターズ〉も同様だ。薄幸のヒロインの凍りついた独白を呑み込むヘヴィなフリー・ジャムの嵐が荒れ狂った後、一瞬の静寂の後に放たれるボズのシャウトが時空を切り裂くと、ヴィクトリア朝時代の不倫絡みの愛憎劇が、現代の都市迷宮で勃発するシリアル・キラーの惨殺現場へ転位したり、ヘロインに溺れて裏社会に身売りされた女の淫猥な喘ぎがつづくスイートルームへも転位する。このように、全6曲の至るところに仕掛けられた時空転位の瞬間を発見すれば、人知れぬ狂気の祝祭に引きずり込まれたような鳥肌立つ愉悦が、とめどなく湧き上がるのだ。

Larks' Tongues in Aspic　太陽と戦慄

オリジナル・リリース　1973年3月

1. 太陽と戦慄 パートI - Larks' Tongues in Aspic, Part One
2. 土曜日の本 - Book of Saturday
3. 放浪者 - Exiles
4. イージー・マネー - Easy Money
5. トーキング・ドラム - The Talking Drum
6. 太陽と戦慄 パートII - Larks' Tongues in Aspic, Part Two

Ver. 3.0にアップグレードした深紅の王

前作までの「古代の絶対君主」は、本作に至り、きわめてモダンにしてフューチャリスティックなオーラも漂う時空へと宮殿を遷都した。フリップはソリッドでヘヴィなインプロを志向し、プログレ、ジャズ、フリー・インプロなどの手練れを招き入れ、新たな音像とのシナジー効果を引き出せるクールな物語感覚を持ったパーマー・ジェイムスとも連携。ここに、超絶レベルを極めながらも貪欲にさらなる高みへ突っ走る、恐るべき音楽集団が誕生した。布陣の大変革はあったものの、「汎音楽力」と「時空転位力」というクリムゾンの2大奥義の本質はみごとに貫かれている。特に、原題「毒蛇に呑まれた雲雀の舌」や、太陽と月がアルケミックに融合したビジュアルが象徴するように、宇宙の「陰と陽」、「聖と俗」の対比の中に人間たちの錯乱と苦悩を抉り出すアプローチが秀逸だ。その最大の成果〈太陽と戦慄 パートI〉については第4章をご参照いただきたい。

13分超えの大曲に続く〈土曜日の本〉は、小曲ながらアーバンなロマンチシズムあふれる逸品。フリップの繊細なアルペジオと逆回転テープループ（のちのフリッパートロニクスの雛型）が交錯する中で、聖と俗の二面性を持ったミステリアスな少女とのはかない関係が歌われる。その余韻を受け継ぐ〈放浪者〉では、ノーブルな哀調のバイオリンとブルーフォードの高雅なスネアを受けて、ウェットンのシャウトが胸を抉る。ヴァースの間隙に挟まれたノンビートの叙情的なサウンド・クラスターが荘厳さを深め、ファズ・ギターとメロトロンが孤高の美しさを際立たせる中で、独りの放浪者の荒んだ心象風景が、終末への希求の中で浄化されていく。

がらりとサウンドスケープを転位させた〈イージー・マネー〉では、正体不明なパーカッションやフックの効いたドラムとベースが絡み合い、ふてぶてしくもスタイリッシュなグルーヴが鳴らされ、聖なる幸運の星を持つ俗まみれの妖艶な女ギャンブラーの生態が歌われる。そしてフリップが時空を歪ませるような素敵にイカれたソロを繰り広げるうちに、あたかも、マシンガンを撃ち合う麻薬カルテルの抗争のさなかで、ギャンブルにのめり込む狂った人間群像が浮かび上がってくるようだ。

クライマックスの〈トーキング・ドラム〉〜〈太陽と戦慄 パートII〉では、約15分にわたって近未来の地獄絵が活写されたとしか思えない。核弾道ミサイルも生物兵器も化学兵器も際限なく投入された終末戦争の狂態と、その後に広がるあさましく退化した世界へのヘヴィ・メタルなレクイエムだ。わずかに残されていた人間的なエモーションが、あの超合金キラー・リフで切り裂かれていくインパクトは、今以て誰にも乗り超えられていない。

Starless and Bible Black　暗黒の世界

オリジナル・リリース　1974年3月

1. 偉大なる詐欺師 – The Great Deceiver
2. 人々の嘆き – Lament
3. 隠し事 – We'll Let You Know
4. 夜を支配する人 – The Night Watch
5. トリオ – Trio
6. 詭弁家 – The Mincer
7. 暗黒の世界 – Starless and Bible Black
8. 突破口 – Fracture

市井の営みが絶対暗黒に呑まれる破局

『太陽と戦慄』、『レッド』という歴史的傑作に挟まれてやや埋没した感はあるが、きわめて良質なマスターピースだ。ミューアが抜けて4ピースとなったものの、ブルーフォードがミューアの変幻自在な打楽器奏法をもしっかり呑み込んで分厚い音圧には遜色がないし、斬れ味はむしろ増した感さえある。

　のっけから〈偉大なる詐欺師〉が凄い。4分余りの短編だが、〈太陽と戦慄 パートI〉の超濃密なパッセージと〈イージー・マネー〉の不穏なグルーヴをまとめてシェイクしたような怒涛だ。捻くれたレトリックのヴァースは、自らを神になぞらえる詐欺師のマニエリスティックな狂態を描き出し、カレイドスコープのように変幻する音像とみごとに共振する。

　続く〈人々の嘆き〉で歌われるのは、かつてロック・スターだったとおぼしきミュージシャンの嘆息だ。哀切なバラードがヘヴィなインスト・パートで切り刻まれ、そのまま絶叫のクライマックスへ雪崩れ込む屈折したスリルがたまらない。

　レンブラントの絵画『夜警』にインスパイアされた〈夜を支配する人々〉は、フリップの歌心迸るギターと幽玄なメロトロンに彩られた叙景詩だ。その余韻をふくよかに醸造する趣の〈トリオ〉は、フリップ／ウェットン／クロスによる雅やかな三重奏。かつての〈ムーンチャイルド〉の夢幻から禍々しさを漂白したような甘美なリリシズムが煌めく。

　このように前半部は市井の営みのひとコマひとコマをサウンドスケープ化しているのだが、これは後半への伏線にほかならない。そのインタールード〈詭弁家〉は、「忍び込む者」という原題通り、音像の磁場をひそやかに暗転させていく。

　〈暗黒の世界〉は、フリップの暴虐性と叙情性が完璧にインテグレーションしたディストーション・フレーズが縦横無尽に暴れ回った果てに、ウェットンのベースとブルーフォードのドラムスと核融合していく。このバルトークも蒼ざめる緻密さと奔放さのハリケーンが、前半部で描かれたさまざまな人間群像を無慈悲にも蹂躙していく。この宇宙的スケールのメエルシュトレエムゆえに、「星ひとつない聖書の暗黒」とは、どう考えても万物を呑み込むブラックホールとしか思われなくなる。

　さらに終曲の〈突破口〉では、フリップの偏執狂的なアルペジオ奏法が、この世界を組成する森羅万象の細胞をクオークやレプトンやニュートリノといった極小の素粒子へ解体していくような奇態なオペレーションが爆走する。『宮殿』のような暗鬱さはないが、マッド・サイエンティストが粛々と禁断の破壊実験を遂行していくような乾いた冷血さには震え上がる。原題の〈Fracture〉とは「破壊／混乱」を意味するのだ。

Red　レッド

オリジナル・リリース　1974年10月

1. レッド - Red
2. 堕落天使 - Fallen Angel
3. 再び赤い悪夢 - One More Red Nightmare
4. 神の導き - Providence
5. スターレス - Starless

バンド消滅と重なり合った「滅びの美学」

クリムゾン歴代作品の中で、最もエモーショナルに振り切れている。リリース直前にフリップが解散を宣言。さらにI・マクドナルド、M・コリンズ、M・チャリグ、R・ミラーというメモリアルなオールスター客演陣が「大いなるフィナーレ」を脚色し、「滅びの美学」がより際立った。

冒頭の〈レッド〉には、本作のあらゆるエッセンスが超高濃度で詰まっている。クロスもバンドを去り、残された3ピースが生み出す音像は、まさに贅肉をそぎ落としたヘヴィ級ボクサーのごとくストイックでクレバーだ。のちの《ヌーヴォ・メタル》の聖典となった硬質なヘヴィネスを滾らせながらも、生きることの喜怒哀楽を全て背負ったような叙情が匂い立つ。特にブルーフォードのフィル・インは、超速ブラスト・ビートだったりタメの効いたフレージング・ビートだったりと圧巻だ。そして禍々しい不穏なサウンドスケープが、本作の悲劇的なドラマツルギーを暗示する。

続く〈堕落天使〉では、ハーモニクス奏法を駆使するフリップと、運命の糸をつむぐようなオーボエ（ミラー）とコルネット（チャリグ）をバックに、ウェットンが、語り手にとっての天使であり、ストリートにとってのギャングでもあった少年（＝弟）へのレクイエムをしめやかに歌う。これはリリシズムの極致だ。対して〈再び赤い悪夢〉ではヘヴィなファンクネスが炸裂し、ウェットンの歌もエモーショナルに昂ぶる。激しく続くリズム・チェンジの果てにアルトサックス（マクドナルド）が乱入するや、「赤い悪夢」に激しく翻弄される自我像が焙り出されていく。

〈神の導き〉は、クロス畢生のバイオリンが躍動し、純正クラシカルなフレーズを歌わせたかと思えば、無調に転じてヒステリカルな音響を掻き鳴らすなど、フリップ顔負けの快演を見せつける。ノンビートのインプロ・バトルからノイジーでヘヴィなビートの嵐に転じていき、続く決定的な破局へのプレリュードとなって完結する。

そして〈スターレス〉だ。フリップが凄絶な美しさのディストーション・フレーズを奏で、ウェットンが《星ひとつない聖書の暗黒》を歌い上げた後、底知れぬ深淵へ呑み込まれていく絶望のテクスチャーが、無慈悲なギター・リフによって紡がれる。リフは次第にヒステリカルに昂ぶりつつ激しい絶叫へ変わり、叙情性と暴虐性が溶け合うインプロのカオスへ突入し、コリンズのソプラノが滅びゆく者のあらゆるエモーションを解放するごとく天空高く舞い踊る。地球という稀有な惑星のうえで、その恵みも忘れて狂態の限りを晒しつづける類人猿の一変種。その数十億の群像に捧げる滅びの哀歌として、これ以上のものはあり得ない。

Discipline　ディシプリン

オリジナル・リリース　1981年9月

1. エレファント・トーク - Elephant Talk
2. フレーム・バイ・フレーム - Frame by Frame
3. 待ってください - Matte Kudasai (Please Wait)
4. インディシプリン - Indiscipline
5. セラ・ハン・ジンジート - Thela Hun Ginjeet
6. ザ・シェルタリング・スカイ - The Sheltering Sky
7. ディシプリン - Discipline

ウェブの錯乱さえ預言した「バベルの塔」

復活したキング・クリムゾンは、想像を超えた確変ぶりだった。フリップは、それまでの「深紅の王」の肖像をあっさりと粉砕。立ち現れたのは、ニュー・ウェーヴやポスト・プログレ、ディスコ、エスニックまでも呑み込む異形のバリアントだった。これがクリムゾンの究極形だとは思わないが、『レッド』までやり尽くしてしまった後ではきわめて有効な化身だったし、結果的に、一万年のパースペクティブの中で全人類の錯乱と苦悶を描き出す「クリムゾン組曲」において、まだ手薄だった未来のパートを補強／拡張するブレイクスルーが導き出されたのは確かだ。

真っ先にクリムゾン信者たちの顰蹙を買ったのは、ブリューのポエトリーである。けれどもそれは、古典的ロマン主義に囚われた偏見であって、ポスト・モダンなビートニクやアンチ・ロマンなどの視点を通せば、現代世界の実相にアプローチするじつに正しい言語感覚なのだ。それは、ソーシャルメディアの出現で「せこいエゴ」を世間に拡散して自己充足できるがゆえに、同じ言語を話しているのに本心は通じ合えないという致命的ディスコミュニケーションが蔓延する世界までも幻視していた。一種の「バベルの塔」だが、うわべの意味は通じているだけに、より始末の悪い狂態だ。グロテスクな未来世紀を覗き見てしまったがゆえに、我々は当惑するのだ。

まず、〈エレファント・トーク〉で旧弊な感性をぶっ飛ばされる。シーケンシャルな超絶リック＆パッセージを軽やかに鳴らすフリップと、飛び道具的なエレファント・フレーズを思いのままに繰り出すブリュー。両極スタイルの達人同士によるツイン・ギターが「人力生ループ」の妖しいヴァイヴを生み、聴き手の「心の闇」を粟立たせる。そこに、シモンズ・ドラム（ブルーフォード）とスティック（レヴィン）という新兵器をも駆使したポリリズムのグルーヴが絡むと、歪んだ近未来のドッペルゲンガーたちが劇薬入りワインに泥酔して狂ったダンスを踊り出す。〈フレーム・バイ・フレーム〉や〈インディシプリン〉で轟くその変奏曲は、我々をさらなる狂態の乱交パーティーへ誘い込む。

そしてクライマックスは〈セラ・ハン・ジンジート〉だ。ブリューがストリートで与太者に銃で脅されたインシデントが題材なだけに、アンチ・ロマン的なリアリズムあふれるヴァースが語られ、素敵に狂ったツイン・ギターが咆哮するや、鏡に映った自分自身の錯乱オーラを全身に浴びた我々は、ぞくぞくする暗いエクスタシーに溺れていく。〈待ってください〉や〈ザ・シェルタリング・スカイ〉がつかの間の癒しを与えてくれるものの、快楽中毒は果てもなくぶりかえし、押し寄せる。これも間違いなくキング・クリムゾンなのだ。

Thrak　スラック

オリジナル・リリース　1995年4月

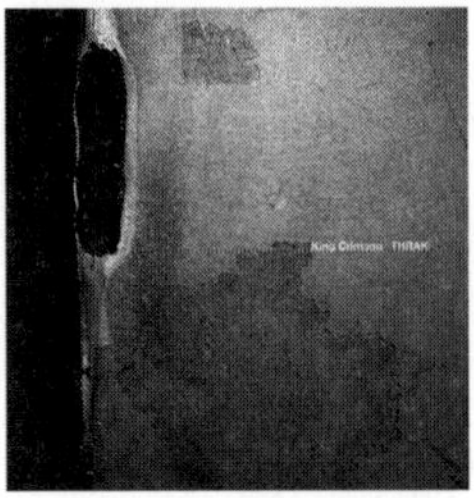

1. ヴルーム - VROOOM
2. コーダ：マリーン - Coda: Marine 475
3. ダイナソー - Dinosaur
4. ウォーキング・オン・エアー - Walking on Air
5. B'ブーム - B'Boom
6. スラック - THRAK
7. インナー・ガーデンI - Inner Garden I
8. ピープル - People
9. レイディオ I - Radio I
10. ワン・タイム - One Time
11. レイディオ II - Radio II
12. インナー・ガーデンII - Inner Garden II
13. セックス、スリープ、イート、ドリンク、ドリーム - Sex Sleep Eat Drink Dream
14. ヴルーム・ヴルーム - VROOOM VROOOM
15. ヴルーム・ヴルーム：コーダ - VROOOM VROOOM: Coda

未来のパースペクティブで「組曲」を拡張

またもや化身したクリムゾンは、80年代のツイン・ギターを拡張し、ドラムもベースも双頭となったダブル・トリオで《ヌーヴォ・メタル》を探求した。50年後100年後、あるいは一千年後に人類はどんな浅ましい姿を晒しているかを描き出し、その狂態に最後通牒を突きつけた作品だ。「クリムゾン組曲」の時空は一気に遥かな未来へと広がった。

冒頭の〈ヴルーム〉は、かつての〈レッド〉を彷彿させるが、ここではもはや人間の情感は完璧に抹殺されている。〈コーダ：マリーン〉へ続くこの殺伐きわまりない音像から、致命的な終末絵巻は開幕する。さらに無慈悲でソリッドな〈ダイナソー〉で、早くもヴァイオレントな音像の極点が轟く。この「恐竜」とは醜く肥大化した未来人類の妄念であり、それを一人称で歌い上げるブリューの自己嫌悪ボーカルが素敵だ。この、てらてらと脂ぎった明るい狂気！　ツイン・ギターの凶悪な咆哮がダイナソーの断末魔を描き出す。

しかも合間に奇妙にリリカルなバラードが挿入されることで、凄惨さは倍加する。甘ったるく乙女の憂鬱を歌った〈ウォーキング・オン・エアー〉は黒いジョークとしか思えない。2つの〈インナー・ガーデン〉では、美青年に化けた悪魔がロマンティックな騙し絵をせつせつと歌い、〈ワン・タイム〉では、いかがわしいカクテルラウンジ・バンドを従えたブリューが過去の傷を舐めるエレジーを朗唱する。

インダストリアルな無調シンセ音響の中でダブル・ドラムが炸裂する〈B'ブーム〉。ずっしりと重力を増したサウンド・ストームの中で、人肉を切り刻む大鉈のごときギターが爆走し、そこにスティック（レヴィン）とウォー・ギター（トレイ・ガン）が乱入してバトルする〈スラック〉。この2曲に圧し潰された後、歌もの2曲で錯乱は増幅する。〈ピープル〉では、大きな起伏のサスペンスフルなグルーヴに乗せて、愚かさとしたたかさを併せ持つ群衆の生態が活写される。そして〈セックス、スリープ、イート、ドリンク、ドリーム〉は、不条理な実存的虚しさを吐き出すハイパー・ファナティック・ブルースだ。50年後の世界で〈イージー・マネー〉と〈～スキッツォイド・マン〉が野合したかのように、異常に引き攣った音塊が飛び交う果てに、存在そのものがナンセンスとなった人間たちの群像が浮かび上がる。とどめの〈ヴルーム・ヴルーム〉連作では、極限までヒートアップした《ヌーヴォ・メタル》が襲う。ユニゾンに徹したツイン・ギターが描くインダストリアルな狂熱の中で凄絶なカタストロフィーがやってくる。絶対零度の「暗黒」に呑み込まれていくにも拘らず、我々の魂は、底知れぬエクスタシーとともに昇天するのだ。

Music Is Our Friend: Live in Washington and Albany, 2021
音楽は我らが友 ライヴ・イン・ワシントン・アンド・アルバニー2021

オリジナル・リリース　2021年12月

DISC 1
1. サウンドスケープ・イントロ
 – Introductory Soundscape
2. ザ・ヘル・ハウンズ・オブ・クリム
 – The Hell Hounds of Krim
3. 太陽と戦慄 パートI
 - Larks' Tongues in Aspic, Part One
4. 冷たい街の情景 - Pictures of a City
5. クリムゾン・キングの宮殿
 - The Court of the Crimson King
6. レッド - Red
7. トニー・カデンツァ・ディールズ・イット・スリザリエイシャス・トゥ・ザ・マックス
 - Tony's Cadenza Deals It Slitheryacious-to-the-Max
8. ニューロティカ - Neurotica
9. 再び赤い悪夢 - One More Red Nightmare
10. インディシプリン - Indiscipline

DISC 2
1. エピタフ（墓碑銘）- Epitaph
2. ラディカル・アクション II - Radical Action II
3. レヴェル・ファイヴ - Level Five
4. スターレス - Starless
5. 21世紀のスキッツォイド・マン
 - 21st Century Schizoid Man
6. トニー・カデンツァ・サーヴス・イット・パイピング・ホット
 - Tony's Cadenza Serves It Piping Hot
7. ディシプリン - Discipline
8. 太陽と戦慄 パートII
 - Larks' Tongues in Aspic, Part Two
9. アイランズ - Islands

一万年を転位するクリムゾン組曲の完成

２０１４年以降、クリムゾンはトリプル・ドラムを軸とする〝恐怖の七頭獣〟となり、ライブのみに邁進。比類のない遍歴を集大成するセットリストのもと、個々の楽曲を変幻自在に再構築した「キング・クリムゾン組曲」をパフォーマンスし続けた。本作はその大団円である。あの『宮殿』以来、リインカーネーションのたびに強烈な「時空の磁場」を築き、その時々の化身でしか成し得ないアプローチで人類の狂態を抉り出す多様な「時空転位」を見せつけてきたクリムゾンは、ついに、それら破格の楽曲群を大統一させた。

トリプル・ドラムのビッグバンから超絶難度の〈太陽と戦慄 パートI〉に突き進む導入部、トニー・レヴィンのソロを挟んで〈レッド〉や〈インディシプリン〉などメタル系チューン４連投、さらに〈エピタフ（墓碑銘）〉～〈ラディカル・アクションII〉～〈レヴェル・ファイヴ〉～〈スターレス〉～〈21世紀のスキッツォイド・マン〉という、「人類への破滅宣告と鎮魂のシンフォニー」が轟きわたる。さらに終末部では〈太陽と戦慄 パートII〉の爆裂から一転、宇宙的な静謐のうちに歌われる究極のエレジー〈アイランズ〉が、凍てついた絶望をしめやかに癒すのだ。

半世紀を超える熟成期間を経て、ここに奇跡のメソッドが成就した。２大ソリストであるフリップのクラシック（＋現代音楽）と、コリンズのブルースが完全無欠のケミストリーを起こし、２人に共通するルーツ＝ジャズを増幅装置にして全時代の楽曲に新たな生命力が吹き込まれる。それは、バンド全員の表現衝動に激しい炎を焚きつけ、恐るべきフレキシビリティとダイナミズムを持ったモンスター・ジャムを誘発する。これこそが、一万年を超える時間軸（太古－古代－中世－近代－現代－近未来－超未来）を自在に転位する原動力となる。ジャムがいかに狂乱を極めても、ハリソンとレヴィンが盤石のビートを創り、グルーヴが乱れることはない。

本作では、たとえば『リザード』の楽曲群は演奏されていないが、全編にこの作品のアバンギャルド・ジャム的なスピリットが宿っている。〈レッド〉中間部でのステイシーのファナティックなピアノ、〈ラディカル～〉で狂い咲くコリンズのフルート、〈エピタフ～〉での終末に向かうボレロのドラミングなど、確かに『リザード』のＤＮＡが鳴り響くのだ。このように、〝恐怖の七頭獣〟の中では、歴代クリムゾンの化身の全てのＤＮＡが躍動するがゆえに、情け容赦なく、「人類の錯乱と苦悶のパースペクティブ」の全貌が晒されていく。この大いなるレガシィは、ライブという本懐の場で極め尽くされたフリップの最終回答として、クリムゾンの10大傑作に組み込むのにふさわしい。

第7章

2大バンドに共通する永遠不滅のレガシィ

全てが対極にありながら、さらに巨視的に俯瞰すると、フロイドとクリムゾンに共通する、ロック史における画期的な特質が見えてくる。ここにまとめた「5つのレガシィ」こそが、プログレッシブ・ロックから現代に届けられた、かけがえのない贈りものだ。

［1］現代文明が産み落とした狂気や苦悩を抉り出す洞察力、そして批評力

第1章において、プログレッシブ・ロックの絶対的な魅力は、「人類全体の生態を俯瞰的に捉え、その醜さや愚かしさを巨視的なスケールで抉り出せるところにある」と書いたが、そうした営為の起点となるのが、現代世界に対する洞察力と批評力である。

フロイドとクリムゾンは、この出発点において、すでに圧倒的に傑出したクオリティを見せつける。そのリアリティの強度が尋常ではないので、結果としてその作品世界に恐るべき説得力が生み出されるのだ

ピンク・フロイド

シド・バレット時代のフロイドは、バレットの共感覚をも活かしたユニークな洞察力を持っていた。ただ、そのスケールとしてはあくまで日常生活圏のレベルであり、人類全体の生態＝エコシステムの真実を射抜くようなものではなかった。

バンドがバレットを失った後、『神秘』から『原子心母』に至るプロセスはトライアル&エラーに満ちた茨の道であり、巨視的スケールの洞察の閃きは多々あったものの、まだ危うさを感じさせたりもする。

そんな中で彼らの洞察力が大きく飛躍した瞬間が、『原子心母』の〈もしも〉に刻まれている。バレットの面影をなぞりながらも、この世界に対する違和感や孤絶感をじわじわと吐き出していくフォーキーな語り口が秀逸であり、「if」を何度も繰り返すウォーターズのヴァースは、後の呪術的マジックの原石だ。錯乱の様相を深めるバレットのフリーキーな生態に、ウォーターズ自身の幼少期からのトラウマ——たとえば戦死した父親への妄執——が重ね合わされているようで、そこから醸し出される後悔や苛立ち、懇願や諦めといったセンチメントの葛藤は、

静かで重い。人間の「心の闇」の七転八倒をドキュメントするフロイド的な世界認識の大いなる宇宙卵が、ここに孕まれたことは確かだ。

また、他愛ない夏の火遊びのメモリーが綴られた〈サマー'68〉では、灼熱のブラス・アンサンブルと幻惑的なボーカリゼーションが斬り込み、その後の静寂にリリカルなピアノが木霊すると、陽炎の揺らぎの向こう側に「剥き出しの自画像」を見てしまったような幻視に襲われる。〈でぶでよろよろの太陽〉も、はかないギルモアのボーカルに饒舌なまでのディストーション・ギター、エコーの効いたメイスンのフレージング・ビートが絡むと、たちどころに「自我」の足場が頼りないものに蕩かされていく。こうした瞬発的な洞察の跳躍はみごとなもので、まさにダイヤモンドの鉱脈もいくつも探し当てていたのだ。

そして、『おせっかい』から『狂気』への道のりにおいて、瞬発的だった「冴え」がきわめて持久性の高い鳥瞰的な洞察力へアップグレードされていく。バレットが呑み込まれた真正の狂気の世界を万民向けの「コンビニエントな快楽中毒」としてエンタメ化してみせた無敵の批評力には、ひれ伏すしかない。狂気をこれほどわかりやすく、しかも恐るべき説得力とクオリティで描き出したアーティストは絶無だ。その後、『炎』ではニヒリズムの影を帯びたりもするが、それはそれで文学的に屈折した深みが加わり、スリリングな切れ味を見せつけることにもなった。

ウォーターズのコンセプト癖が過熱し出した『アニマルズ』を経て、いろんな意味で究極のコンセプト・アルバムとなった『ザ・ウォール』に至り、批評性の攻撃力はさらにヒートアップしたとも言える。しかし、そのアプローチはやや類型的で強引さが鼻につくものとなってしまう。洞察力の鋭さという点では、『狂気』と『炎』がピークだったのではないか。

いずれにしても、宇宙の波動とコレスポンダンスする大ぶりなアンサンブルと、頭のネジを一本狂わせるクィアなポップ・ソングと、平易な日常語を執拗にリピートする呪術的ヴァース——これらを混交させたフロイドの洞察力と批評性は驚異だし、文字通り万民を惹き込む説得力は比類ないものだ。

キング・クリムゾン

彼らの場合、その洞察力や批評性は、まず何より数多の「バズ効果（＝インターネット普及以前の肉声バズ効果）」を生んだキラー・フレーズに象徴されている。

《Confusion Will Be My Epitaph（「混乱」こそがわが墓碑銘となるだろう）》や《Starless and Bible Black（星ひとつない聖なる暗黒）》といった凄まじい破壊力を持ったヴァースも、あるいは〈21st Schizoid Man（21世紀の精神分裂病者）〉や〈Larks' Tongues in Aspic（毒蛇が呑み込んだ雲雀の舌）〉、〈Great Deceiver（偉大なる詐欺師）〉といったアイコニックな楽曲名も、わずか一片のフレーズだけで人類文明の荒んだ本質を抉り出す（《Starless～》は詩人ディラン・トマスの引用だが、その使い方が冴えているのだ）。

こうした切れ味は、1stアルバムの『宮殿』から圧倒的な高みにあったわけだが、当然、言葉の力だけに頼ったものではない。〈アイランズ〉のように言語表現としては浪漫派的センチメントに終始した世界観を、汎音楽的な神技によって終末のカタストロフィへ呑み込まれていく「滅びの歌」へ昇華するという「言語×サウンド」のシナジー効果を生み出し、そこから解き放たれる「全人類の錯乱と苦悶のサーガ」は、当代最高の小説や詩集を凌駕するほどの批評性を突きつけている。

けれどもこれは、確信犯的に「全人類が迷走する姿を、焼けつくようなリアリティで俯瞰的に描く」という表現ベクトルだ。ほぼ間違いなく志が空回りする危険なアプローチであり、音楽家であろうと小説家であろうと画家であろうと、１００人中99人は避けて通るものだ。

ところがフリップは、『宮殿』のジャケット中面に堂々と《An Observation by King Crimson（キング・クリムゾンによる世界の観察）》と記したように、最初から冷徹な実行力で成し遂げてみせた。そこにはまさに、フリップのコンセプトの力、シンフィールドの言葉の力、マクドナルド以下全員の器楽表現の力――これらのパワーが三位一体で融合し、わずか40分余りの時間の中に、終末の奈落へ転がり落ちる人類の生態を凝縮してみせたのだ。『太陽と戦慄』などの傑作も同様だが、そのインパクトはトマス・ピンチョンの『メイスン&ディクスン（Mason & Dixon）』（97年）、ドン・デリーロの『アンダーワールド（Underworld）』（97年）、スティーヴ・エリクソンの『Xのアーチ（Arc d'X）』（93年）など、現代文学の最高到達点に間違いなく匹敵する（発表年代を見てもわかるように、クリムゾンの傑作群のほうが、これらの長編小説より20年前後も先行している！）。

ところで『宮殿』では、メンバー5人全員の力が「良き妖精」に導かれてスパークした感があるが、その後は『ポセイドン』の迷走期間を経て、『リザード』以降はフリップがほぼ独力で主導し、「全人類の錯乱と苦悶のサーガ」の多様なバリアントを変奏してみせた。

後期の『スラック』（95年）、『ザ・コンストラクション・オブ・ライト』（00年）、『ザ・パワー・トゥ・ビリーヴ』（03年）といった《ヌーヴォ・メタル》系の作品群では、ハイパーIT文明が激しく迷走して断末魔のスクリームを吐き出し続けるようなサウンドスケープが展開される。これらの作品は、70年代黄金期のごとき陰影豊かな叙情性に欠けると指摘されもするが、近未来そして超未来へパースペクティブを振り切った世界観なのだと解釈すれば、硬質なメタリック・サウンドを貫き通した必然性には深く頷けるものがある。

ちなみにロバート・フリップの論理性や分析力は、高度に洗練されているようだが、じつのところそれほどでもなくて（あるいは、それほどでもないように印象づける「英国紳士の美学」か?・）、緻密な第一印象にもかかわらず、フロイド同様けっこう即興的、もしくは策士的なすり替えや韜晦のロジックを弄んで受け手やメディアを煙に巻く「悪癖」がある（凡庸なレベルの取材攻勢をはぐらかすには最良のテクニックかもしれないが）。自らも〈Great Deceiver（偉大なる詐欺師）〉だとうそぶく人であり、ときたま知能犯として振舞ったりするので、どこまで真に受けてよいのか戸惑ったりもするが、またそこがたまらなく文学的で、エキセントリックに捻じれた批評性として機能するのだから始末が悪い。考えてみればピンチョンにしてもデリーロにしても、ロック界でいえばフランク・ザッパやルー・リードにしても、捻じれた奇想性を帯びているからこそ、その洞察力と批評性はスリルにあふれて魅力的なのだ。

［2］変幻自在にして緻密な構成力、そして壮大なストーリーテリングの力

作品構成力という点で、彼らの卓越性はいまさら言うまでもない。20分オーバーの超大曲を鮮やかなアンジュレーションをつけて組み立てもするし、数分単位の楽曲を大胆に組み合わせて作品全体に豊かなストーリー性を吹き込むこともできる。

彼らの作品は、前項で触れた秀逸な洞察力と批評性が原初にあるため、おのずとコンセプト・アルバムの様相を呈することになるが、どちらにも傑出しているのは、この「コンセプト＝世界を切り取る概念」を独創的な快楽あふれるアートに昇華させる力量を持つことだ。巨視的なコンセプトで受け手を怯ませたり飽きさせたりするどころか、ぐいぐいと自分たちの世界に引き込んで快楽中毒にさせる力――それこそが、彼らの構成力とストーリーテリング力なのだ。

この点においても、キング・クリムゾンは最初から恐るべき構成力を見せつけていたが、ピンク・フロイドは、作品を重ねるごとに企み深い周到さをビルドアップしていき、全盛期にはクリムゾンに匹敵する「変幻自在にして緻密な構成力」を獲得した。率直に言って、両者のプログレの起点である『宮殿』と『神秘』の構成力を比べ

れば、10：１くらいの落差があったが、構成美の極点となった『太陽と戦慄』と『狂気』（共に73年）ではほぼ互角と言える。

ピンク・フロイド

プログレの道を歩み始めた『神秘』では、約12分に及ぶ表題曲にトライアルしたことで、ウォーターズたちは従来のポップ・ソングの常道からどんどん逸脱してコンポージングする面白さに目覚めたはずだ。無邪気なまでにエクスペリメンタルな手法を雑多に掛け合わせ、器楽的な「演奏」のパーツと、ノイズをもまぶした「音響」のパーツをフリーハンドでミクスチャーする実験を重ねたことで、どこにもないサウンドスケープを構築する自信を得たのだろう。それが、凡百のバンドがやらかす「思いつきのつぎはぎ細工」に堕さなかったのは、彼らの建築工学的感性が揺るぎない羅針盤として機能したからだ。

ノン・ビートの音響的カオスが支配する導入部から、メイスンの躍動的なフレージングが宇宙的なグルーヴを叩き出し、そこにフリーフォームでありながらクールな叙情性にあふれたライトのピアノが鳴動するストーリー性は豊饒な美しさとスリルに溢れ、ボーカルが無いことを忘れさせてしまう雄弁な説得力を持っている。

とはいえ、そこから先は試練が待ち受けていた。本人たちも簡単にいくものではないと自覚していたからこそ、『ウマグマ』では発展途上のバンド・グルーヴをライブ音源で検証した４曲で１枚、作曲もパフォーマンスもソロに徹したチャレンジングな５曲で１枚という、作品を丸ごとエクスペリメンタルの塊として構成力のポテンシャルを検証したのだ。

続く『原子心母』では初の超大曲に挑んだものの、まさに難産をきわめ、一度４ピースのバンド・サウンドで仕上げたものが納得できず、ロン・ギーシンにオーケストレーションを丸投げするという「暴挙」に走った。出来上がった音源はバンドの持ち味も活かされた革新的なものではあったが、偶発性に委ねてしまったがゆえに詰めの甘いところもあり、のちのち彼らは、自分たちの狼狽ぶりまで刻印されてしまったこの作品を自己嫌悪的に語るようになってしまう。

だが、この作品があったからこそ、自分たちがどんな演奏スタイルを学習し、どんなサウンドスケープを構築すべきなのか、切実に突き詰めざるを得ないことになり、決定的な突破口を見出す道程を見つけたわけだ。またこの間、『モア』や『雲の影』などのサウンドトラックを手掛けたことで、映画という「他流試合」のフォーマットにアジャストさせる経験値を積み重ね、構成力の別種の筋肉がビルドアップされる副次的効果も生まれた。

当時のインタビューやドキュメントを読むと、彼ら独特のフリーキーな気まぐれに成長曲線がふらつく場面も少なくなかったようで、およそ3年間にわたり何度も迷路や隘路に落ち込んであれこれ藻掻き足掻いて、そこから圧倒的な構成力を獲得したのは、あらためて振り返ると凄いことだ。

だから『狂気』の黄金律というか、鉄壁の楽曲構成と非の打ちどころがないストーリーテリングの説得力には、よくぞここまでと感銘するしかない。その発端には、バレットの生きざまをモチーフにして人間存在の根っこにある不条理さを問い直そうとするウォーターズの着想があったわけだが、これをコアにしてバンド全員が結束し、持てるスキル（＝純粋な音楽的スキルから非音楽的なデバイスやマテリアルまで貪欲に呑みつくして栄養源にするスキルまで）の限りを尽くして創り上げた物語だからこそ、地球規模で数億人単位の「快楽中毒」を生み出すことができたのだ。

キング・クリムゾン

構成力とストーリーテリング力においても、クリムゾンは最初から驚愕すべきグレードに達していた。『宮殿』

や『アイランズ』、『太陽と戦慄』などの超絶傑作のディテールは第4章で考察した通りだし、ホルストの『惑星』をモチーフにしたインスト大曲〈デヴィルズ・トライアングル〉では、未成熟ながらのちの超大曲〈リザード〉などの雛型となるサウンドスケープ設計を試みている。バンドが空中分解していた時期でも高水準の構成力を見せつけていた。

ここで特筆したいのは、第3作『リザード』だ。作品としての特質は第4章で詳述した通り、「血も凍るホラーと高雅なファンタジーが融合した超絶技巧サウンドの闇迷宮」なのだが、驚くべきは、作品構成とストーリーテリングにおいて『宮殿』とまったく異なる音楽ボキャブラリーが駆使され、まったく別のテイストを持った「人類の錯乱と苦悶」が繰り広げられることだ。

フラットに考えれば、どちらも暗鬱な終末的世界観だと思うかもしれないが、サウンドスケープ設計の変貌ぶりは異常である。『宮殿』が、クラシックや現代音楽の手法をストイックに参照しながら精緻かつ堅牢に組み上げたハード・エッジな交響詩であるのに対し、本作は、アバンギャルド・ジャズとクラシックとロックを傲岸不遜に大火鍋にぶち込んで、恐怖と哄笑のスパイスをたっぷりふりかけ炒めつくした狂詩曲、といった代物だ。開き直ったようなふてぶてしさが、たまらない魅力となっているのだ。

シンフィールドの詩作も新境地を見せているが、何よりもフリップのサウンド・デザインが凄まじく変貌している。しばしば指摘されるのは、この翌年にジャズ・プロジェクト「センティピード」のコラボまで発展したキース・ティペットからの影響だ。確かに当時のフリップは、ティペットを正式メンバーに勧誘するほどインスピレーションを受けていた一面はあるのだが、とてもそれだけでは『リザード』の驚異を説明できない（「センティピード」はUK前衛ジャズのマイルストーンではあるが、あくまで「ひたむきでまっとうな」コレクティブ・インプロビゼーションの世界である）。

ともかく前半を構成する〈サーカス〉、〈インドア・ゲームズ〉、〈ハッピー・ファミリー〉の3連打で、眼前の世界に亀裂が生まれその向こうの暗がりを覗かされる恐怖に呑み込まれたかと思えば、一転して〈水の精〉のファンタジックな叙情性が組曲〈リザード〉の第1パート〝ルーパート王子のめざめ〟へ受け継がれて深淵さと壮大さを増し、高貴な絶望感が歌い上げられていくドラマツルギーには息を呑む。

そして〝ピーコック物語のボレロ〟の高雅なオーボエ・コンチェルトがディオニュソス的な激しいエモーションのモンスター・ジャムに翻弄された後、〝戦場のガラスの涙〟のカタストロフィに溺れていく――この壮大な物語は、中世の諸王国の暗闘から生まれた悲劇のようでもあり、現代の大都市にはびこる迷宮的なストリートで繰り広げられるサイバー・ゴシック・ロマンを想像することもでき、さらには、核戦争後の荒廃したX年後の未来で勃発する救いのないサバイバル抗争の世界さえ幻視してしまうかもしれない。

このように、受け手をいくつもの物語のレイヤーに誘い込む構成力とストーリーテリング力こそ、クリムゾンの比類なき真骨頂である。

[3] ポップ・ミュージックの束縛を解き放った、貪欲な音楽アイデア

1960年代末までに、ロックはめざましい変貌と膨張を遂げつつあった。特に67年から69年には「ビッグ・バン」とも形容しうる同時多発レボリューションが起こり、さまざまな歴史的傑作が産み落とされた。よく知られる例として、ザ・ビートルズの『サージェント・ペパーズ～』やザ・ジミ・ヘンドリックス・エクスペリエンスの『エレクトリック・レディランド』、ザ・ローリング・ストーンズの『ベガーズ・バンケット（Beggars Banquet)』(68年)、ザ・フーの『トミー』、そしてザ・ヴェルベット・アンダーグラウンドやレッド・ツェッペリンのデビュー作などがある。

これらの金字塔はロックのアイデアや語彙を大きく拡張したわけだが、このくらいではまだ飽き足らないと考えたのが、他ならぬピンク・フロイドとキング・クリムゾンだった。それは単に、自分の好みに合わないとかいった違和感ではなく、自分たちが表現したいテーマを成就させるためには、もっともっと巨視的な視野に立って表現のボキャブラリーを広げなくてはという、強い思いに突き動かされていたがゆえである。

結果、フロイドは従来のポップ音楽の外側にあるマテリアルまで貪欲に渉猟していくが、殺伐としたエクスペリメンタルの迷路に嵌まることなく、従来のポップ音楽やルーツ音楽からも抜け目なく「盗み」を重ね、みるみるうちにアイデアのストックを増やしていった。

クリムゾンはここでも対照的に、ひたすら「音楽の内側」を探求し続けた。しかしその広さと深さが尋常ではなく、そのうえロバート・フリップという天才の咀嚼力が異常ともいえるレベルだったため、作品を重ねるごとにあらゆる音楽ジャンルを呑み込んで、アイデアのリソースは加速度的に膨張した。

肝心なのは、方法論は異なってもこの2大バンドが、それまで多くのロック・アーティストが二の足を踏んでいた手ごわい領域（踏み入ったとしても、ちょっとした「つまみ食い」でお茶を濁すケースが大半だった）へ徹底的に攻め込んで、インスピレーションの鉱脈を大きく広げ、「それまで無かった音楽を自在に発想する」という野望を達成したことだ。その貪欲さを貫き通した2大バンドの記録は、全てのアーティストにとって「至高のレガシィ」であり続けるだろう。

ピンク・フロイド

ウォーターズたちが優れた発想力を持っていたのは間違いないが、フロイドというバンドの場合、当初はなかなか「即興性」に富んだものだったようだ。率直に言うと、時には場当たり的もしくは綱渡り的なアイデアで乗り切ることも珍しくなかった。ヒッピー的でサイケデリックな感性の躍動というところか。

メイスンの言によれば、新生フロイドとなった68年の春ごろから、彼らは「当時のポップ音楽の外側にある違う構造の音楽／音響を模索する」ようになっていった。結果、いわゆるミュージック・コンクレート（人や動物の声／街中の騒音／自然界の音色／電子ノイズ／無調の楽器音などを録音&加工し、再構成する音楽。1940年代にフランスの電気技師ピエール・シェフェールが始めたとされる）のメソッドに啓発された部分も大きい。

1970年前後は、〈毛のふさふさした動物の不思議な歌〉、〈統領のガーデン・パーティ三部作〉、〈アランのサイケデリック・ブレックファスト〉などエクスペリメンタルな手法の楽曲を多く作っているが、これらもメンバーそれぞれがフリーハンドでアイデアを練り上げた末に生み出されたものだ。時折、遊び心も垣間見えるが、バレットの呪縛を乗り超えてバンドとして生き残るためには、思いつくことには何でもトライしてみるという切迫した必然性があったのだ。

ただし彼らの場合、自分たちの楽器演奏スキルをしっかりビルドアップすることも怠らなかった。一連の過程で、ウォーターズとメイスンの建築工学的素養が引き出されたのだし、ライトの鋭敏にしてセンシティブな音響センスが磨き上げられ、さらにギルモアのブルース・オリエンテッドなギターは天空を舞い踊るスペイシーでセクシャルなフレージングを獲得した。ウォーターズの詩的表現力とメイスンのビート・メイクもめざましく進化した。ひとりひとりが絶対的な表現フォーミュラの糸口を見出したがゆえに、その自信を拠りどころにイマジネーションが羽ばたくようになっていく。バンド・グルーヴと音響エクスペリメンタルのシナジー効果を引き出すクレバーさがあったのだ。

即興的なアイデア力を証明するエピソードとしてよく知られるのは、『原子心母』のジャケット写真にホルスタイン牛を使ってみてはというストーム・ファーガソン（デザイナー集団ヒプノシス主宰）の気まぐれな思いつきを、バンドは面白がってあっさりと採用してしまったことだ。しかも原題の《Atom Heart Mother》は、ウォーターズがたまたま目にした「放射性プルトニウム電池を使ったペースメーカーを或る女性（母親）が装着した」との新聞記事から思いついたものだった。

また、緻密きわまりない構成力を誇る『狂気』においても、その制作プロセスにはしたたかな即興的スリルがある。本作の随所で、さまざまな男女の肉声や笑い声がコラージュされて「心の闇」を剥き出しにされるヒステリカルな効果を上げているが、これらは全て、レコーディング・セッション中のウォーターズが、アビィ・ロード・スタジオのスタッフや訪問者を手あたり次第に引っ張り込んで、フラッシュカードに印刷されたさまざまな質問を読み上げ、彼らが思い浮かべたことを喋らせた産物なのである（ポール・マッカートニー夫妻もこの策略に巻き込まれたが、意図的に受けを狙った回答をしたため、最終的には不採用となったそうだ）。

とほうもない成功を手にした後のレコーディングでは当初、楽器を一切使わずコップやナイフ、マッチ棒などの日用品のみで演奏する『Household Objects』なる作品を試みたりもした（ちなみにこの種の試みは、『おせっかい』のレコーディング初期にも模索されたが数日間で頓挫したらしい）。73年暮れには2曲が完成というプレス・リリースも出たが、さすがにここまでエスカレートすると次第にメンバーの興味が薄れ、やがて消滅した。気まぐれが生んだプロジェクトだったようだが、あれほどの名声を欲しいままにしたタイミングでも――巨大な成功にうろたえ、戸惑った末の衝動があったにせよ――ここまでやってしまう貪欲な実験精神には恐れ入る。

こうしたアナーキーかつフリーキーなアプローチは、「発想手法そのもののインプロビゼーション化」とでも言うべきか。常に、従来のロックやポップ・ミュージックの定型から逸脱することにこだわったフロイドだからこそ、発想そのものがエクスペリメンタルになったのは頷ける。ただ同時に、そんな「感性の暴走」を冷静にコントロールできる力も鍛え上げていたからこそ、奔放不羈なアイデアを優れたエンターテインメントとして着地させることができた。そのあたりの大胆さと緻密さのバランス感覚は、やはり只者ではない。

キング・クリムゾン

このバンドが半世紀余りの間にリファレンスし、自らのサウンドスケープに呑み込んだ音楽領域は、フリップが強くリスペクトしたジミ・ヘンドリックスとベーラ・バルトークをはじめ、ワグナーやモーツァルト、ストラビンスキー、メシアン、クセナキス、ミュージック・セリエル、ミニマル・ミュージック、モダン・ジャズ、アバンギャルド・ジャズ、アフリカや東欧のエスニック音楽にまで及ぶ。さらにブルースやロックンロールなどのアイデアは、そのジャンルに精通したメンバーから補強した。

クリムゾンを聴き込んでいてしばしば驚かされるのは、その音楽的アイデアがあまりにも自然にアウトプットされてサウンドスケープに溶け込んでいるため、何をヒントにどう発想してこの音に至ったのか、なかなか解析が難しいことである。消化不良のマテリアルの残滓が見つかることなど、ほぼあり得ない（わずかに〈デヴィルズ・トライアングル〉などで見受けられる程度だ）。

以下はあくまで私見になるが、〈エピタフ〉にはストラビンスキーの交響詩《春の祭典（The Rite of Spring）》のオーケストレーションが影を落としているし、組曲〈リザード〉の〝ピーコック物語のボレロ〟のアバンギャルド・ジャムはチャールズ・ミンガスの〈直立猿人（Pithecanthropus Erectus）〉を連想させる趣がある。また〈プレリュード：かもめの歌〉にはフィリップ・グラスらのミニマル・ミュージックのメソッドをオーケストレーションに応用した気配がある。

超絶難度の大曲〈太陽と戦慄 パートⅠ〉は、メシアンの《トゥーランガリラ交響曲（(La Turangalîla-Symphonie)）》の雄渾にして饒舌な構成を10倍に濃縮させたようなサウンドスケープだし、今ではヘヴィ・メタルの聖典となった〈太陽と戦慄 パートⅡ〉は、ジミ・ヘンドリックスの〈クロスタウン・トラフィック（Cross Town Traffic）〉とクセナキスの打楽器アンサンブル曲《プレイアデスⅣ（Pléiades IV）》を融合させたような曲想だ（ただし〈プレイアデスⅣ〉は79年作品であり、〈～パートⅡ〉のほうが先行している）。
さらに〈神の導き（Providence）〉にはバルトークの《弦楽四重奏曲 第4番（String Quartet No.4, Sz.91）》第3楽章と《弦楽器、打楽器とチェレスタのための音楽（Music for Strings, Percussion and Celesta）》からインスピレーションを得たような面影がある。

いろいろ挙げたが、ここで重要なのは、クリムゾンもしくはフリップの音楽アイデアの源泉が、それまでのロックやポップ・ミュージックのフレームワークをいかに超越していたか、という事実だ。彼自身がそのネタをばらすことは永久にあり得ないだろうが、ともかくその貪婪な吸収力と咀嚼力はとてつもない。ちょっとした断片的な曲想を好ましいと思うと、自身の天才的メロディ・センスと編曲能力（さらに言えば、異次元のマッシュアップ／ミクスチャー感性）によって、圧倒的なオリジナリティを生み出してしまう手腕は、空前絶後なのだ（もちろん、ゼロからフリーハンドで生成された楽曲も少なくないだろう）。

そのケーススタディとして、《ディシプリン》（81年）を考察してみよう。本作はしばしば、約1年先行するトーキング・ヘッズの傑作《リメイン・イン・ライト（Remain in Light）》（80年）との相似性が指摘された。どちらもエスノ・ファンクと形容すべきサウンドが探求されていたし、《リメイン～》のキーパーソンであるデイヴィッド・バーンとブライアン・イーノはフリップと親交が深く、どちらの作品でもエイドリアン・ブリューが大活躍していたからだ。

しかし、そのサウンド構造の実体はかなり異なっている。例えば象徴的な楽曲として《リメイン～》の〈ヒート・ゴーズ・オン（ボーン・アンダー・パンチズ）：Born Under Punches（The Heat Goes on）〉と〈エレファント・トーク〉を比較すると、前者がファンク系のベースとドラムのパーカッシブな躍動感を打ち出して、そこにブリューのギターが好き勝手に遊び回るのに対し、後者はレヴィンのスティックとブルーフォードのドラムがミニマルに細分化されたポリリズミックな変拍子を刻み、そこにフリップのシーケンシャルで偏執的な人力ループ・リフが絡み、その精緻なテクスチャーの上にブリューのエレファント・ギターがエフェクティブな斬り込みを見せるという構造だ（フィリップ・グラスの《Music in Twelve Parts : Pt.2》のテクスチャーをも参照した気配がある）。つまりダイナミズムは前者より控えめだが、よりインダストリアルかつフューチャリスティックなベクトルを探求している。《リメイン〜》に刺激を受けたのは明らかとはいえ、そこでのインスピレーションを別次元のエレガンスへかろやかに昇華してしまう咀嚼力こそ、フリップの真骨頂なのだ。

かくして、ロバート・フリップという人の音楽的アイデアの破格ぶりは無尽蔵ともいえる様相を呈しつつ、半世紀を超えて類まれなバンド史を刻んでいったのである。

［4］絶対的なサウンドスケープを生み出す、とてつもない表現衝動と妄執

表現衝動というと、いささかふわっとしたイメージかもしれないが、表現者たるアーティストには、「全てを犠牲にしてでも、これだけは絶対に譲れない」という表現のこだわり、さらにいえば妄執というものが不可欠である。そしてフロイドとクリムゾンの両雄は、デモーニッシュあるいはファナティックとさえ言える強靭な表現衝動を持っていた。

言い換えれば、「次の瞬間にぶっ倒れ、息絶えたとしても本望な表現」を、今この瞬間にも貫けているか、という覚悟のようなものだ。この衝動が脆弱だったりすると、いくら優れた洞察力や構成力、発想力などに恵まれていても画竜点睛を欠くというか、圧倒的な高みへ昇り詰めることはできない。表現衝動の強度があってこそ、受け手の感性を絶対的に支配するサウンドスケープを造形することができるのだ。

ピンク・フロイド

プログレッシブ・バンドとして歩み出したフロイドにおいて、その核となったのはロジャー・ウォーターズの表現衝動である。シド・バレットの錯乱と自身のトラウマをオーバーラップさせながら、人の心に巣食う闇を抉り出すことに活路を見出したウォーターズは、その探求に快感すら覚え始めたはずだ。

そこにギルモア、ライト、メイスンが心から共鳴して献身的なまでにそれぞれのミッションをまっとうしたからこそ、ウォーターズの表現衝動は力強く巨大化し、「心の闇＝狂気」を手なずけて快楽中毒に変換させる絶対的なサウンドスケープを生み出すことができた。

最高到達点の『狂気』までは、こうした好ましい循環というか、4つの才能のポジティブなケミストリーがどんどん増幅して、ひとりひとりのパフォーマンス・スキルは超絶級ではなくとも、バンドを構成する全てのエレメントがインテグレーションされた末に、凄まじい絶対的支配力を持つサウンドスケープが立ち現れるようになったのだ。

その成果のピークを体感できるのが〈エコーズ〉であり、さらに、この超大曲で見せつけた表現衝動のケミストリーをわかりやすい10のパーツに解体したうえで、それぞれに魅力的なフックを持つ楽曲へと昇華させ、さらに相互にレスポンスする有機的シナジー効果を持った一大組曲としてコンプリートさせたのが『狂気』だ。だからこそフロイドは、破格のテンションとクオリティを保ったままで、「狂気の疑似体験」を良質なエンターテインメントに仕上げることができた。

これによって、「プログレ＝テクニック命」と思い込まれていた領域で最大の覇者になってしまうという、ロック史上でも有数の奇跡が起こった。ひとりひとりが抱えていた屈託や思惑を乗り超えて、ウォーターズを軸に4人が結束した表現衝動が果てしなくドライブしたからこその到達点だった。

しかし、巨大すぎる成功の渦中で「その先」を目指す表現衝動が揺らぎだすと、奇跡のケミストリーは消失する。特に『アニマルズ』以降は、ウォーターズ独りの表現衝動の勢いと攻撃性は肥大化したが、それは、他の3人がついていけない強引なものだったため、そのサウンドスケープには綻びが生じ始めた。フロイドの表現衝動の輝けるケミストリーは、68年からのわずか5年間だったとも言える。これほどの絶対的レベルをキープし続けるのがいかに至難の業か、あらためて思いやらざるを得ない。

キング・クリムゾン

いま半世紀余りのクリムゾン史を振り返ってみると、ロバート・フリップという人の「へこたれない表現衝動」というものには、あらためて驚愕する。《恐怖の七頭獣》を標榜する最新型クリムゾンに至るまで、控えめにカウントしても7つの時代＝7つのクリムゾンを編成し、その全てにおいて圧倒的な表現衝動をドライブさせたのだ。

逆に言えば、いったん彼の表現衝動が萎えてしまうと呆気なくバンドを解散させてしまうし、その後に長い空白期間があったとしても、新たなコンセプトを着想して表現衝動に火がつけば、泰然自若として好ましい人材を召喚しバンドを起動させる。それも毎回、最高レベルのテンションをキープしながら、「リインカーネーション＝輪廻転生」と言われるほどバンドの態様を激変させつつ絶対的なサウンドスケープを創ってしまう。

ふつう、再結成や再起動というと、昔の名声にすがってもう一度「看板」を立ち上げれば、一定のファンが食いついてくるだろう、くらいの思惑で動き出すケースが少なくないが、フリップ総帥の表現衝動は、そこから百万光年もかけ離れている。この不屈さこそが、クリムゾンの揺るぎない矜持なのだろう。

しかも、2022年現在で76歳というフリップの年齢を考えれば、おそらく最終フェーズにあるはずの《恐怖の七頭獣》の達成が、またとんでもない。ジャッコ・ジャクスジクによれば、このバンドはフリップにとって初めてストレス・フリーであって──御大に反抗的なメンバーが一人もいない──、楽しく快適にアンサンブルのクオリティを高められるから、既にクリムゾン史上最長寿となるキャリアを重ね、全ての時代のクリムゾン楽曲を再解釈してパフォーマンスできるまでになった。

結果、ツアーでは毎朝、フリップ自身がイングリッシュ・ティーを嗜みながらセットリストを組むのだが、それぞれの時代の楽曲が意表を突くオーダーで並べられ（もちろんフリップの意図があってのことだ）、未曾有のケミストリーが生み出されるのだ。言ってみれば、７つの時代の７つのクリムゾンの化身がダイナミックに合体するのである。だから、21年暮れの日本公演では、もともとの曲想が別バンドのように乖離した楽曲が連なるにもかかわらず、消化不良を起こすどころか、新たな「キング・クリムゾン組曲」が生まれたような歓喜を堪能することができたわけだ。

この達成を解釈するなら、キング・クリムゾンという稀有な表現体に最良の大団円をもたらすことをフリップ自ら考え抜いた末に、半世紀余りで壮麗なる「七変化」をしたことの全てを引き受け、現在のフォーメーションで大統一したサウンドスケープを顕現させる表現衝動として、しかるべき着地点を見出したということだ。ロバート・フリップという不屈の天才のグレート・ジャーニーの終着駅として、まったく正しすぎる表現衝動だと言うしかないだろう。

［5］周囲の評価や批判に右往左往しない強靭なメンタリティ

２大バンドに共通する「至高のレガシィ」の締めくくりとして、強靭なメンタリティを挙げておきたい。

これは、前項の「強靭な表現衝動」に通じる要素もあるが、本来は似て非なるものであって、たとえば、アーティストとして純粋な強い表現衝動を持っていたとしても、メンタリティに脆さがあると、クリティックやレーベルや他のアーティストが発する雑音に惑わされたり、ファンの気まぐれな思惑に振り回されたりしてしまう。

とりわけフロイドとクリムゾンのように、まさしく前人未到の表現領域に踏み込むケースでは、周囲に群がる有象無象の言動に右往左往せず、自らが確信した道をぶれずに突き進むことが必須である。言い換えれば、強靭な表現衝動を正しく機能させるプロパティが、強靭なメンタリティなのだ。

ここでも、両者のありようは大きく異なるのだが、メンタリティの強さがアーティストとしての成功に直結するケーススタディとして、どちらも貴重なレガシィであることに変わりはない。

ピンク・フロイド

ウォーターズたちのメンタルが鍛え上げられた第1フェーズは、これもまたシド・バレットに由来するものだ。バレットは、「おぞましい言葉を平然と俺たちに投げつけた」（メイスン）うえに、錯乱したバレットは、実弾を込めた銃を他のメンバーに突きつけ脅したことさえあった。ウォーターズは、「シドという存在は、生きることや共に働くことに対する殺戮そのものだった」と述懐している。

そんな唾棄すべき人格に変わってしまったにせよ、表現者としては天才的な閃きを見せて仲間を強く感化していたわけだから、メンバーたちのオブセッションの大きさは想像を絶する。そんな人物が目の前からいなくなった時、ウォーターズたちは、良くも悪くも「巨大な心の空虚」に向き合わざるを得なかった。それを克服する道程において、否応なしにメンタリティは鍛えられていったはずだ。

次なるフェーズでは、「ポップ音楽の外側にある違う構造の音楽／音響を模索する」という方法論を選択したことで、周囲の音楽業界の好奇に満ちたノイズはやかましくなったし、『原子心母』がUKチャート1位を奪取した頃からは、「君たちはビートルズより大きくなるかもね」とすり寄ってくるマネージャーもいた。これらの業界的な揺さぶりを撥ねつけるために、皮肉とからかいを以て軽妙に捌くしたたかなメンタリティも鍛えられた。もともとアナーキーな遊び心を持っていた彼らは、苦闘の末に切り拓いたゴールデン・ロードを邪魔する言動に対しては、痛烈な茶化し戦術で対処できるようになっていく。

そんな彼らでも、『狂気』がもたらした想像を絶する成功には勝てなかったようだ。その後に急速膨張した虚脱感は、「生きることや共に働くことに対する殺戮そのものだった」バレットの狂気よりも手ごわかった。前人未到の表現領域に到達し、ビジネス的にもありえない成功を手にしたため、彼らのメンタリティの精密なフレームは、取り返しのつかないダメージを受けたのかもしれない。

キング・クリムゾン

このバンドのメンタリティは、明らかにロバート・フリップその人に凝縮されている。しかしこの偉大なるペスカタリアン（魚食&菜食主義者）は、客観的に査定すればメンタリティが高いことは明らかなのだが、その精神構造のメカニズムがほんとに読み切れない。既に20年近くフリップと活動を共にし、最近ではバンドのスポークスマンとして機能しているジャッコ・ジャクスジクでさえも「ロバートの頭の中がどうなっているのか、さっぱりわからない。わかったと思った時こそが、じつは、わかってなかったと痛感させられる瞬間なんだ（苦笑）」とぼやくほどだ。

なにしろ10歳のクリスマスに両親からギターをプレゼントされた時、「たちどころにギターが私の人生になることを知った」と語る人であり、その意味では或る種の暗黙知理論の実践者かもしれない。何度も解散と再結成を繰り返したのも、「そのつど私自身の内なる声が語りかけてきたからだ」と回想する。

有名なエピソードとして、74年に『太陽と戦慄』期クリムゾンを解散させた後、神秘学者ゲオルギイ・グルジエフに傾倒し、その流れを汲むJ・G・ベネットのスクールで10ヶ月間も共同生活しながら「第四の道」を学び実践に勤しんだこともある（その成果は、のちの「ギター・クラフツ」に活かされた）。

こうして振り返ると、なんと10歳のころから超常的なインスピレーションに身をゆだね、黙々と信じる道を突き進むという、人知を超えた⁉メンタリティを獲得していたのかと思ってしまう。

また74年の解散時には、「新しい文明への移行が始まっている。90年代に古い文明は崩壊するだろう。それに対応する《小さくてモバイルなインテリジェント・ユニット（Small, Mobile, and Intelligent Unit）》を作るべきだ」と語ったように、大言壮語をぶちあげてメディアを煙に巻くスキルも凄い。しかし結果的に、こうした行動哲学（？）によって、自らのメンタルを平静に保つ効果を得ているのではないか。

それほどの曲者であるフリップにしても、70年初めから72年夏までの2年半は、心理的にもヘヴィな日々だった。作品的には『リザード』と『アイランズ』という傑作を送り出してはいたものの、バンド内の人間関係や音楽観の乖離はひどいもので、さすがのフリップも「ひきこもり」的な症候群を見せたらしい。そんな若き日のトラウマは、その後しだいに克服されて、常人には想像もできない鋼のメンタリティが完成していったようだ。だからこそ、合計7回もの「リインカーネーション」を滔滔と実践できたのだろう。

第8章

「プログレDNA」の果てしなき冒険

20世紀から21世紀へ流れるロックの血脈の中で、フロイドとクリムゾンの遺伝子は果てしない広がりを持って受け継がれてきた。2大バンドの表現コアをみごとに咀嚼して自らの音楽に血肉化し、時代を変えたアーティストたちの系譜をエクスプローリングする。

２０２０年代の現在、世界中の誰もが3つの音楽インフラをフラットに享受できる時代となった。つまり、①あらゆる時代あらゆるジャンルの音楽マテリアルへ瞬時にアクセスでき、②安価なデバイスやプラットフォームを使って専門的薫陶を受けなくてもたやすく音楽制作でき、そして、③仕上がった音楽を既存レーベルとの契約に至らなくても世界に流通させる可能性が開かれているのだ。

だから、いま刮目すべき新世代アーティストの特質として、もはや既成のジャンルに囚われず、60年代とか90年代とか20年代とかの時間軸にも囚われず、さまざまな音楽やサウンド・マテリアルをフラットに超並列化して参照し、気に入ったエレメントをサンプリングして自らの音作りの養分にする、というアプローチが共通している。これまでロックが60年代以来ずっと積み上げてきたもろもろのレガシィが「刺激的な音楽マテリアルの宝庫」として再発見され、貪欲なまでに吸収され昇華されているということだ。

ただ、いくらインフラ環境がコンビニエントになったからといって、それだけで優れたアーティストがどんどん輩出されるわけではない。実際にどうやって音楽マテリアルを探し出し選別するのか、それらをどうやって自分の表現衝動にアジャストさせるのか、さらに何よりも、どうやって自分だけの表現衝動を研ぎ澄ますのか、といった実践的な方法論やアティテュードを鍛え上げていくことが不可欠である。

そうしたことを、既に半世紀以上も前から驚嘆すべきグレードで実践していたのが、ピンク・フロイドとキング・クリムゾンなのだ。現在トレンドとなっているノン・ジャンル／ノン・ミュージックなアプローチを、半世紀も前に真にクリエイティブな力量を以て開闢させ、徹底的にやり尽くしたオリジネーターとして、この2大バンドは再発見されるべき時を迎えている。この最終章では、両雄の「プログレＤＮＡ」が80年代以降、今日の尖端的なポジションにあるアーティストたちにまでどのように受け継がれ、彼らはどんな冒険を試みているのか、その系譜を俯瞰するガイドマップを素描してみたい。

直系の継承者ブライアン・イーノ

まず、2大バンドのDNAをダイレクトに受け継ぎ、2020年代の現在地にまで橋渡しする巨大な存在として、ブライアン・イーノがいる。彼は《Non Musician（非音楽家）》を自称しながら、ロバート・フリップとのコラボなどを原点とするアンビエント・ミュージックを創始したことで知られるが、同時にザ・ヴェルベット・アンダーグラウンドを敬愛するエモーショナルな表現者でもあり、デイヴィッド・バーンと共にサンプリング革命の金字塔『ブッシュ・オブ・ゴースツ』というエレクトロ・ファンクな傑作をも創った（ちなみに70年代の傑作ソロ・アルバムには、フロイドの曲想を強く感じさせる楽曲も散見される）。そしてデヴィッド・ボウイ、トーキング・ヘッズ、U2、コールドプレイなどの歴史的傑作をプロデュースした才人でもある。

どうしてそんなことが可能になったかといえば、フロイドの「音楽の外側にある領域まで貪欲に探求する」という非音楽的な極意と、クリムゾンの「どんな音楽とも等しい距離感を持って、瞬時に必要なメソッドにアクセスする」という汎音楽的な極意——その両方を極めたからである。しかも、彼のDIY的な咀嚼力と応用力が広まったがゆえに、両雄のDNAを受け継ぐイニシエーションのハードルが下がった効果も見逃せない。

80年代UK／USのキーパーソン

続く80年代には、まずケイト・ブッシュが『ザ・ドリーミング（The Dreaming）』（82年）という破格の傑作を生み出す。そのデビューにあたってはデヴィッド・ギルモアの後ろ盾があった彼女だが、もともと備わっていたフロイド直系のエキセントリックなポップ感覚に加えて、クリムゾン的な異常濃度のサウンド構築を究めるようになり、そのあまりの怪物的な破格さに一時は本人も自己嫌悪したほどの本作では、エクスペリメンタルでシアトリカルでゲルマン的エスニックという、まさしく2大バンドのDNAが合体した異次元のポップ・ソングの桃源郷が展開され、デンジャラスな愉悦へ導いてくれる。このとてつもないマニエリスムのレガシィは、深く静かに今日の尖端的アーティストの養分となっているはずだ。

その後、USインディ・シーンからフレーミング・リップスとR.E.M.が登場し、フロイド的な音響センスとサイケデリックな感性をブレンドさせて、世界を席巻するエッジーなグルーヴを解き放った。リップスが熱烈なフロイド信者であることは、『狂気』を愛情たっぷりに歪ませた痛快なカバー作を送り出したことでもわかる。彼らの『エンブリオニック（Embryonic）』（09年）や『ザ・テラー（The Terror）』（13年）での「心の闇」のファナティックな探索は、『狂気』や『炎』の先にあったはずのサウンドスケープを突きつけられたようなインパクトだ。また『ニュー・アドヴェンチャーズ・イン・ハイ・ファイ（New Adventures In Hi-Fi）』（96年）でのR.E.M.は、たとえば〈リーヴ（Leave）〉で執拗に鳴らし続ける激しいサイレンのような音響ノイズがグルーヴィーな快楽中毒に変わっていく衝撃など、フロイドのドラマツルギーを正しく学習した成果を見せつけている。

90年代以降に隆盛を極めたUK、そしてユーロ圏

90年代からUK／アイルランドのオルタナを牽引するプライマル・スクリームとマイ・ブラッディ・ヴァレンタインは、フロイドのサイケデリックなデーモンを増幅させた存在だ。プライマルの『スクリーマデリカ(Screamadelica)』（91年）の過剰なエモーションの奔流は、フロイドの『雲の影』を連想させるし、マイブラの『ラヴレス（loveless）』（91年）に刻印された轟音ディストーション・ギターの洪水が生み出す夢幻的な狂気は、ケヴィン・シールズのひたむきにして執拗な「非音楽的アプローチ」が開花したもので、〈エコーズ〉のサウンドスケープのレガシィをファンタスティックに拡張させた。

彼らに続く世代のブラーでは、グレアム・コクソンがフロイドへの憧憬を公言しているが、デーモン・アルバーンのアーティスティックなポップ感覚にもフロイドの残響が色濃いし、彼らが生み出すフロイド譲りの気怠いダークネスは『13』（99年）に結実している。さらにアルバーンが00年代に立ち上げたゴリラズでのポップなエク

スペリメンタル性は、フロイドの世界観からノイジーな音響エフェクトと最良の諧謔スピリットを抽出したような味わいがある。

00年代にかけてのUKシーンで誰よりも屹立する**レディオヘッド**は、現代世界の闇に閉塞していく絶対的孤独をサイバーパンクなスピリットで描き切る連作として、『OKコンピューター（Ok Computer）』（97年）ではフロイドのバンド・グルーヴをラディカルに昇華させたし、『キッドA（Kid A）』（00年）ではフロイドのエレクトロな音響マジックのDNAをカタストロフィックな突然変異体にまで進化させた。しかも、その後の『キング・オブ・リムス（The King of Limbs）』（11年）ではクリムゾン的な汎音楽的アプローチに徹して現代音楽の精髄をクレバーに咀嚼したサウンドスケープを打ち出してみせた。

ちなみに日本での認知度は低いのだが、**エルボー**と**アルト・ジェイ**の達成もみごとだ。どちらも、フロイドとクリムゾンの音作りのツボを賢く学習しながら、「うた」を基軸に、よりしなやかで陰影に富んだサウンドスケープを創造。チャート・アクションにも優れ、批評家筋の評価も高い。

さらに**ビョーク**と**シガー・ロス**のアイスランド勢も見逃せない。この2組は、フロイドとクリムゾンのアプローチを混交させたメソッドを編み出し、アバンギャルドでいながら豊かなポップネスを獲得した。00年代の大傑作『ヴォルタ（Volta）』（07年）でのビョークは、クリムゾン流のヘヴィな汎音楽的アプローチを貪欲に実らせながら、フロイド流の3次元的音響コスモスを創造する境地に達した。もともと初期フロイドのドリーミーな叙情性が色濃かったシガー・ロスは、『Kveikur』（13年）において、フロイドの音響ドラマツルギーとクリムゾン的なヘヴィで陰影に富んだ叙情性をひたむきにフュージョンさせた。どちらも、今日のハイパー・ミクスチャーな制作メソッドのトレンドを導く大きな果実を生み出したのだ。

00年代以降のフロイド継承者たち

00年代以降のUSインディでは、アニマル・コレクティヴの代表作『メリウェザー・ポスト・パビリオン(Merriweather Post Pavilion)』(09年)や傑作EP『Fall Be Kind』(09年)などに初期フロイドの奔放なサイケデリック・エクスペリメンタルの鼓動が妖しく高らかに鳴り響いているし、10年代のシーンの覇者ヴァンパイア・ウィークエンドにしても、フロイドのフリーキーなアヴァン・ポップの幻術を巧みに応用した技の冴えがある。その最高到達点『ファーザー・オブ・ザ・ブライド(Father of the Bride)』(19年)では、あふれる遊び心で音響ノイズを官能的に使いこなす極意までがフロイドと共鳴する。

さらにインディ・フォークをルーツに持ちながら、旺盛な実験精神でエレクトロや現代音楽やさまざまなルーツ音楽の領域までも往来するボン・イヴェールとスフィアン・スティーヴンスの両雄も、フロイドの冒険から少なからず学んだはずだ。またスティーヴンスの大傑作『イリノイ(Illinois)』(05年)における汎音楽/汎アメリカーナのマニエリスティックな探求はクリムゾンのマナーと共振するし、意欲作『Age of Adz』(10年)に鳴り響くエレクトロ・エクスペリメンタルの切迫した美しさはフロイドの音響美学を受け継いでいる。また、イヴェールのセルフタイトル作(11年)のシンフォニックなエクスペリメンタル性、および『22、ア・ミリオン(22, A Million)』(16年)でのエレクトロとネオフォークを大胆にフュージョンさせた汎音楽的マナーの貪欲さは、フロイドとクリムゾンの源流が滔々と合流しているかのようだ。

またラディカルな「プログレDNA」の後継者として、ワンオートリックス・ポイント・ネヴァー(OPN)ことダニエル・ロパティンは外せない。『AGE OF』(18年)のカオティックでいながら現代世界の錯乱と苦悩を再定義するごとき怜悧なカレイドスコープは、ロバート・フリップとリチャード・ライトがブライアン・イーノのプロデュースでコラボレーションしていたら——という刺激的な想像を駆り立てずにはいられない。フリッパートロニクスを想起させるシンセのディレイ・エフェクト、サンプリング・ボイスの叙情的なメタモルフォーゼなどを鏤めたサウンドスケープは、過剰なまでのエクスペリメンタル性がポップな快楽中毒に収斂していく。〈The

Station〉や〈Black Snow〉のように、上質な「うたごころ」を持っていることも、この人の強みだ。続く『Magic Oneohtrix Point Never』（20年）では、人類の「ホモ・ルーデンス（遊ぶ存在）」という本性を解き放ったようなエクスペリメンタルの宇宙に遊び、現代人の愚かしさを愛憎たっぷりに抉ってみせた。

そして10年代の豪州に出現し、全米マーケットを席巻する**テーム・インパラ**こそは、フロイドのエンターテインメント性を最良の形でモダナイズした、アシッド・サイケデリックなサウンドスケープを顕現させた存在であり、『ザ・スロウ・ラッシュ（The Slow Rush）』（20年）では、虚空にエコーするエレガントな絶望感を「中毒性の高い快楽」にトランスファーしてみせる。

クリムゾンの濃密な質量を受け継ぐ者たち

一方、キング・クリムゾンの直系では、彼らの濃密で巨大な質量を孕んだドラマツルギーの延長線上にあるアーティストとして、**ニック・ケイヴ&バッド・シーズ**がいる。彼らは80年代からアインシュテュルツェンデ・ノイバウテンのブリクサ・バーゲルトらを擁して、エクスペリメンタルなサウンド・コラージュをも果敢に取り入れたグルーヴを追求してきた。その成果は、初期の『The Firstborn Is Dead』（85年）や、00年代の『Abattoir Blues/The Lyre of Orpheus』（04年）などの傑作で堪能できる。またケイヴは、サイド・プロジェクトの**グラインダーマン**では《ヌーヴォ・メタル》に共鳴するハード・エッジなアンサンブルを探求。敬愛するロバート・フリップを招き、伝家の宝刀ディストーション・ギターを存分に弾いてもらった長尺曲もある。

クリムゾンの破壊的強度の音圧を受け継ぐ系譜としては、フリップを敬愛するギタリスト、カーク・ハメットを擁する**メタリカ**が筆頭に挙がる。ヘヴィ・メタル勢の中で卓越した音楽的感性を誇り、オルタナティブな実験にも貪欲な彼らのディスコグラフィーの中でも、とりわけ『セイント・アンガー（St. Anger）』（03年）では、変幻自在なリフを織り込んで重たいグルーヴを生み出すメソッドを会得。これも、クリムゾンの《ヌーヴォ・メタル》に強く感化されたものだろう。

90年代以降のUSシーンにおいて、破滅的メタリックの求道者として知られるナイン・インチ・ネイルズ（NIN）、レイジ・アゲインスト・ザ・マシーン、スリップノットもメタル・クリムゾンに啓発されたものが大きいはずだ。とりわけスリップノットの『ウィー・アー・ノット・ユア・カインド（We Are Not Your Kind）』（19年）などは、《ヌーヴォ・メタル》的なヘヴィネスに加えて、『宮殿』や『リザード』に凝縮されたゴシック・ロマン的な恐怖を、今日的錯乱のパースペクティブの中にアップデートしてみせた感がある。スラッシュ・メタルの枠を遥かに超えた汎音楽的ボキャブラリーで「錯乱と苦悶」を抉り出すサウンドスケープがさらにどう進化していくのか、「怖いもの見たさ」の心理にも駆られてしまう。

クリムゾンDNAの21世紀バージョン

伝統的なプログレッシブ・ロックのフォーマットを引き受けつつ、異次元ともいえる突出した音楽性で孤高の道を歩んできた存在として、**トゥール**と**マーズ・ヴォルタ**が想起される。それぞれの主宰たるメイナード・ジェームス・キーナンとオマー・ロドリゲス・ロペスは、どちらもクリムゾンとフリップへのリスペクトを隠さない。魔界的なサウンドスケープの中に暗鬱な叙情性をドライブさせるトゥールは、13年ぶりの第5作『フィア・イノキュラム（Fear Inoculum）』（19年）で3作連続の全米1位を奪取したように、クリムゾン直伝の雄渾なサウンド・デザインを万民向けの快楽中毒にアップデートさせ続ける。その意味では、クリムゾン的音像の中にフロイドのエンタメ性を宿すことに成功した稀有な存在だ。

マーズ・ヴォルタは事実上の解散状態にあるが、『ゴリアテの混乱（The Bedlam in Goliath）』（08年）などの傑作において〈太陽と戦慄 パートI〉を彷彿とさせる超速メタリック・フレームの中にエモ／スクリームな情念の悶えを宿す力業によって、ロックの新たな可能性を突きつけた。

USシーンにはまだまだツワモノが多い。**TVオン・ザ・レディオ**の偉業も画期的で、もっと高く評価されるべきだ。ハード・ロックのフレームにアバンギャルド・ジャズ、エレクトロ、ミニマリズム、ファンク、ブルース、さらにアフリカ系ダンス・ビートまでも絡ませる音作りの冴えは秀逸で、『リターン・トゥ・クッキー・マウンテン（Return to Cookie Mountain）』（06年）では、『太陽と戦慄』クリムゾンに匹敵する濃密でスリリングなグルーヴに息を呑む。アーバンとプリミティブがハイパー・ブレンドされた中に醸し出される硬質な叙情性は、現代都市迷宮にうごめく者たちの「心の闇」を鮮烈に抉り出している。

またUSオルタナの豊饒な土壌からビルドアップされた奇想体＝**モデスト・マウス**は、粘着性の高いドラマツルギーによるヘヴィなグランジ・サウンドを信条とするが、全米を制した第5作『生命の大航海（We Were Dead Before the Ship Even Sank）』（07年）に至ってクリムゾンの〈船乗りの話〉の後日譚を想起させながら、ハーマン・メルヴィルの金字塔『白鯨（Moby-Dick; or, The Whale）』のカタストロフィックな狂騒を描き尽くす次元まで進化した。重層的で稠密なグルーヴの練り上げ方は、フリップのサウンド・デザインをグランジ／エモの感性で咀嚼した趣だ。船乗りの悪酔い話が現代人の「心の闇」の酩酊にオーバーラップしていくような不穏なスリルには、心から喝采を送りたい。

また意外かもしれないが、**ホワイト・ストライプス**のハイパーなブルース感覚が辿り着いた逸品『イッキー・サンプ（Icky Thump）』（07年）に展開されるプログレッシブ・ルーツ・ロックには、贅肉を削ぎ落しながら過剰音響のディストーション・ギターが轟き渡るという画期性において、クリムゾンの奥義とメタフィジカルに共鳴しているように思える。たとえば本作の表題曲は、〈レッド〉の突然変異体ともいえる潔い切れ味と音圧だ。そもそも、メタリックにエッジの効いたリフとフレーズをノイズすれすれまで凶暴にかき鳴らす**ジャック・ホワイト**のギターには、フリップのソウルに近しいものを感じる。

全盛期のカニエ・ウェストの到達点

さすがにヒップホップの世界に「プログレDNA」を探り当てるのはなかなか難しいが、唯一の特異点としてカニエ・ウェストを挙げておきたい。10年代の全てのポップ・ミュージックの頂点となった超絶傑作『マイ・ビューティフル・ダーク・ツイステッド・ファンタジー（My Beautiful Dark Twisted Fantasy）』（10年）は、クリムゾンのスケールに匹敵する「汎音楽的アプローチ」をアフロ・アメリカンの視座からやってのけてみせたことに驚愕する。エレクトロ、ゴスペル、ソウル、モダン・ジャズ、ロック、ブルースからシンフォニーまでも貪欲に呑みこんだモンスター・ヒップホップの乱痴気騒ぎは、〈21世紀のスキッツォイド・マン〉をサンプリングされてしまったフリップも密かに舌を巻いたに違いない。

しかも、続く『イーザス（Yeezus）』（13年）では真逆のアプローチへ。ストイックなまでに音数を減らしたミニマルなサウンド・デザインを駆使しながら、ポスト・パンクでインダストリアルな破滅的音響のヒップホップをやってのけた。『マイ・ビューティフル～』が『リザード』なら、『イーザス』はまさしく『レッド』である。

輝かしき女性アクトたちのプログレDNA

ケイト・ブッシュやビョークの偉業を受け継ぐ女性アクトたちも俯瞰しておくべきだ。ＰＪハーヴェイは、キャプテン・ビーフハートやエリック・サティからの影響を公言する人であり、もともとロバート・フリップの音楽的土壌に通じる資質を持っている。00年代までグランジ系ヘヴィ・ロックやポスト・パンク、エレクトロ、トラッド・フォークなどを渉猟した後、『レット・イングランド・シェイク（Let England Shake）』（11年）以後、エクスペリメンタル・ジャズやケルト系／東欧系ルーツ音楽までもクレバーに吸収したアーティスティックなサウンドスケープに到達。ソノリティの肌触りこそ違うものの、そのマナーはクリムゾンの汎音楽的アプローチと強く共振するし、なんといっても第一次世界大戦をモチーフに錯乱する現代世界の俯瞰的パースペクティブを描いてみせたスケール感は、クリムゾンの「太古―超未来サーガ」の一翼を引き受けたかのようだ。その後の『The Hope Six Demolition Project』（16年）では、ブラスや打楽器をフロントに押し出した強い音圧のアンサンブルを構築し、とりわけライブ空間では〈恐怖の七頭獣クリムゾン〉を彷彿させるメタ・グルーヴを顕現させている。

90年代から新感覚のシンガーソングライターとして台頭した**トーリ・エイモス**も実験精神旺盛な人で、とりわけ『クワイヤー・ガール・ホテル（From the Choirgirl Hotel）』（98年）でのインダストリアルかつエレクトロな冒険は、フロイドの音響マジックをも正しく学びながら、ヒステリカルにして高雅な「エモーションの錯乱絵巻」を描き出した。また史上最高レベルのカバー作『ストレンジ・リトル・ガールズ（Strange Little Girls）』（01年）では、クリムゾン的な汎音楽性と強靭音圧を鍛え上げつつエミネムのキラー・トラック〈'97 ボニー＆クライド（97 Bonnie & Clyde）〉をエロティックに蕩かしてしまう快挙をはじめ、ダークな快楽中毒のカレイドスコープを創造した。10ccの名曲〈アイム・ノット・イン・ラヴ（I'm Not in Love）〉にしても、フロイドの狂気のウイルスを媚薬に仕立てたようなスリルだ。

セイント・ヴィンセントは、もともとエクスペリメンタル度の高いギタリストにしてロバート・フリップを敬愛する人であり、そのアバンギャルド・ポップなフレージングにはフリップの凶暴な歌心が宿る。『ダディズ・ホーム（Daddy's Home）』（21年）では、フロイドへのリスペクトあふれる〈メルティング・オブ・ザ・サン（The Melting of the Sun）〉（歌詞には《Dark Side of the Moon》が登場し、なおかつトーリ・エイモスへの賛辞も織り込まれている）でサイケデリックなアンセムを披露しているし、作品の随所で出会う、ソウルフルなコーラスをまぶしたブルージーでスペイシーな「爛れた錯乱」は、まさに『狂気』直系の陶酔感をもたらす。

さらに、今後もシーンの最前線で絢爛たるプレゼンスを見せつけるはずの女性アクトとして、まず、『タイタニック・ライジング（Titanic Rising）』（19年）でフロイドの〈エコーズ〉やクリムゾンの〈アイランズ〉に共鳴する高雅な「滅びのセンチメンタリズム」を歌い上げた**ワイズ・ブラッド**がいる。『リマインド・ミー・トゥモロー

『(Remind Me Tomorrow)』(19年)でリック・ライトの音響美学が息づく分厚いエレクトロ音塊を轟かせながら、近未来への怖れと苛立ちをチャントしたシャロン・ヴァン・エッテンも素晴らしい。ラナ・デル・レイは、痛快な傑作『ノーマン・ファッキング・ロックウェル!(Norman Fucking Rockwell!)』(19年)や『ケムトレイルズ・オーバー・ザ・カントリー・クラブ(Chemtrails over the Country Club)』(21年)で、フロイドのアシッドな快楽中毒をブリテンシャスな社交空間に沁み込ませることに成功した。

The 1975に始まる20年代の百花繚乱

現在のUKロック・シーンが、再びアグレッシブな活況を呈しつつあることは世界に知れ渡ってきたが、その偉大なる先駆として屹立するThe 1975こそ、フロイドとクリムゾンの最良のレガシィを受け継ぎながらメジャー・トレンドの中にアップデートさせている存在だ。

2020年代のポップ・ミュージック繚乱に先鞭をつけた傑作『仮定形に関する注釈(Notes on a Conditional Form)』(20年)は、22曲81分におよぶ現代世界の〈Observation(観察)〉の白眉だ。ボイス・サンプリングやエレクトロ・シンフォニーの妙技はフロイド的であり、〈ピープル(People)〉などのモダンなグランジ系ヘヴィネスは、《ヌーヴォ・メタル》クリムゾンの〈Sex Sleep Eat Drink Dream〉の悪夢と共振するし、ディストーション・ギターのリフにはフリップ的な醒めた狂気の匂いがある。スロー・バラードのパートも含め、本作の遥かな源流には、『スラック』やフリップのソロ傑作『エクスポージャー』が存在するのは間違いない。同時に、フロイド的DNAとしては、白日夢のアシッド陶酔感を現代都市のサイバー・ネットワークでソフィスティケイトさせた趣があり、メイン・ボーカルがバッキング・ボイスと溶け合って匿名性を強めていくフローも印象的だ。ポップ・ミュージックの沃野を中心に汎音楽的感性を思いきりビルドアップさせ、ネット的バーチャルと肉体的リアルの両極に揺さぶられていく数十億の孤独な魂たちへのアンセムを贈り届けたと言える。10年代における彼らの孤高の奮戦があったからこそ、20年代のUKロックは陳腐化の袋小路から一気に脱却できたのだ。

その恩恵を受けつつ頭角を現したアクトの筆頭株である**ブラック・ミディ**は、ドラマーのモーガン・シンプソンがビル・ブルーフォードと「師弟対談」したように、クリムゾン直系の心身直撃音圧をよりカオティックに探求する道へ踏み込んで、天晴れといえる善戦を続けている。彼らと親交の深い**ブラック・カントリー・ニュー・ロード**は弦楽も管楽も呑み込んだ自由闊達でオーガニックなアンサンブルを進化させたし、より楽天的なエクレクティシズムを持った**スクイッド**の無節操で腕白なパフォーマンスの今後も楽しみだ。また、フローレンス・ショウのトーキング・ボイスと練熟度の高いアンサンブルが絶妙のモダン・ラプソディーを生む**ドライ・クリーニング**も、ポップ・エクスペリメンタルの探求者として期待できる。

このように、2大バンドの「プログレDNA」を手がかりに考察を試みると、いまシーンの尖端を走る多様なアイコンたちの音楽的特質が鮮やかに浮き彫りにされ、彼らの音楽をさらに興趣深く堪能していただけると思う。もちろん、彼らの多くは、おそらくフロイドもクリムゾンもことさら意識しないで音楽制作に没頭しているはずだ。しかしDNAとはもともとそうした潜在的な「遺伝情報」であり、ロック／ポップ・ミュージックの源流から大河に移り変わる半世紀以上の流れを経て、彼らの中に深く静かにイニシエーションされているのは間違いない。

2020年代の世界を見渡せば、人類のカオスが無節操なまでに地球の隅々まで覆い尽くしてエスカレートし、なんら抜本的解決の糸口を見出せず、80億もの魂が日々呻き声を上げている。かつてフロイドとクリムゾンが描いた「錯乱と苦悶の未来図」は、悲しいことに今のところ的中してしまっている。《混乱こそわが墓碑銘》という預言的メッセージの重さをあらためて強く噛みしめざるを得ない。

しかし、だから今こそ、ピンク・フロイドとキング・クリムゾンのDNAをさらに鍛え上げて、世界の本質を洞察し抉り出すパワーを、より強靭なものにしなくてはならないのである。

あとがき

本書をまとめるにあたっては、ひそかな目標として2023年3月までに上梓できたらという思いがあった。なぜならば、そのちょうど50年前の1973年3月、ピンク・フロイドの『狂気（The Dark Side of the Moon）』（同年3月1日リリース）とキング・クリムゾンの『太陽と戦慄（Larks' Tongues in Aspic）』（同年3月23日リリース）が世界に向かって解き放たれたからである。2大バンドの究極到達点が奇しくも同じ月に誕生したというのも、フロイドとクリムゾンの対照性や不思議な因縁をあらためて強く感じさせる。

完璧なまでのストーリー性を持ち、『原子心母』や『おせっかい』を経て、創造と破壊の天才シド・バレットの呪縛をようやく乗り超えたフロイド絶対至高の傑作『狂気』。

『クリムゾン・キングの宮殿』と双璧をなす大傑作であり、ロバート・フリップが遂に戦略的なバンド編成ビジョンを極めたマイルストーンでもある『太陽と戦慄』。

あらゆるロック作品の中でもひときわ燦然と輝きつづけるこの2大傑作が誕生半世紀というメモリアル・イヤーを迎える中で、両バンドの再発見がますます勢いづくに違いないと確信し、その記念すべき祝祭に向けて自分も何か納得できるものを形にできないかと考えたのだ。

実際、既に2022年の年明けから、この大いなる祝祭の前哨戦のように両バンドをめぐる動きが活発化している。

ピンク・フロイドは、巨大複合アートとしての集大成ライブを収めた金字塔『驚異』のBlu-ray盤が2月にリリースされた。かたやキング・クリムゾンは、50年余りの転変めまぐるしいオールキャリアを集大成したドキュメンタリー映像作品『In The Court of The Crimson King』が3月のSXSW（サウス・バイ・サウスウェスト）でプレミア公開された（4月時点で一般公開日は未定）。偉大なるレガシィを鮮烈に証明する決定的アイテムが立て続けに出現し、気運は着々と高まっている。

少なくとも来年は、どちらも50周年記念エディションの超豪華ボックス・セットなどがリリースされるであろうし、これを機会にロバート・フリップやロジャー・ウォーターズやデヴィッド・ギルモアらがどんな発言をするのか、興味は尽きない。

それにつけても、偉大なるヒストリーの中で、既に多くの才人たちがこの世を去っていった。ピンク・フロイドではシド・バレットとリチャード・ライト、キング・クリムゾンではグレッグ・レイク、ボズ・バレル、ジョン・ウェットン、そして最近のビル・リーフリン、イアン・マクドナルドなど、やはり半世紀を超える時の流れの苛烈さを感じないわけにはいかない。彼らへの追悼の思いを新たにしながら、２０２３年は2大バンド再発見のムーブメントが極まる歴史的一年となることを祈りたい。

その前年のプロローグの一つとして、このような本を刊行できた達成感を噛みしめているところであり、DU BOOKSの稲葉編集長、そしてご多忙の中で共同執筆をご快諾いただき、座談会にもご参加いただいた大鷹俊一氏（キング・クリムゾン論）と高見展氏（ピンク・フロイド論）には心から謝意を表したい。大鷹氏、高見氏の渾身の論考は、世に広まっているバイオグラフィー的なものを遥かに超えて、両バンドの本質的な姿を抉り出し、奥の深い説得力を持ち得ている。本書が、ピンク・フロイドとキング・クリムゾンの真の姿が発掘されていくための一助となれば、これに勝る歓びはない。

主な参考文献

ピンク・フロイドについて

グレン・ポヴィ『ピンク・フロイド全記録』ストレンジ・デイズ 日本語版監訳、池田聡子 訳（スペースシャワーネットワーク ２０１７年）

サザランド・ライアル『メガロステージ―驚異のロックコンサートデザイン』白石幸紀 訳（ＰＡＲＣＯ出版 １９９４年）

McKnight, Connor『*Roger Waters & Nick Mason Interview*』（Zigzag Magazine Vol.32 １９７３年）

Kent, Nick『*The Cracked Ballad of Syd Barrett*』（New Musical Express １９７４年）

Hibbert, Tom『*Roger Waters: Who the hell does he think he is?*』（Q Magazine １９９２年）

Sutcliffe, Phil『*Pink Floyd* (*interview with Nick Mason/Rick Wright/Dave Gilmour*)』（MOJO １９９５年）

Blake, Mark『*Comfortably Numb: The Inside Story of Pink Floyd*』（Hachette Books ２００８年）

Chapman, Rob『*Syd Barrett: A Very Irregular Head*』（Faber ２０１０年）

Harris, John『*The Dark Side of the Moon*』（Da Capo ２００５年）

Mabbett, Andy『*The Complete Guide to the Music of Pink Floyd*』（Omnibus Press １９９５年）

Manning, Toby『*The Rough Guide to Pink Floyd*』（Rough Guides ２００６年）

Mason, Nick (Dodd, Philip ed)『*Inside Out: A Personal History of Pink Floyd*』（Phoenix ２００５年）

Palacios, Julian『*Lost in the Woods: Syd Barrett and the Pink Floyd*』（Boxtree Limited １９９８年）

Palacios, Julian『*Syd Barrett and Pink Floyd: Dark Globe*』（Plexus ２０１０年）

di Perna, Alan『*Mysterious Ways*』（Hal Leonard Corporation ２００２年）

Povey, Glenn『*The Complete History of Pink Floyd*』（Mind Head Publishing ２００７年）

Reising, Russell『*Speak to Me*』（Ashgate Publishing Limited ２００５年）

Roberts, James『*Hipgnotic Suggestion*』（Frieze １９９７年）

Scarfe, Gerald『*The Making of Pink Floyd: The Wall*』（Da Capo Press ２０１０年）

Schaffner, Nicholas『*Saucerful of Secrets*』（Sidgwick & Jackson １９９１年）

Watkinson, Mike/Anderson, Pete『*Crazy Diamond: Syd Barrett & the Dawn of Pink Floyd*』（Omnibus Press ２００１年）

キング・クリムゾンについて

シド・スミス『キング・クリムゾン全史—混沌と錬修の五十年—』大久保徹 監修、島田陽子 訳（Pヴァイン ２０２０年）
エリック・タム『ロバート・フリップ — キング・クリムゾンからギター・クラフトまで』塚田千春 訳（宝島社 １９９３年）
レコード・コレクターズ増刊『キング・クリムゾン』（ミュージック・マガジン ２０１６年）
『レコード・コレクターズ　特集〝キング・クリムゾン〟』２０１９年３月号（ミュージック・マガジン）
『レコード・コレクターズ　特集〝最新型キング・クリムゾンへの軌跡〟』２０１６年２月号（ミュージック・マガジン）
文藝別冊『キング・クリムゾン』（河出書房新社 ２０１８年）
ストレンジ・デイズ別冊『キング・クリムゾン』（ストレンジ・デイズ ２００４年）
THE DIG『キング・クリムゾン／ライヴ・イヤーズ　１９６９〜１９８４』（シンコー・ミュージック ２０１７年）
DGM Live（https://www.dgmlive.com/）
Elephant Talk（http://www.elephant-talk.com/wiki/ETWiki_Home）
King Crimson Data Base（https://www.kcdb.jp/）
『レッド／40 th アニバーサリー・ボックス〜ロード・トゥ・レッド』（21ＣＤ＋１ＤＶＤ＋２ＢＤ）
Partridge, Rob『*Robert Fripp: Why I Killed the King*』（Melody Maker １９７４年）
Rosen, Steven『*King Crimson's Robert Fripp*』（Guitar Player １９７４年）
Drozdowski, Ted『*Robert Fripp Revisited*』（Musician １９８９年）
Shteamer, Hank『*King Crimson's 50th Anniversary Press Day: 15 Things We Learned*』（Rolling Stone ２０１９年）
Smith, Sid『*Who Play Like That ? Nobody*』（Prog Magazine ２０２１年）
Shteamer, Hank『*King Crimson's '21st Century Schizoid Man': Inside Prog's Big Bang*』（Rolling Stone ２０１９年）
Eder, Bruce『*Giles, Giles and Fripp*』（AllMusic ２００７年）
Planer, Lindsay『*King Crimson - Live in Hyde Park: July 5, 1969*』（allmusic.com ２０２１年）
Kelman, John『*King Crimson: The Road To Red*』（All About Jazz ２０１３年）

大鷹俊一（おおたか・としかず）

音楽評論家。北海道生まれ。ニューミュージック・マガジン社に勤務後、フリーで執筆活動。ザ・ビートルズを始めロック全般、パンク／ニュー・ウェーヴ以降を中心に専門誌など各種媒体に書き続けている。主な著作は『レコード・コレクター紳士録』（ミュージック・マガジン）、『ブリティッシュ・ロックの名盤100』（リットーミュージック）、『ビートルズの時代』（シンコーミュージック）など。今回は、クリムゾン18年の来日時にビル・リーフリンのインタビューを取れたことが本当に良かったと思い返され、あのときの彼のクールな佇まいが今でも忘れられない。

高見 展（たかみ・まこと）

翻訳家・ライター。立教大学文学部卒。英字新聞社、出版社勤務を経て洋楽専門誌『ロッキング・オン』の翻訳や編集に携わり、その後フリーランスに。主な刊行物に『ヒップホップ・アメリカ』（監修・翻訳、ロッキング・オン）、『ザ・ローリング・ストーンズ ア・ライフ・オン・ザ・ロード』（監修、ロッキング・オン）、『R&BコンプリートCDガイド』松村雄策編（執筆、朝日文庫）、『パンク・レヴォリューション』大鷹俊一編（執筆、河出書房新社）、『ザ・ビートルズ全記録（初版）』（翻訳・編集、プロデュースセンター）など。

茂木信介（もてぎ・しんすけ）

埼玉県出身、東京大学文学部卒。NHKにディレクターとして入局。80年代に洋楽アーティストのライブ特番、FM洋楽番組などを担当。その後、企画制作プロダクションを経てロッキング・オン入社。洋楽専門誌『ロッキング・オン』副編集長をはじめ、ウェブ音楽サイト、カルチャー誌『CUT』の編集を手掛ける。現在、フリーランスのライター・編集者として稼働中。

ピンク・フロイド VS キング・クリムゾン
プログレ究極対決——ロックの未来を変えた2大バンドの両極

初版発行　2022年6月10日

著　者　大鷹俊一 + 高見 展 + 茂木信介
デザイン　小野英作
編　集　茂木信介
制　作　稲葉将樹（DU BOOKS）
発行者　広畑雅彦
発行元　DU BOOKS
発売元　株式会社ディスクユニオン
東京都千代田区九段南3-9-14
編集　tel. 03-3511-9970 ／ fax. 03-3511-9938
営業　tel. 03-3511-2722 ／ fax. 03-3511-9941
https://diskunion.net/dubooks/

印刷・製本　大日本印刷

ISBN978-4-86647-171-6　printed in japan

本書の感想をメールにて
お聞かせください。
dubooks@diskunion.co.jp

DU BOOKS

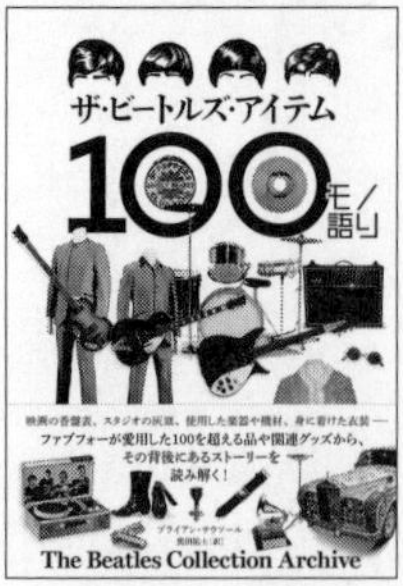

ザ・ビートルズ・アイテム100モノ語り

The Beatles Collection Archive

ブライアン・サウソール 著　奥田祐士 訳　眞鍋“MR.PAN”崇 楽器・機材監修

コンサートのチケット、映画の香盤表、スタジオの灰皿、手書きの歌詞草稿、楽器、車、カメラ、服飾品、オフィシャル・グッズ——ファブフォーの活動を新しいかたちで紐解き、浮き彫りにしてくれるモノたちをフルカラーで集大成した、初めての本。

読めば、ザ・ビートルズが世界を支配していた時代の空気が蘇る。

本体3200円+税　A5変型　オールカラー256ページ

ポール・マッカートニー 告白

ポール・デュ・ノイヤー 著　奥田祐士 訳

本人の口から語られる、ビートルズ結成以前からの全音楽キャリアと、音楽史に残る出来事の数々。曲づくりの秘密やアーティストとしての葛藤、そして老いの自覚……。70歳を過ぎてなお現役ロッカーであり続けるポールの、リアルな姿を伝えるオーラル・ヒストリーの決定版!

ポール・マッカートニーとの35年以上におよぶ対話をこの一冊に。

本体3000円+税　A5　540ページ　好評3刷!

ジョン・レノン 音楽と思想を語る

精選インタビュー1964-1980

ジェフ・バーガー 著　中川泉 訳

生前ラスト・インタビュー収録の決定版。

世界初活字化のインタビューも多数掲載!　ラジオ、テレビ、記者会見など、これまで活字として顧みられることがなかった、主要インタビューを19本収録。ティモシー・リアリーやピート・ハミルら著名人との対談も収録。「ディック・キャベット・ショー」での長時間対談は世界初の活字化。ファン待望の1冊。

本体3200円+税　A5　488ページ

ザ・ビートルズ 最後のレコーディング

ソリッドステート(トランジスター)革命とアビイ・ロード

ケネス・ウォマック 著　湯田賢司 訳

「困難を極めながらも、名盤『アビイ・ロード』を完成させたビートルズと、彼らを支えた影のヒーローたち(エンジニア)の姿を克明に描く。

それまでとはまったく違うサウンドになった本作を、コンソール、モーグ、スピーカーなどの技術革新の面からも徹底解説。

序文:アラン・パーソンズ(エンジニア、音楽プロデューサー)、解説:高橋健太郎

本体2800円+税　四六　392ページ(カラー口絵8ページ)